JN446091

데이터 사이언스 개론

Introduction to DATA SCIENCE

김화종 저

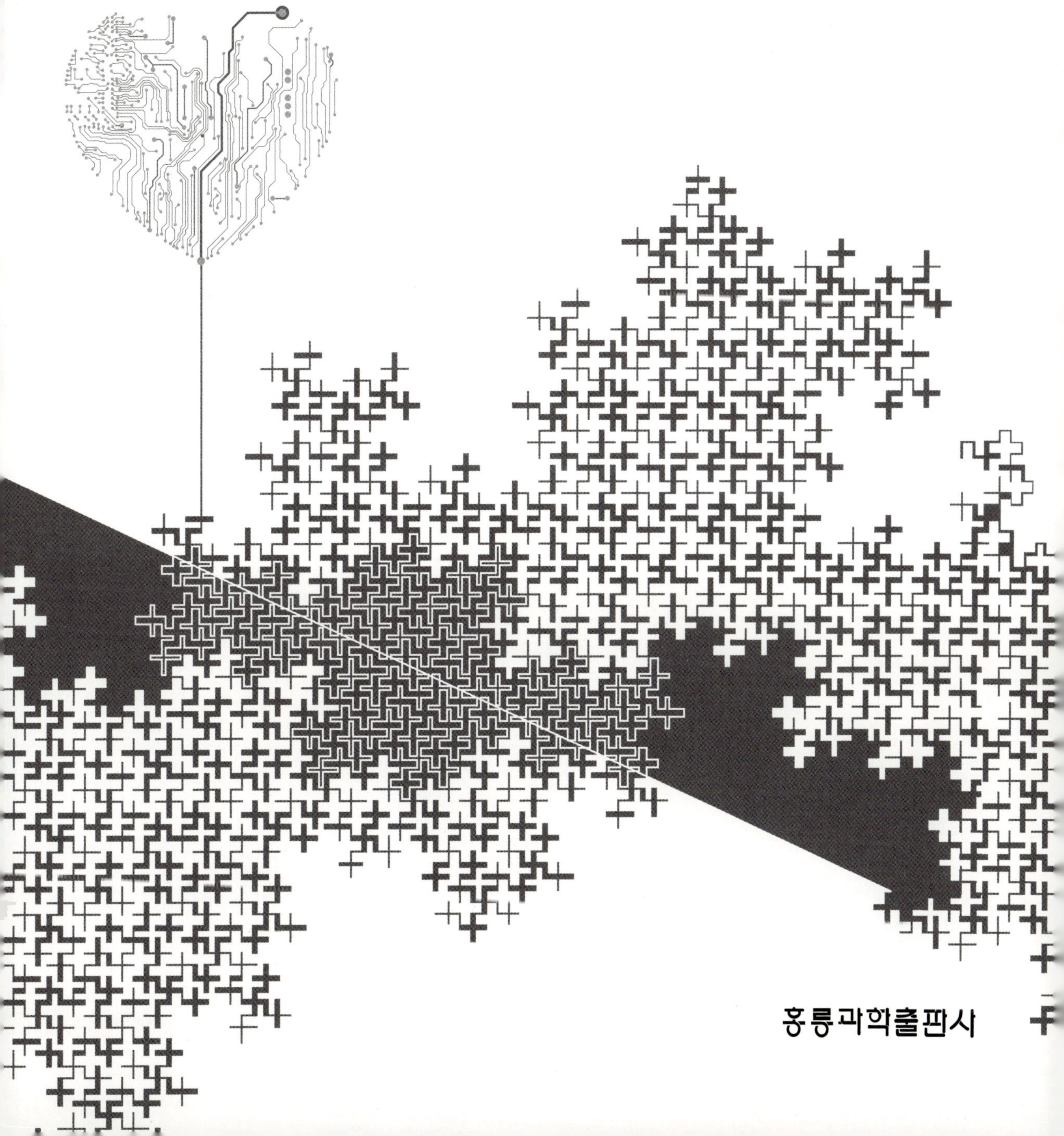

홍릉과학출판사

머리말

이라크 쿠파 시에서 치안을 담당했던 미군 책임자는 평범하게 시작한 군중 모임이 폭력적인 데모로 발전하는 것을 막기 위해 고민하던 중 집회가 자주 발생하는 광장에 케밥 장사꾼들을 못 들어가게 경찰에게 부탁함으로써 단순한 시위가 폭동으로 번지는 것을 막을 수 있었다. 군중의 행동을 면밀히 관찰해보니 오후에 케밥으로 허기를 채운 후에 폭동이 일어난다는 것을 파악했다. 폭동 진압을 무력이 아닌 데이터 분석으로 해결한 것이다.

당신은 중요한 의사결정에서 본인의 경험과 직관을 얼마나 믿을 수 있는가? 오랜 경험에서 얻는 직관은 중요하다. 그러나 이제 디지털 시대가 고도화되고 사회현상이 점차 복잡해지고 있으며 이들로부터 나오는 여러 가지 신호를 분석하여 의사결정에 도움을 받는 것이 점차 필요하게 되었다. 전에는 구할 수 없었던 매우 가치 있는 데이터의 접근이 가능해졌고 데이터 분석을 위해서 고가의 컴퓨터나 소프트웨어를 구매하지 않아도 되는 시대가 되었다.

천문학자들은 이제 연구를 위해 망원경을 보지 않는다. 그 대신 전 세계 천문대에서 자동으로 측정되는 방대한 천문 데이터를 다운로드 받아서 분석한다. 칠레에 있는 천문대에서만 매일 수 페타바이트의 데이터를 만들어낸다. 이제 훌륭한 천문학자가 되려면 망원경을 잘 조작하는 능력보다 데이터를 잘 다루는 능력이 더 필요하게 되었다.

앞으로는 공장의 중요한 기계가 고장 나기 전에 센서 데이터를 분석하여 미리 예측하는 것이 일반화 되며, 개인별로 잘 듣는 맞춤형 신약도 개발될 것이다. 앞으로 많은 분야에서 빅데이터 분석과 활용이 보편화될 것이다.

최근 빅데이터에 대한 관심과 함께 데이터 사이언스(data science)가 주목받고 있다. 데이터 사이언스란 간단히 정의하면 데이터를 분석하여 통찰력을 얻고 의사결정에 도움을 주는 기술이라고 하겠다. 데이터 분석이 최근에 갑자기 나타난 새로운 분야는 아니며 오래전부터 통계학자, 컴퓨터과학자, 경영분석가들이 각각 수행하여 왔지만, 점차 복잡해지는 데이터 분석과 그 결과의 효과적인 활용을 위해서는 데이터 수집, 처리, 분석 활용에 대한 체계적인 이해가 필요하다.

앞으로는 데이터 분석을 직접 다루는 전문가인 데이터 사이언티스트뿐만 아니라 기업가, 정치가, 정책결정자들이 데이터 분석과 활용과정을 이해해야 기업과 기관의 경쟁력을 갖게 될 것이다.

이 책에서는 데이터 사이언스의 기초적인 원리를 다룬다. 데이터 처리나 분석에 관한 세부적인 기술보다는 어떤 문제를 해결하는데 어떤 방법을 사용하는 것이 가장 좋을지를 판단할 수 있는 능력을 갖추도록 하고자 한다.

이 책이 나오기까지 여러 사람의 도움을 받았다. 특히 예제 프로그램을 작성한 실험실의 홍성은 군과 책 내용에 많은 조언을 한 최승희 선생에게 감사한다. 강원대 데이터 사이언티스트 양성 사업을 지원한 미래창조과학부와 NIPA에 감사하며 무엇보다 멋있는 책을 만들어 준 홍릉과학출판사에 감사한다.

차 례

CHAPTER 02 R 언어

CHAPTER 03 데이터 수집

CHAPTER 06 데이터 전처리

CHAPTER 07 데이터 분석 방법

CHAPTER 13 데이터 시각화

CHAPTER 14 데이터 사이언스의 미래

C98
C113

CHAPTER 1

데이터 사이언스 범위

01 데이터 사이언스 범위

CHAPTER

여러분이 현재 접속한 포털 사이트에서 어떤 광고가 나오고 있다고 하자. 이 광고는 필경 여러분이 가장 관심이 많을 내용을 보여주고 있을 것이다. 여러분의 검색 기록, 이메일 내용, 방문했던 웹 사이트 등을 보고 웹 사이트는 여러분의 관심사를 부지런히 찾아내고 있다. 맞춤형 광고를 보여주기 위해 여러분의 세세한 활동 데이터를 누군가 분석하고 있다.

데이터 분석은 상품을 잘 팔기 위한 마케팅 분야에서 가장 먼저 발달했다. 은행 또는 슈퍼마켓에서 현재 방문한 고객이 우수 고객인지 불량 고객인지를 파악하는 것, 신용카드 사용 패턴을 보고 도난당한 카드사용인지를 찾아내는 것, 흥행할 영화를 한 달 전에 미리 예측하는 것, 공항에서 테러리스트를 찾아내는 것 등 데이터 분석 기술은 경제, 사회, 문화, 국방, 교육, 에너지, 건강, 오락 등 거의 모든 분야에서 폭넓게 이루어지고 있다.

데이터 분석은 데이터 사이언스의 핵심 영역이나 데이터 사이언스 전체를 말하는 것은 아니다. **데이터 사이언스**는 데이터 분석에 필요한 데이터를 어떻게 수집해야 하는지, 목적에 맞는 데이터 분석을 어떻게 수행하는지, 분석 결과를 어떻게 활용하는지 등 데이터 활용 전반을 다룬다.

1장에서는 데이터 사이언스가 다루는 범위를 알아본다.

1.1 빅데이터 시대

2010년대부터 빅데이터(big data)가 널리 알려지기 시작했다. 빅데이터가 글자 그대로 단순히 데이터의 양이 많은 것만을 지칭하는 것은 아니다. 빅데이터란 데이터를 보는 새로운 시각이 필요하게 된 것을 말하며 데이터가 경제적인 재화로 재활용될 수 있는, 즉 새로운 가치를 창출하는 자원이라는 것을 나타낸다. 빅데이터의 진정한 의미를 살펴보겠다.

데이터 비즈니스

페이스북, 구글, 트위터는 데이터만을 다루면서 세계적인 기업이 되었다. 이들은 하드웨어나 소프트웨어를 판매하지 않으면서도 매출과 수익이 세계 최상위이다. 우리나라의 네이버, 다음, 카카오톡 등도 데이터를 다루는 것이 중심인 소위 **데이터 비즈니스**로 성공한 기업이다.

순수하게 데이터만 다루는 기업이 아닌 전통적인 제조업이나 보험과 같은 서비스업에서도 데이터를 잘 다루는 것은 이제 기업의 핵심 역량이 되고 있다. 효율적인 생산과 재고관리, 유통, 그리고 마케팅에서 데이터 분석은 점차 고도화 하고 있다. 외국의 어느 자동차 보험사에서는 과거 수년간의 교통사고 데이터를 분석하여 내년에 어떤 고객이 자동차 사고를 낼 확률이 높은지를 찾아낸다. 그리고 이들에게 비싼 보험료를 부과한다. 비싼 보험료가 부과된 고객은 기분이 나빠서 다른 보험사로 옮겨갈 것이고 이것이 바로 원래 보험사가 원하는 결과인 것이다. 교통사고를 낼 확률이 높은 고객들을 받은 다른 보험사는 아마도 보험료 지급이 늘어 손실이 커질 것이다. 이제 데이터 분석을 하지 않는 보험사는 경쟁력을 잃을 수밖에 없다.

앞으로는 보험사뿐만 아니라 모든 산업분야에서 경쟁력을 높이기 위해서 데이터를 다루는 것이 늘어날 것이다. 데이터 분석에 기반한 맞춤형 교육, 증거 기반 의학, 재난관리 분야에서 데이터 분석과 활용은 필수적인 업무가 될 것이다. 특히 정부는 무형의 국가 자산인 공공 데이터의 이용률을 높여 기업과 개인이 새로운 데이터 서비스를 만들어 낼 수 있게 해야 한다.

데이터의 가치

앞으로는 데이터 자체가 기업과 국가의 중요한 자산으로 활용되는 경제환경이 될 것이다. 정보통신 산업의 예를 보면 1980년대까지는 컴퓨터나 통신장비 등 하드웨어가 시장을 주도하였고, 2000년대까지는 소프트웨어가 산업의 핵심 역할을 하였다. 2000년대 이후에 구글, 아마존, 페이스북 등 데이터 플랫폼 산업이 부상하면서 데이터로부터 가치를 창출하는 비중이 커졌다.

데이터가 중요한 자산이 되었다고 하여 하드웨어나 소프트웨어의 역할이 약화되는 것은 아니다. 데이터를 다루는 도구로서 소프트웨어는 더 필요하고 소프트웨어가 빠르게 실행되려면 하드웨어의 스펙도 좋아져야 한다. 데이터 이용이 증가하면서 소프트웨어와 하드웨어는 같이 발전한다.

최근 가수 싸이가 CD를 발매하지 않고도 세계적인 가수가 된 것이 유튜브와 스마트폰 등 ICT 기술 때문이라고 한다. 그런데 여기서 주목할 것은 사람들이 유튜브를 보면서 아무도 돈을 내지 않는다는 것이다. 대부분 사람들이 음악 비디오를 무료로 감상했는데 어떻게 경제가 활성화되고 싸이의 경제효과가 수천억 원이 된다고 하는 것일까?

사람들은 공짜로 콘텐츠를 즐기는 대신 자신의 시간을 투자한 것이고, 가끔 '좋아요'라는 의사 표시를 한다. 여기서 내가 투자하는 시간과 관심, 즉 '좋아요'라는 정보(데이터)가 바로 새로운 가치를 만드는 재화로 사용되는 것이다. 이것이 바로 데이터 경제의 특징이다. 데이터 경제에서는 일차적인 목적으로 만들어진 데이터, 즉 노래나 비디오 등 콘텐츠의 이용료는 매우 저렴하지만(실은 대부분 거의 공짜로 이용한다) 이러한 데이터의 활용이 새로운 가치 있는 데이터를 만들어 내고 새로운 서비스를 창출한다.

공짜로 데이터를 이용하는 서비스는 이미 보편화 되었다. 메일 서비스는 대부분 무료이며 메모리도 충분히 제공하고 있다. 사진이나 동영상 공유도 무료로 이용할 수 있고 클라우드 서비스도 개인은 거의 공짜로 쓸 수 있다. 이렇게 데이터 이용이 확대되고 이로부터 파생된 데이터가 새로운 비즈니스를 만들어 내는 경제가 활성화된 배경에는 컴퓨터와 메모리 가격이 낮아졌기 때문이다. 그러나 이의 더 근본적인 이유는 이러한 데이터 서비스 이용으로부터 가치 있는 새로운 데이터가 만들어지기 때문이다. 검색 기록, 웹 서핑 기록, 이메일 내용, 업로드한 사진에 대한 정보, 트위터 생성에 대한 데이터 등 콘텐츠 자체보다 콘텐츠를 누가 언제 어디서 어떻게 이용했는지 등의 정보가 마케팅과 광고에 매우 유용하게 사용되고 있다. 사진 공유 사이트에 올라오는 사진을 보면 어떤 관광지가 어느 시기에 어떤 사람들에게 인기가 있는지를 알 수 있다. 이러한 정보는 여행지 추천뿐만 아니라 상품 추천에도 사용된다.

콘텐츠는 데이터와 어떻게 다른가? 콘텐츠는 가격을 가진 데이터라고 할 수 있겠다. 음악, 영화, 사진 등이 대표적인 콘텐츠이다. 그러나 이제 사람들은 콘텐츠에 많은 요금을 지불하지 않는다. 무료로 감상하거나 최소한의 비용만 지불한다. 그러면 디지털 콘텐츠 시장은 어떻게 돌아가고 수익을 내고 있는 것일까?

가정용 비디오테이프(VTR)나 DVD가 소개되었을 때 영화가 집에서도 쉽게 복사되면 극장과 영화산업이 쇠퇴할 것이라고 영화업계에서는 크게 우려했지만 실제로 영화 산업은 더 성장했다. 음반업계에서도 mp3 파일의 쉬운 복사와 P2P 서비스로 인해 음악 산업이 도태된다고 했지만 결과는 반대이다. 오히려 가수들의 음악 공연 수입이 증가하고 신인 가수 발굴이 쉬워져 고객을 더 즐겁게 하고 있다.

지금은 인터넷이 예전의 비디오테이프나 DVD의 역할을 하고 있는 셈이다. 전 세계 컴퓨터가 인터넷으로 서로 연결되고 그 속도는 점차 빨라지고 있다. 데이터 이용에 기반한 경제는 더욱 가속화하고 있으며 최근 부상하고 있는 빅데이터도 이러한 현상 중 하나라고 하겠다.

전화요금제에서 젊은이들은 음성통화 요금보다 데이터 요금제에 관심이 많다. 데이터에 음성과 동영상을 실어 보내는 지금은 콘텐츠가 단지 데이터로 취급될 뿐이다. 예전의 음성통화 시간 위주로 전화요금을 부과하던 사업모델은 점차 경쟁력이 떨어질 것이다.

데이터 기반 경제는 소프트웨어와 하드웨어 산업을 견인한다. 싸이의 노래는 무료로 듣지만 이로 인해 우리나라 스마트폰과 TV 매출이 늘었을 것이다. 컴퓨터와 핸드폰 판매 회사로 알고 있는 애플의 경우도 하드웨어를 판매하여 수익을 올리지만 실제는 데이터 경제체제를 잘 활용하는 회사이다. 애플의 회원이 되기 위해서 신용카드 정보를 입력해야 하는데 이는 매우 충성도가 높은 믿을만한 고객 데이터를 확보하는 것이다. 애플은 자체의 클라우드 서비스와 고객정보를 통해 이미 데이터 경제에서 우위를 차지하고 있는 것이며 이를 통해 하드웨어 시장에서도 앞서고 있다.

데이터 분석의 가치

데이터 기반 경제를 이끌어 나가는 핵심 능력은 데이터 분석이다. 검색 키워드를 분석한 결과가 높은 가치를 지니는 것과 같다. 데이터 분석을 통해서 얻는 통찰력이 데이터 자체의 가치를 넘어 새로운 가치와 서비스를 창출하는 것이다. 데이터 분석의 역사는 인류의 역사만큼이나 오래된 분야이지만 최근 데이터 이용량이 늘고 데이터 기반의 경제시대가 되면서 데이터 분석이 새로운 차원으로 발전하고 있다.

소셜 네트워크 분석이 중요한 이유는 예전과 달리 제품이나 서비스에 대한 고객의 반응, 즉 VOC(voice of customer)를 파악하기가 매우 쉬어졌기 때문이다. 예전에는 우편엽서로 설문 조사를 하기도 하고, 전화로 물어보기도 했지만 소비자 불만과 피드백을 받기란 매우 어려웠다. 그러나 지금은 트위터, 블로그, 페이스북을 통해 자발적으로 직설적인 고객의 목소리가 쏟아져 나오고 있다. 이렇게 얻을 수 있는 고객 데이터를 분석하지 않는 다는 것은 비즈니스를 포기한 것과 같다.

데이터 분석은 광고, 마케팅, 건강, 의료, 보험, 금융, 재난관리, 범죄예방 등 거의 모든 사회, 정치, 경제, 문화 분야에서 새로운 서비스를 만들어낼 것이다. 그리고 데이터 분석은 점차 종합적인 형태로 발전할 것이다. 즉, 한 영역에서 나오는 데이터만 분석하는 것이 아니라 여러 소스에서 나오는 데이터를 연계하여 분석하는 것이 늘어날 것이다.

미국의 영수증 마케팅사인 카탈리나는 1억 명 이상의 소비자 구매 이력을 상세히 분석하여 슈퍼마켓에서 소비자가 계산대에서 계산을 하고 영수증을 발행할 때 그 사람에게 현재 가장 적합한 할인쿠폰을 영수증과 같이 출력해준다. 카탈리나 마케팅에는 미국 대부분의 대형 슈퍼마켓들이 참여하고 있는데, 이렇게 서로 경쟁적인 슈퍼마켓들이 자사 고객의 민감한 쇼핑 정보를 카탈리나 사에게 제공하는 이유는 종합적인 소비자 분석을 하기 위해서이다. 고객은 여러 슈퍼마켓을 돌아다니기 때문에 한 슈퍼마켓의 쇼핑 기록만 봐서는 정확한 고객 분석과 상품 추천을 할 수 없기 때문이다.

디지털 데이터는 복사본을 만들기도 쉬우며, 컴퓨터 프로그램으로 분석하기도 쉽다. 이제 데이터의 재생산과 재가공 그리고 재활용은 기하급수적으로 늘어날 것이며, 여기서 가치를 추출하는 능력에서 기업과 기관의 실력 차이가 날 것이다.

예전에는 데이터 크기가 너무 커서 분석을 포기했던 경우도 이제는 컴퓨터와 정보통신의 발달로 저렴하고 신속하게 분석하는 것이 가능해졌다. 데이터 분석 도구도 쉽고 다양하게 소개되고 있어 고도의 기술을 습득한 전문가가 아니어도 데이터 분석이 가능해졌고, 따라서 여러 가지 시각의 데이터 해석이 가능하게 되었다. 빅데이터의 중요한 특징은 "많은" 데이터의 존재가 아니라 데이터의 접근과 분석이 쉬워져서 "**다양한 시각의 분석**"이 가능해졌다는 것이다.

빅데이터

과거에는 연구나 통계 분석을 위해서 데이터를 얻는데 많은 시간과 노력이 필요했다. 실험 중심의 연구에서는 연구비의 상당 부분이 실험 데이터를 얻는데 사용되었다. 통계 분석에서도 앙케트 조사나 원시(raw) 데이터를 얻는데 많은 비용이 든다. 연구 대상에 대한 모든 데이터를 조사하는 소위 전수 조사는 엄청난 일이므로 일부 데이터만 샘플링하여 분석해야 했다.

그러나 지금은 데이터가 부족하던 시대에서 데이터가 풍족한 시대로 변화하고 있다. 데이터의 저장과 통신비용이 매우 적어졌기 때문이 이제 연구자는 연구 데이터를 큰 부담 없이 저장해 두거나 다른 사람과 교류할 수 있게 되었다. 더욱이 소셜 네트워크 서비스(SNS)의 확산으로 사람들 개개인의 생각과 활동결과가 어딘가 데이터로 남아 있는 시대가 되었다. 이는 개인과 사회의 생각을 읽어야 하는 사회과학 분야에서는 획기적인 변화라고 하겠다.

페이스북에서 '좋아요'를 누르는 횟수가 하루에 30억 건이 된다. 대부분의 웹 서비스가 이제 스마트폰을 통해서 이루어지면서 더욱 정확한 사용자 정보 파악이 가능해졌고, 사용자의 위치, 시간 등의 정보도 정확하게 이용되기 시작했다. 트윗은 사람의 마음을 읽는 x-ray라고 불린다. 망원경을 통해서 우주를 이해할 수 있듯이 빅데이터 분석을 통해서 세계의 현상을 파악할 수 있게 되었다. 빅데이터 시대는 이러한 배경으로 시작되었다.

빅데이터 특징

빅데이터는 접근 가능한 데이터가 늘어나고 데이터를 다루는 하드웨어와 소프트웨어의 가격이 저렴해지면서 나타난 현상이다. 주변에 데이터가 늘어나면서 빅데이터 현상은 앞으로 계속 늘 것이며 "빅데이터"라는 용어는 큰 의미가 없어지게 될 것이다. 이제 누구도 자동차를 "빠른" 자동차라고 부르지 않는 것과 같다. 모든 데이터는 빅데이터의 속성을 가지게 될 것이다.

예전의 데이터 분석과 달리 **빅데이터 분석**에서 나타난 가장 중요한 특징은 정형화되지 않은 데이터를 다룰 일이 많아졌다는 것이다. 수치로만 구성된 통계 데이터나, 엑셀 파일에 잘 정리된 구조화된 데이터뿐만 아니라 블로그, 트위터, 댓글 등에 들어 있는 텍스트 문장을 본격적으로 분석하기 시작했다. 오디오, 비디오와 센서 데이터의 분석도 현실적으로 활용되기 시작했다.

앞으로 점차 정교한 데이터 분석을 위해서 웹 사용 기록(웹 로그)도 점차 상세하게 기록하게 될 것이다. 예를 들어 예전에는 고객이 어떤 상품을 구매했는지만 기록했다면 이제는 어떤 상품을 둘러보았는지, 얼마나 오랜 시간 상품을 보았는지, 왜 구매를 중간에 포기했는지 등을 기록하기 시작했다. 앞으로 웹에서 이루어지는 활동을 자세히 기록하고 분석하는 비중이 커질 것이다.

지금까지 가치 있는 정보는 주로 사람이 만들어냈다. 뉴스, SNS 데이터, 블로그, 통계자료, 음악, 영화 등 콘텐츠의 데이터는 사람이 만들어 냈다. 앞으로는 사람이 개입하여 만들어지는 데이터보다 센서와 정보기기들이 생산하는 데이터가 급격히 늘어날 것이다. 온도, 습도와 같은 과학적 측정 데이터로부터, 소음, 카메라, 오염도, 교통상황, 인구밀도 변화, 약물사용 통계 등 다양한 데이터가 자동으로 만들어질 것이다. 이렇게 사물이 데이터를 생산하며 인터넷으로 연결되는 것을 **사물 인터넷**(IOT: Internet of Things)이라고 하며 가까운 장래에 우리의 생활과 산업을 새롭게 바꾸게 될 것이다.

IOT가 발전하여 지구상의 센서들과 정보기기가 연결되면 인터넷은 콘텐츠의 연결에서 한 차원 더 발전하여 눈과 귀가 더해진 상태가 된다. 여기에 사람들의 반응(피드백) 정보까지 실시간으로 더해지면 인터넷은 유기체와 같은 반응을 보이는 대형 플랫폼으로 변화될 것이다. 지금도 인터넷은 실시간 교통 안내 등 많은 문제를 해결해주고 있으며,

수년 전에는 상상도 하지 못했던 스마트폰 서비스들이 제공되고 있다. IOT는 풍부한 센서 데이터를 인터넷에 공급하면서 제2의 인터넷 혁신을 이룰 것이다.

IOT의 확대로 향후에는 TV, 냉장고, 세탁기, 보안장치, 난방장치 등이 모두 연결될 것이다. 가축에게도 센서를 부착하여 가축의 이동, 소화, 건강상태도 모니터링할 것이다. IOT 시대가 도래하면 데이터 분석과 활용은 지금과는 차원이 다르게 발전하여 실시간 분석, 다양한 데이터의 융합처리 등이 필요해질 것이다. 기계 장치의 고장을 미리 알아내고, 이용자의 패턴을 쉽게 찾아내며, 위험을 예측하고, 개개인을 타깃으로 한 마케팅은 더욱 고도화 될 것이다.

빅데이터 문제

빅데이터는 우리의 경제, 사회 문제를 해결해 줄 수 있는 축복인가, 아니면 새로운 문제를 만들어 낼 것인가? 지금은 빅데이터가 많은 문제를 해결해 줄 것으로 기대를 받고 있지만 처리해야 할 데이터가 많아지면서 또는 너무 정교한 분석으로 인한 피해 사례가 나타나면서 빅데이터의 문제점이 나타나기 시작했다.

우선 빅데이터를 처리하는데 점점 많은 비용과 노력의 투자가 필요할 것으로 우려되고 있다. 빅데이터를 분석하면서 기존의 전통적인 데이터 분석 방법을 그대로 적용하는 잘못을 저지를 수가 있다. 데이터가 많아지면 많은 것이 달라지며 빅데이터를 분석하는 데는 다른 전략이 필요하다. 예를 들어 적은 양의 데이터를 대상으로 복잡한 수학적 모델을 사용해 분석하던 것에서, 대량의 데이터를 대상으로 비교적 단순한 수학적 모델을 사용하는 방향으로 바뀌고 있다.

분석할 수 있는 데이터가 늘어나면서 걸러내야 할 데이터도 급속히 늘어난다. 이제 데이터 분석에서는 얼마나 데이터를 효과적으로 줄여나가는 것이 점점 어려운 과제가 될 것이다. 아무리 음악이 많아도 우리가 들을 수 있는 노래의 수는 한정되어 있다. 아무리 좋은 영화가 많아도 우리는 한편의 영화를 보는데 2시간을 투자해야 한다. 이것이 바로 음악과 영화 추천 사이트가 필요한 이유이다. 정보를 소화하는 데에 사람이 감당할 수 있는 분량이 있듯이 우리가 필요로 하는 데이터 분석 결과는 한정된 분량이어야 하며 데이터 사이언스는 바로 데이터를 줄여주는 기술을 다룬다. **데이터 시각화**

(visualization)가 점차 중요한 이유가 바로 짧은 시간에 많은 정보 분석 결과를 전달해야 하기 때문이다.

분석할 데이터가 많아지고 데이터 발생이 스트리밍화 되면서 정적인 분석보다는 동적인 그리고 실시간적인 분석이 필요하게 되었다. 사람들은 빠른 분석 결과와 추천을 원한다. 또한 데이터 분석에 전문가의 해석과 개입을 줄일 수 있는 자동화한 **기계학습**(machine learning)적인 방법이 더 필요하게 되었다. 또한 텍스트 분석이 늘어나면서 사람의 감정과 상황을 파악하는 기술인 자연어 처리가 중요해졌다. 감성 분석은 상황과 시대에 따라 전혀 다른 해석을 할 수 있으며 아직 어려운 분야이지만 앞으로 점차 중요해질 것이다.

한편 빅데이터가 컴퓨터에 지능을 부여하는 것은 아니다. 컴퓨터는 사람처럼 생각하게 만들 수 없다. 단지 많은 데이터를 분석함으로써 어떤 사실을 잘 알아내거나 예측을 좀 더 정확히 할 뿐이다. 컴퓨터에게 사람처럼 추론 능력을 기대할 수 없다. 가정과 추론, 인과관계 분석, 활용에 대한 의사결정은 여전히 사람이 개입되어야 한다.

지금은 빅데이터로 어려운 문제들이 다수 해결될 것으로 기대하고 있다. 누군가 "센서 데이터를 다 모으면 지진발생을 정확히 예측할 수 있을 것"이라고 주장할지도 모르겠다. 그러나 데이터가 아무리 많아도 이를 잘 연결하여 분석하는 것은 또 다른 일이다. 예를 들어 911 테러를 충분히 예견할 만한 데이터들을 이미 여러 정보기관들이 확보를 했었지만 이 정보들이 기관 간에 공유되지 않아서 실제로는 테러 대비에 도움이 되지 못했다. 이는 데이터 분석 기술에 대한 문제가 아니라 정보 공유에 대한 정책의 문제이다.

빅데이터가 우리에게 안전한 생활, 건강, 편리함과 비용 절감을 가져올 것이라는 데는 모두 공감하나 데이터의 노출로 인한 프라이버시 침해 문제는 점점 커질 것이다. 사람들은 데이터 서비스를 통해 편리함을 얻는 대신 자신의 프라이버시 정보를 어디까지 제공할 것인가에 대한 선택의 문제가 남아 있다.

해결책 찾기

데이터가 21세기의 원유라고 불리기도 하지만 이는 좀 과장된 표현이다. 원유는 모두 가치를 가지고 있고 잘 처리하면 버릴 것 없이 모두 쓸모 있는 자원이지만, 우리 주변의 데이터는 대부분 가치를 지니지 못한다. 필요한 데이터를 추출하는 작업은 분석할 대상의 데이터가 많을수록 사실 더 어려워진다. 얻을 수 있는 데이터가 늘어날수록 이에 잘 대응하려면 과학적인 접근이 필요하다. 이것이 바로 데이터 사이언스가 필요한 이유이다. 기존의 통계분석 방법만으로는 한계가 있다.

한 가지 문제를 해결하는 최적의 솔루션이 다른 문제 해결에도 최적의 솔루션이 되지 않을 수 있다. 데이터 분석에서는 특히 모든 문제에 다 잘 맞는 솔루션은 없으며 문제마다 최적의 해결방법이 다르다. 데이터 분석은 오히려 분석하는 사람마다 다른 결과를 낼 수 있으므로 이제는 분석 결과를 얼마나 믿을 수 있는지를 알아내는 능력도 필요하게 되었다. 추천 시스템을 만들었다면 알바가 올리는 가짜 추천정보를 어떻게 걸러낼지에 대한 전략을 세울 수 있어야 한다.

빅데이터를 잘 활용하기 위해서 해결해야 할 문제점은 많지만 중요한 사항은 다음과 같이 요약할 수 있다.

> **데이터 폭증에 의한 데이터 관리 비용 증가**
> **프라이버시 침해**
> **잘못된 분석에 의한 오판**

빅데이터로 파생되는 문제는 자동차의 도입에 비유할 수 있다. 자동차 교통사고로 사망하는 사람이 아무리 많아도 이제 우리는 자동차 없이는 살 수 없다. 안전한 자동차를 만드는 기술이 필요하다. 데이터 기반 경제는 우리에게 피해를 줄 부분이 분명 있지만 그 혜택이 더 크다. 우리는 데이터가 더 안전하게 관리되고 올바른 방향으로 활용될 수 있도록 해야 한다. 따라서 빅데이터의 문제와 부작용을 정확히 이해하는 것이 필요하다.

1.2 데이터 사이언스의 정의

데이터 사이언스를 간단히 정의하면 "데이터로부터 통찰력을 찾아 문제를 해결하는 것"이라고 할 수 있다. 예를 들면 기업의 매출을 높일 방법을 찾는 것, 신용카드의 불법

이용을 찾아내는 것, 은행 대출의 부도율을 줄이는 것 등의 문제를 해결하기 위해서 데이터를 준비하고, 분석하고, 적용하는 방법을 다루는 분야라고 하겠다.

데이터 사이언스의 필요성

데이터 수집과 분석은 오래전부터 여러 분야에서 수행되던 일이다. 기업은 전년도의 매출 기록을 보고 올해 어떤 상품이 인기가 있을지를 분석하고, 일기예보를 위해서 바람, 습도, 기압 데이터를 측정하고 분석하는데 오래전부터 슈퍼컴퓨터를 사용하고 있다. 이미 통계학, 컴퓨터과학, 경영학에서 데이터 분석을 다루고 있고 경제학, 사회학, 생물학, 천문학 등 여러 학문 분야에서 데이터 분석을 기본적으로 하고 있는데 새롭게 데이터 사이언스라는 분야에 관심을 갖는 이유는 무엇일까?

지금까지의 과학적 탐구는 그 원인을 알아내는 것에 치중했다. 왜 경제가 어려운지, 왜 바람이 서쪽에서 부는지, 왜 특정 바이러스가 병을 일으키는지 등 어떤 현상이 일어난 원인을 알아내고 이를 설명할 수 있는 원리나 이론을 발견하는 것이 전통적인 연구방법이었다. 소위 아리스토텔레스식 연구를 중요시했다.

이에 비해 데이터 사이언스에서는 원인을 명확히 찾는 것보다는 답을 얻을 수 있는 **상관관계**를 알아내는 것에 더 가치를 둔다. 예를 들어, 어떤 특이한 현상이 발생하면 한 달 내에 불경기가 온다든지, 어떤 키워드를 사람들이 많이 검색하면 그 지역에서 독감이 유행할 것은 2주일 전에 알아낼 수 있다면 이는 충분히 가치있는 일이라고 보는 것이다. 즉, 어떤 사건이 발생하는 근본 원인을 밝히지는 못하더라도 **미래를 예측**할 수 있는 방법을 찾아내는 것이 바로 데이터 사이언스의 특징이다.

데이터 사이언스를 통해서도 어떤 현상의 원인을 알아 낼 수 있으나 이는 2차적인 연구결과라고 할 수 있다. 예를 들어 허리케인이 오기 전에 비상식량으로 생수가 많이 팔릴 것은 누구나 예상할 수 있었다. 그러나 데이터 분석을 해보니 의외로 맥주도 상당히 많이 팔리는 것을 알았고 매장에 맥주를 배치하여 수익을 올렸다고 한다. 처음에는 허리케인이 오는 때에 맥주가 의외로 잘 팔리는 이유를 알지 못했으나, 비상식량 중에는 마른 식품이 많았고 사람들은 이 비상식량을 사면서 갈증을 느끼고 갈증해소에 필요한 맥주를 함께 많이 샀다는 것을 알았다. 먼저 허리케인과 맥주의 상관관계를 알아낸 이후 다음 단계의 분석에서 원인 관계를 알아낼 수도 있는 것이다. 정확한 원인을 모르더라도 미래를 예측하거나 의사결정에 도움을 받아야 할 때 데이터 사이언스가 필요한 것이다.

전통적인 과학은 현상의 근본 원인을 찾아내는데 초점을 맞추었고 원인을 설명하지 못하면 완성되지 않은 이론에 불과했다. 데이터 사이언스의 목적은 문제를 해결하려는 것이며 이를 위해 데이터 간의 상관관계를 찾아내는 것에서 출발한다. 데이터 사이언스에서는 문제 해결에 필요한 단서를 찾아내고 방법을 제시하는데 의미가 있다.

빠비용 영화의 마지막 장면에서 주인공이 무인도 감옥에서 탈출하기 위해서 작은 뗏목을 바다로 던지고 자신도 뒤이어 바다로 뛰어드는 장면이 있다. 원래 이 무인도는 사방이 절벽이고 파도가 심해서 누구든 바다로 뛰어들면 바로 절벽에 부딪혀 죽는 곳이다. 그러나 주인공은 오랜 관찰 후에 어느 절벽에서는 파도가 7번 친 이후에는 물이 밖으로 빠져나가므로 사람이 뛰어내려도 절벽에 부딪치지 않을 것을 알아냈다. 왜 파도가 그렇게 치는지 원인 분석은 못했지만 확신이 있기에 뛰어내릴 수 있었다. 원인을 밝히려면 평생 무인도에서 살았을 것이다.

경험과 직관의 한계

개인의 판단은 주로 경험과 감에 의존한다. 어떤 분야의 전문가라고 하면 오랜 경험과 학습을 통해 감이 있는 사람이라고 할 수 있다. 그러나 개인의 경험과 직관만으로 내리는 결정은 편견이 개입될 수 있다. 의사결정에 도움이 될 수 있는 데이터가 주변에 많아진 오늘날은 개인의 경험과 직관에 더하여 데이터에 기반한 판단을 하여 보다 객관적인 의사결정을 할 수 있게 되었다.

올리 아셴펠터는 프랑스 보르도 지역의 와인 품질을 예측하는데 단지 날씨 데이터만을 사용해도 전문가의 평가보다 정확히 예측할 수 있다고 1980년대부터 주장했다. 아셴펠터는 아래와 같은 와인 품질 예측 공식을 발표하여 와인이 실제로 생산되기 1~2년 전에 와인의 품질을 예측하였다.

와인 품질 = 12.145 + (0.00117 × 겨울철 강수량) +
(0.064 × 재배절 평균기온) − (0.00386 × 수확기 강수량)

앞 공식의 의미는 와인 수확 이전 해 겨울의 강수량이 높을수록, 재배철의 평균 기온이 높을수록, 그리고 수확기의 강수량은 낮을수록 와인 품질이 좋다는 것을 나타낸다. 이와 같은 주장은 초기에 와인 전문가들로 많은 공격을 받았지만 시간이 지나면서 잘 맞는 것으로 입증되고 있다. 더욱이 이러한 평가방식은 와인의 실제 맛을 보기 위해 2, 3년을 기다리지 않고도 수확기에 미리 품질을 예측할 수 있다는 점에서 매력을 가진다. 이제 전통적인 와인 전문가들도 와인 품질을 예측하는데 자신의 경험에만 의존하지 않고 날씨 정보를 고려하고 있다.

전문가들은 보통 "한 번 보면 안다"는 것을 자랑한다. 본인의 경험과 직관을 믿기 때문이다. 스포츠 선수를 스카우트하는 감독도 꿈나무를 딱 보고 알아낼 수 있다고 생각한다. 지금까지는 그러한 평가가 통했지만 점차 데이터 기반 분석과의 경쟁을 따라가기는 힘들어진다. 야구선수에 대한 데이터 기반의 스카우트 분석은 이제 **세이버메트릭스**(sabermetrix)라고 불리는 보편적인 영역으로 발전하였다.

이를 두고 전문가의 경험에 의한 예측과 데이터 사이언스의 경쟁이 시작되었다고도 한다. 분야에 따라 어떤 방법이 더 정확히 예측할지는 다르겠지만, 과거의 반복적인 데이터가 축적된 경우라면 데이터 사이언스측이 앞설 것이다. 그러나 처음 개발한 상품이 히트를 칠 수 있을지를 알아내는 것과 같이 과거의 데이터가 없는 경우에는 유사한 경우에 대한 경험이 많은 전문가가 더 나은 판단을 할 것이다.

데이터 사이언스에 의한 예측의 매력은 "미리" 결과를 알 수 있다는 것이다. 포도주가 다 숙성한 2, 3년 후가 아니라 현시점에서 미래의 가치를 예측할 수 있다. 더욱이 데이터가 쌓이면 예측은 점차 정확해질 것이다. 데이터 사이언스에 기반한 예측을 두려워하는 사람들은 이로 인해 직업을 잃을 수 있는 사람들이다. 전문가들도 이제 데이터 분석 능력으로 무장하지 않고 자신의 경험과 직관만으로는 경쟁하기 어려워질 것이다.

의학분야에서도 **근거중심의학**(evidence-based medicine)이 관심을 끌고 있다. 근거중심의학은 1992년 캐나다의 맥매스터 대학에서 제안하였는데, 의학적 치료법은 가능하면 통계조사에 의해 최선의 근거를 찾아야 한다는 것이다. 이는 의사의 경험이 절대적이며 데이터는 단지 이의 보조 수단일 뿐이라는 주장에 맞서 데이터 기반의 근거가 의사의 경험적 판단보다 더 중요하다는 논리이다. 지금까지는 의사의 권위가 더 우세하고 경험이 중요하다고 믿고 있다. 그러나 앞으로는 의사들이 데이터에 기반한 진단과 처방을 활용하지 않을 수 없을 것이다.

경험에 의한 직관은 중요한 자산이며 사람만이 가진 능력이다. 그러나 사람은 편견을 가질 수밖에 없다. 이는 스스로를 전문가로 믿을수록 더 심하다. 오랜 경험을 가진 전문가가 데이터 사이언티스트가 되려면 마음을 비워야 한다.

수백 명의 생명을 다루는 비행기 운항도 지금은 전자동으로 운행된다. 항공기 운항과 착륙은 매우 복잡하고 까다로운 조작을 필요로 하지만 사람이 운전하는 것보다 자동항법이 더 안전하다고 입증되었다. 사람들은 이를 믿고 비행기를 탄다. 많은 데이터를 가지고 있는 분야, 자동화할 수 있는 분야는 점차 컴퓨터의 도움을 받을 것이다. 고려해야 할 상황이 많거나 사람의 감정이 치우친 판단을 내릴 수 있는 분야라면 데이터 기반의 의사결정에 도움을 받아야 한다. 사람은 불필요하게 컴퓨터와 경쟁할 필요가 없으며 컴퓨터가 할 수 없는 영역의 역할을 해야 한다.

데이터 사이언스에서 오랜 경험을 가진 **전문가가 해야 할 역할**은 무엇이 중요한 문제인지를 정하는 것, 어떤 데이터를 조사하면 좋을지를 판단하는 것 등이다. 어떤 변수들이 결과에 많은 영향을 주는지를 찾아내는 상관계수는 프로그램이 더 잘 구한다.

1.3 데이터 사이언스 프로세스

데이터 분석을 통해서 문제를 해결하는 과정인 **데이터 사이언스 프로세스**는 문제 정의, 전략 수립, 데이터 수집, 데이터 분석, 결과 적용 등 다섯 단계로 구성된다.

문제 정의 – 해결하려는 문제를 명확히 정의하는 것
전략 수립 – 문제 해결을 위해 어떤 데이터를 어떻게 분석할지 결정하는 것
데이터 수집 – 분석에 필요한 데이터를 수집하는 것
데이터 분석 – 패턴찾기, 분류, 예측 등 분석 모델을 구현하는 것
결과 적용 – 분석 결과를 실제 상황에 적용하고 성능을 개선하는 것

문제 정의

데이터 사이언스 프로세스에서 가장 중요한 것은 먼저 해결할 문제를 명확하게 정의하는 것이다. 주어진 문제가 데이터를 분석하면 과연 해결할 수는 있는 문제인지를 먼저 파악해야 한다. 처음부터 문제가 아닌 것을 해결하려고 시도하는 경우가 의외로 많다.

예를 들어 하루에 네 번 식사를 하면서 다이어트하는 방법을 찾는 것과 같은 문제는 결국 답을 찾을 수 없다. 사람이 하루에 세 번 식사하는 문화가 바뀌기 전에는 답이 나오지 않는 문제이다.

문제는 사회와 조직마다 다르게 받아들여진다. 한 기업에서의 문제가 다른 기업에서는 전혀 문제가 안 되는 경우도 있다. 또 사소한 문제라도 시기에 따라 심각한 문제가 되기도 하며 예전에는 문제가 아니었다고 해서 지금 간과해서도 안 된다. 즉 해결해야 할 문제를 잘 정의하는 것은 생각보다 쉽지 않다. 관련 분야 전문가의 이야기도 들어야 하며 조직의 모든 구성원의 의견도 들어야 한다. 이미 조직원이 해답을 가지고 있는데 어렵게 문제를 풀고 있는 일도 많다. 쉬운 해결책이 있는데 어렵게 문제를 풀 이유는 없다.

문제를 정의할 때 주의할 것은 큰 문제를 한 번에 해결하려면 힘들다는 것이다. 최종적으로 해결해야 할 큰 문제를 정의하는 것이 필요하지만 이를 해결할 수 있는 크기의 작은 문제로 나누어 접근하는 전략이 필요하다. 즉, 전체 문제 정의와 해결한 단위 문제 정의가 다를 수 있다. 예를 들어 기업의 수익 감소 문제를 한 번에 해결하는 데이터 분석은 하기가 어렵다. 대신 배송이 늦어지는 이유를 찾아내거나, 고객 불만이 발생하는 원인을 찾거나, 반품이 많은 이유를 분석하는 것 등으로 나누어 다루는 것은 가능하다.

큰 문제를 다루기 적절한 크기의 작은 문제로 나눌 때에는 임의로 나누는 것이 아니라, 그동안 자주 발생한 문제라서 그 분석 방법이 널리 알려진 문제 단위로 나누어야 한다. 즉, 기존에 분석해 본 경험이 있거나 분석 솔루션이 있는 문제 단위로 나누는 것이다. 그러면 이미 나와 있는 솔루션을 사용하기도 쉽고 분석 결과가 맞는지 검증하는 시간도 줄일 수 있다.

전략 수립

해결할 문제를 정한 후에는 이 문제를 해결하는 과정을 하나의 프로젝트라고 보고 프로젝트 수행 전략을 수립해야 한다. 관련 부서는 어디인지, 프로젝트를 누가 주도할지, 필요한 데이터는 누가 가지고 있는지, 주어진 예산과 기간은 얼마인지 등을 파악해야 한다.

전략을 잘 세우는 첫 단계는 문제를 다시 검토하는 것이다. 왜 그것이 문제인지를 다시 생각해봐야 한다. 무엇이 고객의 근본적인 고민인지, 고객이 초기에 알고 싶은 결과가 무엇인지, 현재는 그 문제를 해결하기 위해서 어떤 방법을 사용하고 있는지, 그리고 그 방법이 왜 잘 동작하지 않고 있는지를 다시 검토하여 문제의 본질을 파악해야 한다.

다음에는 문제 해결의 목표를 명확히 정해야 한다. 막연히 비용절감, 좋은 아이디어 도출, 서비스 개선과 같은 불분명한 목표가 아니라 비용을 몇 % 줄일지, 가장 문제가 되는 영역 3곳을 찾아내기 등 구체적인 목표를 정해야 한다. 이런 목표가 있어야만 분석을 종료할 수 있는 조건을 정할 수 있다. 아니면 프로젝트는 끝없이 계속된다. 목표가 명확하지 않으면 참여자들은 각각 기대 수준이 다르게 되고 나중에 서로 불만이 될 수 있다. 즉, **프로젝트 종료 조건**을 만들어 두어야 한다. 아니면 프로젝트 종료시간이라도 정해야 한다. 또한 목표가 구체화될수록 데이터 수집을 효과적으로 할 수 있다. 목표가 무엇인지 모르면 너무 많은 데이터를 모으거나 불필요한 데이터를 수집하는 수가 있다.

실제로 프로젝트를 수행할 때에는 목표를 미리 잘 정하는 것이 어렵다. 특히 처음 해보는 일일 때는 더욱 그렇다. 그렇더라도 목표는 반드시 정해두어야 한다. 왜냐하면 목표를 달성하지 못하는 상황에서 미리 정한 목표치와 현실의 차이를 살펴보면서 많은 것을 배울 수 있기 때문이다. 즉, 목표는 달성하지 못하더라도 목표를 정하고 일을 하는 것은 프로젝트 수행에서 매우 중요하다.

모든 프로젝트에는 세 가지 제한 요건이 있다. 예산, 시간, 성능인데, 예산은 이 프로젝트를 하는데 투자할 수 있는 총 예산을 말하고, 시간은 프로젝트를 완료하는데 주어진 시간을 말하다. 성능은 이 프로젝트 결과물이 만족해야 할 성능을 말한다. 실제로는 이 세 가지 조건이 모두 충분한 경우는 드물다. 예산이 부족하거나, 시간이 부족하거나,

또는 요구하는 성능을 모두 만족시키기가 어렵다. 전략 수립 단계에서는 이 세 요건 중에 현재 무엇이 가장 큰 이슈인지, 어떤 부분에서 여유가 있는지를 먼저 살펴봐야 한다. 최대 얼마까지 예산을 투입할 수 있는지(이는 투입할 수 있는 인력에 영향을 준다), 언제가 최종 마감인지 또는 언제가 지나면 분석 결과가 쓸모없게 되는지, 그리고 받아들일 수 있는 최소한의 성능은 무엇인지를 정리해보고 세 가지 요건이 서로 상호보완 관계에 있는 것을 알아야 한다. 세 가지 요건 중에 무엇은 반드시 지켜야 하고 무엇을 희생할지를 정하는 전략이 필요하다.

다음에는 가용 자원을 파악해야 한다. 사용할 수 있는 데이터에는 무엇이 있는지, 인적 자원은 어떤지 등의 리스트를 만든다. 데이터 수집 비용이 많이 들지, 아니면 공짜로 얻을 수 있는 것인지도 알아야 한다. 관계자와의 미팅이 어려운지, 협조가 잘 안되는지, 현재 부서간의 갈등 요소는 얼마나 심각한지도 알아야 한다. 관련 데이터 조사는 데이터 목록을 작성하는 것에서 시작한다. 이 문제 해결에 직접 필요할 거라고 예상한 데이터뿐만 아니라 이 문제와 조금이라도 관련된 데이터에는 어떤 것들이 있는지 전체를 살펴봐야 한다. 의외로 예상하지 않은 데이터로부터 유용한 도움을 받는 수가 있다. 분석에 직접 도움이 되는 데이터를 구하기 어려운 경우에는 우회적으로 어떤 데이터로부터 원하는 정보를 추정할 수 있는지도 검토해 보아야 한다.

실제로 데이터 사이언스 프로젝트를 진행할 때에 가장 문제가 되는 부분은 **핵심 데이터의 확보**와 **관계자간의 협력**이다. 데이터 분석 소프트웨어나 하드웨어가 아니라 데이터의 확보와 사람간의 협력이 일의 성패를 나눈다고 하겠다.

분석할 데이터가 많다면 분석에 필요한 전산 자원도 파악해야 한다. 메모리 용량과 보안 대책이 있는지 등을 점검해야 하고 자체 직원의 시스템 관리 능력도 파악해야 한다. 필요하면 외부의 전문가를 어떻게 활용할지 범위를 정해야 한다.

다음에는 어떤 데이터 분석 방법을 선택할지를 정해야 한다. 흔히 문제 유형에 따라 가장 성능이 좋은 데이터 분석 알고리즘이 있을 것으로 생각하지만 실제로는 정답이 미리 정해져 있지 않다. 주어진 문제의 특별한 상황과 조건에 따라 최적의 분석 방법은 달라진다. 수학 문제를 풀듯이 한 가지 정답이 있는 것이 아니다.

데이터 분석 방법을 선택할 때 고려해야 할 사항이 많다. 어떤 데이터를 얻을 수 있는지, 분석할 수 있는 시간은 얼마나 주어지는지, 분석 결과가 얼마나 정확해야 하는지, 정확도보다는 빠른 응답을 더 중요시하는지 등을 고려해서 분석 방법을 정해야 한다.

최종적인 분석 방법을 정하기 전에 일부 샘플 데이터를 사용해서 여러 가지 분석 방법을 시도해 보는 것이 필요하다. 처음부터 너무 정교한 모델을 생각하려고 하지 말고 초기에는 전체적인 분석 방향만 정해져도 성공이며 상세한 모델은 프로젝트를 진행하면서 다시 조정할 수 있다. 즉, 초기의 분석 방법은 최종적으로 사용할 분석 모델이 아니라 문제 또는 데이터 전체를 파악하는데 목적을 두어야 한다. 초기의 샘플 분석 모델을 통해서 실제로 필요한 데이터의 범위를 다시 정하기도 한다. 분석 방법에 따라 수집해야 할 데이터의 종류가 달라질 수 있고, 또 얼마나 상세한 데이터가 필요한지 등이 달라질 수 있다. 예를 들어 하루 한 번의 평균값만 있으면 될 분석에 매 시간마다 측정된 데이터를 사용할 필요는 없다.

다음에는 본격적으로 데이터 분석을 하는데 비용이 얼마나 들지를 예상해 보아야 한다. 아무리 좋은 방법을 제시하더라도 데이터 수집과 분석에 비용이 많이 들면 구현이 곤란하다. 비용에는 데이터를 직접 구매하는 비용을 포함하여 소프트웨어 구축비용, 구축 기간 등이 포함된다. 특히, 데이터 수집 비용이 중요한데, 거의 무상으로 얻을 수 있는 데이터가 있는 반면 어떤 핵심 데이터는 비싼 비용을 치러야만 얻을 수 있는 데이터도 있다. 또는 아무리 많은 돈을 내도 구하지 못하는 데이터도 있다. 이외에 데이터 센서 장치, 데이터 통신요금 등이 발생할 수 있다.

데이터 수집

데이터 분석에 필요한 데이터를 실제로 준비하는 과정이다. 어떤 데이터가 수집 가능한지, 실제로 이 데이터가 쓸 만한지, 이 데이터면 충분한지, 데이터 품질은 만족할만한지 등을 파악해야 한다. **데이터 수집**에서 가장 중요한 것은 핵심적인 데이터가 없으면 프로젝트 자체가 의미가 없는 경우가 많다는 것이다. 어떤 핵심 데이터를 얻을 수 있다고 가정했는데 실제로는 수집 비용이 많이 들 수도 있다. 구매 비용이 너무 비싸거나, 데이터 공급이 원활하지 못하거나, 실시간 제공이 필요한데 이를 만족하지 못하거나, 데이터 오류가 많아 품질이 나빠서 분석이 곤란해질 수 있다. 핵심 데이터를 얻지 못한다면 전략을 다시 세워야 한다.

분명한 목적을 가지고 최적의 데이터를 수집하는 것이 가장 이상적이나, 일단 관련된 데이터를 모두 모아보고 질문을 나중에 던져보는 경우도 있다. 이것이 빅데이터의 묘미이기도 하다. 처음부터 명확한 목표 질문을 만들고 여기에 얽매이는 것이 아니라 방대한 데이터로부터 뜻밖에 가치 있는 새로운 것을 찾아내는 방법도 있다. 그러나 이것은 시간적 여유가 많거나, 시험적으로 새로운 것을 찾아보려는 경우에는 의미가 있으나 당장 문제를 해결해야 하는 경우에는 적합한 방법이 아니다. 목적을 정하고 데이터를 수집하는 것이 일반적이다.

데이터 수집은 많은 비용과 시간을 요하는 단계이다. 실제로 분석 자체에 걸리는 시간보다 분석에 필요한 데이터를 준비하는데 더 많은 시간이 필요하며, 데이터 분석 전체 과정에서 70~80%의 시간은 데이터를 모으고 준비하는데 소요된다고 한다.

데이터를 수집하면 수집한 데이터의 전체 모습을 살펴보는 것이 필요하며 데이터 자체에 문제가 있는지도 봐야 한다. 수집된 데이터에는 빠진 데이터가 있거나, 데이터에 오류가 있을 수 있으므로 이들을 처리해야 한다. 잘못된 데이터를 사용하면 잘못된 분석 결과가 나올 수밖에 없기 때문이다.

데이터 분석

수집된 데이터로부터 어떤 의미를 찾기 위해서는 데이터 분석을 해야 한다. 데이터 분석에는 간단히 평균치를 구해보는 것부터, 미래의 값을 예측하는 등 다양한 형태가 있으나 **데이터 분석 유형**을 크게 다음과 같이 나누어 볼 수 있다.

> **기초 통계 분석 – 평균, 분산 등 데이터 분포를 파악**
> **클러스터링 – 비슷한 성격의 항목들을 그루핑하기**
> **연관관계 분석 – 같이 자주 발생하는 패턴 찾기**
> **분류 – 미리 정해진 카테고리 중 어디에 속하는지 판별하기**
> **예측 – 주가, 매출 등 수치를 예측하는 것**

같은 데이터를 사용하여 분석을 하더라도 분석 결과는 이를 처리하는 사람에 따라 매우 다르게 나올 수 있다. 이는 마치 같은 물감, 캔버스를 사용하여 같은 대상을 그리더라도 그리는 사람에 따라 품질이 매우 다른 미술 작품이 나오는 것과 같다. 또는 같은 재료를 사용해도 누가 음식을 만드는지에 따라 맛이 전혀 다른 것과 같다.

데이터 분석 방법을 선택할 때에는 분석 결과가 원하는 만큼 정확하게 동작하는지를 평가할 기준도 같이 생각해야 한다. 정확도를 어떻게 측정할지, 정확도가 얼마 이상이어야 할지를 정해야 한다. 또한 이 프로젝트를 통해 새로 만든 데이터 분석 모델을 실전에 적용하는데 문제가 없는지도 고려해야 한다.

결과 적용

데이터 사이언스의 최종 목적은 주어진 문제를 해결하기 위해서 분석 모델을 실제 상황에 적용하는 것이다. 즉, 분석 결과를 현실적인 문제 해결에 이용할 수 없으면 의미가 없다. 이를 파악하려면 고객이 분석 모델을 실제로 어떻게 적용할지 미리 **시뮬레이션** 해봐야 한다. 예를 들면 우수 고객을 어떻게 선별하고 어떤 절차로 쿠폰을 나누어 줄지 등을 예상해보고 운영상의 예상되는 문제를 찾아내야 한다.

분석을 의뢰한 고객이 분석 모델을 잘 이용하려면 고객이 분석 모델(솔루션)을 이해해야 한다. 따라서 분석 결과를 고객에게 쉽게 이해시키는 것이 중요하다. 모델의 의미, 결과치, 해석방법, 적용방법 등을 쉽게 설명할 수 있어야 한다. 예를 들어 보험사에서 어떤 사람의 보험 가입을 데이터 분석에 의해 거절했다면 거절 이유를 설명해줄 수 있어야 한다. 분석 모델이나 결과를 쉽게 이해시키기 위해서 시각화(visualization)를 활용하기도 한다. 시각화란 분석 결과를 그래픽으로 표현하는 것을 말한다.

데이터 사이언티스트는 고객의 수준에 맞게 설명할 수 있어야 한다. 최고 의사결정자가 이해하는 수준과 실무자가 이해하는 수준이 다르므로 이에 맞는 수준으로 설명해주어야 한다. 또한 고객마다 자신의 입장에서 원하는 정보가 각각 다르다. 경영자는 비즈니스 효과에 관심이 많을 것이고 실무자는 솔루션의 사용법이 쉬운 것을 원할 것이다.

데이터 분석 결과는 한 번에 만족할 만한 성과를 내지 못하는 경우가 많다. 실전에 적용되면서, 즉 새로운 실제 데이터가 계속 입력되면서 분석 알고리즘은 **진화**해야 한다. 이렇게 진화하도록 개발되지 않았다면 그것은 제대로 시스템을 구현하지 못한 것이다.

즉, 피드백을 받아 분석 모델이 발전하는 모델을 만들어야 한다.

1.4 데이터 사이언스 응용 예

데이터 사이언스는 서비스와 상품개발, 마케팅뿐만 아니라 과학기술 연구, 건강관리, 재난예방 등 거의 모든 분야에서 이용되고 있다. 데이터 사이언스에서 다루어야 할 범위를 이해하기 위해서 대표적인 데이터 사이언스 응용 사례를 살펴보겠다.

마케팅과 경영

데이터 분석을 가장 적극적으로 활용하는 분야는 **마케팅 영역**일 것이다. 이미 많은 기업이 특정 광고나 프로모션에 대해 어떤 고객이 반응할 지를 알아내기 위해서 광범위한 데이터 분석을 하고 있다. 대량 광고 효과는 이미 한계에 다다르고 있다. 사람들은 불특정 다수를 대상으로 하는 평범한 광고는 지나친다. 그러나 내가 뭔가 필요하다고 느낄 때는 나와 관련된 광고가 눈에 띄고 귀에 들린다. 이러한 정교한 마케팅을 위해 데이터 분석은 점점 고도화 하고 있다. 기업에서도 새로운 고객을 발굴하는 것보다 기존 고객을 단골로 만드는 것이 더 효과적이라는 것을 알고 **고객관계 관리** CRM(customer relationship management)에 더 신경을 쓰고 있다. 앞으로는 일대일 맞춤형 마케팅이 늘어날 것이며 정교한 고객 세분화 분석을 위해서 인구통계학적 정보뿐 아니라 과거 상품구매 이력, 고객 취향, SNS 분석 등을 종합적으로 하고 있다.

미국 해러스(Harras) 카지노에서는 사람들이 도박에서 어느 정도까지 돈을 잃어도 큰 고통으로 생각하지 않고 나중에 다시 카지노를 찾을 수 있는지를 예측한다. 이는 사람마다 다를 것이다. 고객이 이 정도 수준의 돈을 잃게 되면 카지노측에서는 이 사람이 더 이상 도박을 하지 않도록 여러 방법으로 유도한다. 보다 즐거운 기억만 가지고 카지노를 나설 수 있게 하여 다음에 또 방문할 수 있게 하려는 것이다.

영화 시나리오 대본만 보고도 흥행을 예측하는 기업도 있고, 예고편에 대한 고객 반응을 분석하여 몇 개의 개봉관에서 이 영화를 상영하는 것이 적절한지를 예측하기도 한다.

비즈니스 인텔리전스(business intelligence)란 데이터 분석 기술을 마케팅 등 기업 활동에 적용하는 분야로 1990년대부터 소개되었다. 앞으로는 SNS, 스마트폰의 확산 등으로 인해 기업과 고객관리가 점차 복잡해지고, 관련된 데이터도 많이 발생하며, 기업 간 경쟁이 치열해지면서 비즈니스 데이터 분석은 점차 고도화할 것이다.

지금까지는 기업에서 데이터 분석을 하더라도 그 결과를 참고하는 수준이며 의사결정은 경영 책임자의 경험과 직관에 의해서 이루어지는 경우가 많았다. 앞으로는 본인의 직관보다 데이터 분석에 의한 객관적인 사실에 기초하여 의사결정을 하는 비중이 커질 것이다. 이를 통해 업무처리나 생산 프로세스의 효율화, 이상 징후 발견, 위험요소 파악 등에서 실패할 확률을 줄일 수 있다. 상품 유통에서는 수요예측을 잘 해야 재고를 줄일 수 있다. 고객이 물건을 구매하는 데이터를 바로 분석하여 수요량을 예측하고 필요하면 구매가 바로 이루어지도록 할 수 있다.

기업에서는 직원을 채용하면서도 이 직원이 우리 회사에 얼마나 오래 근무할지, 언제 회사를 떠날지도 예측한다. 직원이 어떤 종류의 업무에 얼마나 잘 적응할지를 예측하여 직원을 배치하기도 한다.

콜센터에서는 전화를 건 고객의 과거 이용 기록 또는 목소리를 분석하여 까다로운 고객인지, 너그러운 고객인지 또는 지금 무슨 용건으로 전화를 했는지도 예측하고 있다. 콜센터에서는 고객 성향에 맞게 잘 대응할 적합한 직원을 배정하고, 고객이 평소에 자주 궁금해 하는 정보를 바로 자동응답기로 안내해주기도 한다. 예를 들어 평소에 이번 달 카드 납입액을 자주 물어본 고객이라면 기다리는 동안 미리 카드 납입액을 자동으로 알려주는 것이다. 미국의 신용카드사인 캐피털원 사는 고객이 자신의 카드번호를 입력하고 다음에 나가는 안내문에서 바로 "이번 달 카드 결제액은 25만원입니다"라고 알려준다. 이는 과거에 이 고객이 어떤 질문을 주로 했었는지를 보고 알아내는 것이다.

금융, 보험

금융사에서는 개인이나 기업의 **신용평가**에 데이터 분석을 사용하고 있다. 신용대출 금액의 한도를 평가할 때 기존의 대출 사고 사례를 참고하고 개인의 신용도를 고려한다.

도난된 신용카드의 사용을 찾아내는 부정거래 검출, 사기성 보험청구를 찾는데, 불법자금 세탁을 찾아내는데도 데이터 분석이 사용된다.

예전에는 개인의 신용도를 판단하는데 대출상담 직원의 역할이 중요했으나 이제 개인 신용도는 컴퓨터 프로그램이 계산을 해주고 있다. 대출상담 직원의 권한은 크게 축소되었으며 접수만 받고 데이터 분석 결과만 알려주는 역할을 하게 되었다.

일부 자동차 보험회사에서는 차량에 블랙박스를 달면 보험료를 감해 준다. 어떤 보험사는 더 나가서 블랙박스 데이터를 실시간으로 보험사로 보내주면, 예를 들어 급정거를 하는지, 급커브를 하는지 등의 정보를 제공하면 보험료를 더 감해준다. 보험사는 운전습관에 관한 실제 정보를 얻고 이를 통해 고객의 안전한 운전을 유도하며 사고를 줄일 방법을 찾는 것이다.

건강, 의료

나이키는 운동화에 센서를 부착하여 운동량을 측정하고 온라인으로 건강 코치를 받는 서비스로 유명해졌다. 데이터 기반의 **건강관리 서비스**는 여러 기업에서 점차 도입하여 혈압, 심장박동수, 수면시간, 수면 패턴과 같은 개인에 관한 데이터를 측정하고 이를 종합 분석하고 있다. 앞으로 건강 산업은 데이터 분석 기술의 발달로 큰 변화가 올 것이다.

지금까지 의사가 환자를 진단하는데 가장 중요한 역할을 한 정보는 혈액이나 소변검사 데이터와 환자가 말하는 문진내용(열이 며칠 전부터 났는지 등), 그리고 환자의 표정과 걸음걸이 등 의사가 체험한 정보였다. 이러한 데이터만 있어도 지금까지는 진단과 처방 치료가 잘 진행되었다. 그런데 다음과 같은 데이터를 더 얻을 수 있다고 생각해보자. 예를 들어 3일 후에 의사를 다시 만나서 "열이 좀 내렸네요"라고 말하는 대신 지난 3일간 열이 어떻게 오르고 내렸는지를 스마트폰에서 그래프로 보여줄 수 있다면? 또는 내가 얼마가 운동을 했는지, 집에 누워만 있었는지, 밥은 제때 먹었는지, 사람들과 전화통화는 거의 하지 않았는지 등의 정보를 의사가 파악할 수 있게 된다면? 아마도 더 정확한 진단이 가능할 것이다. 어떤 병원이나 의사가 이러한 정보를 이용하여 더 정확한 진단과 처방을 하기 시작하면 다른 병원도 영향을 받게 될 것이다.

지금은 모든 임상연구 데이터와 보험청구 데이터 등이 전자화되고 있다. 또한 개인의 DNA 염기서열, 유전자 발현, 단백질 유전 정보학 등 데이터 분석이 늘고 있다. 개인의 DNA 전체를 분석하는데 이제는 하루면 가능하다. 이 정보가 생활습관 데이터와 결합되면 개인별 **질병 예측**도 상당히 정확해질 것이다.

지금까지는 모든 환자에게 보편적으로 효과가 있는 약의 개발과 상용화만 이루어졌다. 어떤 약이 일부 환자에게라도 부작용이 크면 약의 판매가 불가능했다. 즉, 환자들 간에 효과에서 편차가 큰 약의 판매를 허용하지 않았다. 예를 들어 어떤 약이 10% 사람에게만 잘 듣는다고 하면 이는 별로 효과가 없는 약이다. 그러나 그 10%의 사람들에게 이 약은 매우 귀중할 것이다. 문제는 그 10%를 구분해내는 것이 어렵기 때문에 지금까지는 이러한 약은 허가를 받기가 어려웠다. 임상시험을 통과하지 못하는 것이다.

그러나 만일 개인 간의 약 복용에 대한 효과 차이를 구분할 수 있다면 이렇게 부분적으로만 효과가 있는 약도 충분히 개발가치가 있을 것이다. 즉, 정확한 데이터 분석을 통해 맞춤형 처방 또는 맞춤형 신약개발이 가능해진다.

정보 공유는 건강의학 산업에 새로운 변화를 주고 있다. 페이션츠라이크미(Patientslikeme.com) 사이트에는 수십만 명의 사람들이 자신의 질병과 치료에 대한 정보를 공유하고 있다. 메드라인(Medline)처럼 자신의 증상을 입력하면 병명을 추정해주는 사이트도 있다. 이사벨(Isabelhealthcare.com) 사이트는 증상을 입력하면 가능성이 높은 병명 목록 대상을 보여준다. 이 정보는 계속 업데이트 되어 이제는 일반인뿐만 아니라 의사들도 활용하고 있다.

건강, 의료 정보 활용에서 가장 민감한 문제는 개인 정보보호인데, 몸이 아픈 사람들은 더 정확한 병명을 진단받고, 더 효과적인 치료법을 찾을 수 있다면 자신의 치료를 위해서 자신의 개인 정보를 활용하는 데에 기꺼이 동의할 것이다. 이러한 정보 공유는 기업의 입장이 아니라 환자들이 본인의 치료를 위해서 접근할 때에 효과적인 해결책을 찾기가 쉬울 것이다.

안전

여러 나라에서 테러리스트와 같은 위험인물을 파악하거나 위험한 행동을 할 사람을 사전에 찾아내는데 데이터 분석을 사용한다. 특정한 요일과 시간대별로 강력 범죄가 자주 발생하는 패턴을 분석하여 미리 경찰관을 현장에 보내는 도시가 늘고 있고 이를 통해 실제로 범죄 발생률을 낮추고 있다.

미국에서는 마을에서 총기 전시회를 하고 나면 바로 총기 사고가 늘어나는 것이 아니라 약 2주 후에 사고가 많이 발생하는 것을 알아냈다. 아마 사고를 내기 전에 총기를 우편 주문하는데 시간이 더 필요했을지도 모른다. 여하간 총기 전시회 2주 후에 보안경계를 강화하도록 하여 예방을 줄일 수 있었다고 한다.

UN에서 운영하는 빅데이터 플랫폼인 글로벌 펄스(Global Pulse)에서는 가뭄, 홍수, 기후변화 등에 대한 정보를 공유하여 이에 대비하게 한다. 특별한 현상이 발생하면 이것이 상세하게 분석할 가치가 있는 것인지를 빠르게 판단하고 전 세계 과학자들이 해결책을 내놓을 수 있게 한다.

제조업

세계적인 항공기 엔진 회사인 롤스로이스사는 이제 항공기 엔진 제작 자체보다, 이미 만들어 사용 중인 엔진에서 발생하는 **운영 데이터**를 측정하여 엔진의 성능향상과 운영기술을 연구한다. 실험실에서 많은 비용을 들여 실험하는 것보다 현장에서 운영 중인 데이터를 측정하여 성능 개선 방법을 찾는 것이 더 효과적이기 때문이다. 실험과 연구가 실험실 내에만 이루어지는 것이 아니라 제품이 운영되는 현장으로 확대된 셈이다. GE도 터빈, 엔진 등에 센서를 부착하여 데이터 분석을 하며, 인텔은 PC에서 문제가 발생하기 전에 알아내는 소프트웨어를 개발했다.

자동차 회사는 자동차 급정차 시 동작하는 ABS 기록 데이터를 분석하여 어느 지역의 도로에서 ABS가 많이 작동했는지를 보고 위험한 도로 구간을 알아내는데 사용한다.

공장의 자동화, 생산라인의 최적화, 상품의 물류와 재고관리에는 오래 전부터 IT와 소프트웨어 기술을 도입하고 있지만 이제 이러한 과정에서 발생하는 데이터를 상세히 분석함으로써 더 효과적인 생산, 유통, 재고관리를 하며 제품 자체의 품질 향상에도 이용하고 있다.

에너지 관리

전기 에너지의 효과적인 생산과 배분을 위한 에너지 관리 체계를 **스마트 그리드**라고 한다. 스마트 그리드의 핵심 기능은 전력 수요 피크 시간대에 전력이 부족하지 않게 하되 평소에 남는 에너지를 최소화해야 한다. 전기 에너지는 저장이 어렵기 때문이다. 이를 위해서는 전력 수요를 정확히 예측해야 한다.

점차 에너지 절약 요구가 심해지고, 풍력, 태양광 등 신재생 에너지 이용 비중이 증가하고 있는데, 신재생 에너지 사용 시 문제점은 에너지 공급이 안정적이지 않아서 전력망의 안정적인 작동에 영향을 줄 수 있다는 것이다. 바람의 세기 변화나 날씨에 따른 태양열의 변화는 해당 에너지 생산에 직접적인 영향을 준다. 원활한 에너지 공급의 한 방법으로 전력 수요가 많은 시간대(예를 들어 오후시간)의 전기요금을 비싸게 책정할 수도 있다. 이렇게 하여 절전을 유도하고 전기를 과다하게 생산하지 않고도 전기가 필요한 곳에 공급할 수 있다. 그러나 지금은 전기요금이 시간대에 관계없이 동일하다. 요금을 정교하게 관리하려면 전력 수요에 대한 예측이 정확해야 한다.

전기 자동차의 사용이 늘어나면 전력 그리드에도 영향을 주기 시작할 것이다. 만일 전기 자동차들이 같은 시간대에 동시에 충전하면 전력 수요가 급증하여 전력공급에 문제가 생길 수 있다. 따라서 자동차들이 서로 충전시간을 적절히 분산 조절할 수 있다면 전력 이용을 짧은 시간대에 몰리지 않게 조절할 수 있다. 또한 전기 자동차에 충전되어 있던 전력을 외부에 되파는 방안도 전기공급을 원활하게 할 수 있다. 자동차의 배터리들이 모여 거대한 전기 저장장치 역할을 하게 되는 것이다.

이용자의 전력 사용현황과 패턴을 파악하기 위해서 전기장치마다 **스마트 미터기**(smart meters)를 부착하여 전력망의 이상상태 등을 감지하는데 사용한다. 앞으로 전력 상태를 측정하는 데이터는 스마트 미터기 보급에 따라 급속히 늘어날 것이다. 한편 너무 정교하게 스마트 미터기 데이터를 분석하면 가전제품 이용 상태도 파악할 수 있어 프라이버시 침해의 문제가 대두될 수 있다.

추천

데이터 사이언스의 중요한 응용분야는 도서, 영화, 음악, 상품, 여행지 등의 **추천 서비**

스인데 추천 기술은 점차 빠르고 정교해져서 고객이 매장을 둘러보는 도중에 고객의 성향과 현재 욕구를 파악하여 **실시간 추천**을 하기에 이르렀다. 추천의 범위는 생각보다 넓다. 의사가 권하는 운동도 추천이고, 선생님이 학생에게 맞는 공부 방법을 제시하는 것도 추천이다. 앞으로는 모든 마케팅에 추천 개념이 도입될 것이다. 다양한 상품이 소개되면서 소비자가 선택할 수 있는 옵션은 점차 늘어나지만 소비자는 점점 더 바빠져서 이들 옵션을 자세히 살펴볼 시간이 없을 수 있기 때문이다.

개인별로 최근에 찾아본 뉴스들을 분석해 보고 좋아할만한 뉴스를 추천해 준다. 온라인 중매 서비스인 퍼펙트매치(perfectmtch.com)나 트루닷컴(true.com)은 신청자의 성격, 취향 등을 파악한 다음 가장 잘 어울릴 사람을 추천해준다. 같이 여행하면 좋을 사람을 찾아주는 서비스도 있다. 남녀 간의 만남을 추천해 주는 서비스도 전문가가 직접 해주는 소개팅보다 데이터 기반의 객관적인 추천이 더 좋은 결과를 내는 시대가 올 것이다.

개인의 수준별 맞춤형 교육도 앞으로 성장할 분야인데, Kaplan사에서는 개인별로 학습을 잘 할 수 있는 방법을 추천하고 시험을 잘 볼 수 있게 도와준다. 사람마다 학습 패턴이 다르므로 이를 파악하는 것이다.

1.5 데이터 사이언티스트

데이터를 분석하고 활용하여 문제를 해결하는 과정에서 가장 중요한 역할을 하는 것은 데이터 자체나 분석 기술이 아니라 바로 그러한 일을 기획하고 수행하는 사람이다. 도구를 사거나 데이터를 구하는 것에 비해 사람을 구하는 것이 가장 어렵다. 분석 결과의 품질은 다루는 사람에서 차이가 난다. 데이터 사이언티스트는 데이터를 다루는 기술적인 부분에 대한 이해와 함께 프로젝트 관리자와 같은 역량이 필요하다.

데이터 사이언티스트 정의

데이터 사이언스는 여러 영역의 이론과 방법으로 구성되어 있다. 데이터의 의미를 해석하는 데에는 통계적 분석에 기초를 두고, 데이터를 처리하고 분석하는 것은 컴퓨터 공학에 기초를 두며, 정보의 이해와 활용은 경영, 인문, 사회, 심리학에 기반을 둔다. 이를 달리 표현하면 데이터 사이언스는 수학 및 통계 영역, 알고리즘 구현 영역, 문제 정의 및 적용 영역 등 세 가지로 구성된다고 하겠다.

수학 및 통계 영역 – 데이터 분석 능력
프로그래밍 영역 – 알고리즘 구현 능력
문제정의 및 적용 영역 – 문제정의 및 결과 적용 능력

지금까지는 위와 같은 영역의 일을 각각 통계학, 컴퓨터공학, 경영학 등에서 각각 다루었다고 할 수 있으며 데이터 사이언스는 이 세 영역의 융합으로 탄생한 새로운 실용과학이라고 할 수 있다. 위의 세 영역 중 어느 것이 가장 중요할까? 데이터 사이언티스트는 이 세 영역을 고루 이해하는 균형있는 시각을 갖는 것이 필요하다. 한 영역만 잘하는 사람은 기존의 통계학자, 프로그래머, 경영학자일 뿐이다.

데이터 사이언티스트를 간단하게 정의하면 통계, 프로그래밍, 경영에 대한 기초지식을 갖고 데이터 분석으로 문제를 해결하는 사람이라고 하겠다. 특정 분야에서 오랜 경험을 가진 도메인 전문가가 데이터 분석 능력을 추가로 갖추어 데이터 사이언티스트가 되는 경우도 있다. 이를 수직적인 데이터 사이언티스트라고 한다. 수직적인 데이터 사이언티스트는 전문 지식이 많다는 점이 문제 정의와 적용에서는 도움이 될 수 있지만 분석 방향이나 대안 제시에서는 편협한 선입견을 가질 수 있다.

이에 비해 수평적 데이터 사이언티스트는 특정 도메인의 지식보다는 문제 해결에 필요한 여러 방법을 두루 알고 있는 사람이다. 수평적 데이터 사이언티스트는 문제를 어떻게 풀어나가야 하는지 전체 프로세스를 잘 알고 여러 분석 방법의 장단점을 이해하고 있어야 한다. 그러나 수평적 데이터 사이언티스트는 반드시 도메인 전문가과 같이 일을 해야 한다. 만일 여러분이 통계적인 배경이 강하다면 소프트웨어 구현에 관심을 좀 더 갖고, 소프트웨어 개발자라면 통계적 해석 능력을 갖춤으로써 더 경쟁력 있는 데이터 사이언티스트가 될 것이다.

훌륭한 데이터 사이언티스트가 되려면 **소통(커뮤니케이션) 능력**이 필요하다. 이는 단순히 발표를 잘 하거나 회의를 잘 운영하는 것을 말하는 것이 아니다. 여기서의 커뮤니케이션 능력이란, 문제 해결 과정을 참여자간의 협업을 통해 이끌어 나갈 수 있는 능력을 말한다. 커뮤니케이션은 특히 IT와 비즈니스 영역 사이에서 더 중요하다. 데이터 사이언스 프로세스를 통계나 프로그래밍에 대한 비전문가들에게도 쉽게 설명할 수 있어야 한다. 특히 대부분의 의사결정권자는 실제로 효과가 있는 방안보다, 자신의 생각에 부합하는 계획을 선택하는 경우가 많다. 본인이 이해하지 못한 대안은 채택하기 어려우므로 의사결정권자를 명료하게 설득할 수 있는 능력이 필요하다. 어려운 전문 용어를 각각의 수준에 맞게 풀어서 설명할 수 있어야 한다.

정확한 데이터 분석을 기반으로 확실한 증거를 제시하더라도 이를 받아들이고 채택하는 것은 결국 사람이다. 결과를 이용하게 하는 것이 데이터 사이언스의 궁극적인 목적이라면 결과를 최종적으로 이용할 사람을 프로젝트 처음부터 참여시켜야 한다. 현장 담당자도 이 과정의 필요성을 이해해야 한다. 새로운 방안을 제시하려면 현장 전문가가 지금까지 일을 처리하던 방식을 존중해야 한다.

관계자

데이터 사이언티스트가 같이 일을 해야 하는 관계자들을 다음과 같이 분류할 수 있다. 새로운 일을 시작할 때에는 누가 어떤 역할을 맡게 되는지를 명확하게 파악하는 것이 중요하다.

프로젝트 스폰서

프로젝트 스폰서란 프로젝트를 통해서 의미 있는 결과를 얻기를 원하는 사람을 말한다. 달리 말하면 수행된 프로젝트의 성공과 실패를 판단하는 사람이며 이를 **사업 책임자**라고도 한다. 프로젝트 초기에 데이터 사이언티스트는 스폰서가 원하는 목표를 가능한 구체적으로 정의하도록 도와야 한다. 이때 자세한 인터뷰가 필요하다. 내가 상상하는 좋은 결과를 내려고 하면 안 된다. 막연한 개선이 아니라 상위 20%의 우수고객을 1개월 내에 찾아낸다 등 가능하면 수치로 된 목표를 같이 정해야 한다.

데이터 사이언티스트는 프로젝트 스폰서에게 프로젝트의 진행상황을 계속 알려줘야 한다. 중간에 스폰서 모르게 알아서 잘 진행하고 나중에 최종 결과만 알려주는 방식은 반드시 실패한다.

이용자

데이터 분석 결과물을 실제로 사용할 사람을 말한다. 간혹 스폰서가 이용자와 동일 인물일 수도 있다. 스폰서가 관리자라면 이용자는 이 프로젝트를 담당하는 **실무자**라고 할 수 있다. 스폰서와 마찬가지로 이용자에게도 프로젝트의 진행상황을 계속 알려주어야 한다. 적극적인 이용자라면 개발 과정에 스스로 참여하고 싶어 하겠지만 대부분의 이용자는 바빠서 개발도중에 잘 관여하지 않은 경우가 많다. 이용자는 회의에서도 보통 길게 말하지 않는다. 좋다, 나쁘다 등 간단히 말하는 경우가 많은데 그 이유는 전문적인 분석가들이 알아서 좋은 결과를 내 줄 것이라고 기대하기 때문이다. 이용자의 사소하게 던지는 간단한 코멘트나 불만을 놓치지 말고 잘 파악해야 한다.

스폰서와 이용자가 서로 다른 기관에 속한 경우도 있다. 예를 들어, 프로젝트는 중앙부처에서 발주했지만 결과의 현장 적용은 각 지자체에서 해야 하는 경우이다. 데이터 사이언티스트는 프로젝트 관리자로서 이들 간의 소통에도 관여하고 조정을 해야 한다. 일반적인 기대와 달리 조직 내에서 관계자들이 스스로 잘 알아서 소통을 해주는 경우는 많지 않다.

도메인 전문가

도메인 전문가란 현장의 문제에 대한 경험이 많은 사람을 말한다. 데이터 분석으로 맞춤형 신약 개발을 한다면 약품의 사용 효과에 대한 지식, 의사, DNA 분석 전문가 등을 말한다. 마케팅 전문가도 대표적인 도메인 전문가 중 하나이다.

도메인 전문가의 역할은 문제를 정확히 정의하는 것, 중요한 변수를 선택하거나 가설을 만드는 역할을 해야 한다. 도메인 전문가는 직접 자신의 전문 분야의 데이터 분석가가 되기 어려운 면도 있다. 자신이 오랫동안 축적한 고유 지식을 정량적으로 나타내거나 문제해결 방법을 프로그래밍화 하는 것이 어렵다고 생각하기 때문이다. 또는 자신의 노하우를 공개하기를 꺼릴 수도 있다.

데이터 사이언티스트 팀

데이터 사이언트 작업은 혼자 담당하는 것보다 팀으로 일을 하는 경우가 많다. 데이터 관리자, 도메인 전문가, 통계 전문가, 프로그래머 등 배경이 서로 다른 전문가들로 구성된 팀을 관리하고 협업을 잘 하도록 하기 위해서는 이를 주관하는 리더 데이터 사이언티스트의 소통 능력이 무엇보다 중요하다.

많은 데이터를 다루기 위해 별도로 데이터 관리자를 지정하기도 한다. 데이터 관리자는 데이터의 저장과 관리를 담당한다. 기존에 조직에 있던 데이터베이스 관리자가 이 역할을 맡을 수도 있다.

C113

CHAPTER

2

R 언어

02 R 언어

CHAPTER

이 장에서는 데이터를 다루고 분석하는데 특화된 언어인 R을 소개하겠다. R은 이미 십수년 전부터 통계 분야에서는 널리 사용되는 데이터 처리 언어인데, 최근 데이터 분석에 대한 관심이 많아지면서 여러 분야에서 R을 이용하고 있다. 여기서는 R에 대해 상세히 설명하지는 않으며 이 책 3장 이후에 나오는 예제를 이해하는데 필요한 최소한의 내용을 다루겠다.

2.1 R 설치

R은 http://www.r-project.org/ 사이트에서 다운로드 받을 수 있다. 설치파일을 실행하면 R 기본 프로그램이 설치되고 바로 R 프로그램을 작성할 수 있다. 이렇게 R 기본 프로그램만 설치해도 R을 사용할 수 있지만 보다 편리하게 R 프로그램을 편집하고, 실행하려면 **통합 개발환경**인 RStudio를 사용하기를 권장한다.

RStudio

RStudio는 R을 설치한 후에 http://www.rstudio.com/에서 다운로드 받아 설치할 수 있다. 이 책에서 설치한 R version은 R-3.0.2-win.exe이고 RStudio는 RStudio-0.98.953.exe이다. RStudio를 실행하면 그림 2.1과 같이 4개의 화면으로 구성된 인터페이스가 보인다. 아래에는 다섯 개의 (x, y) 좌표 값을 주고 이를 화면에 그래프로 나타낸

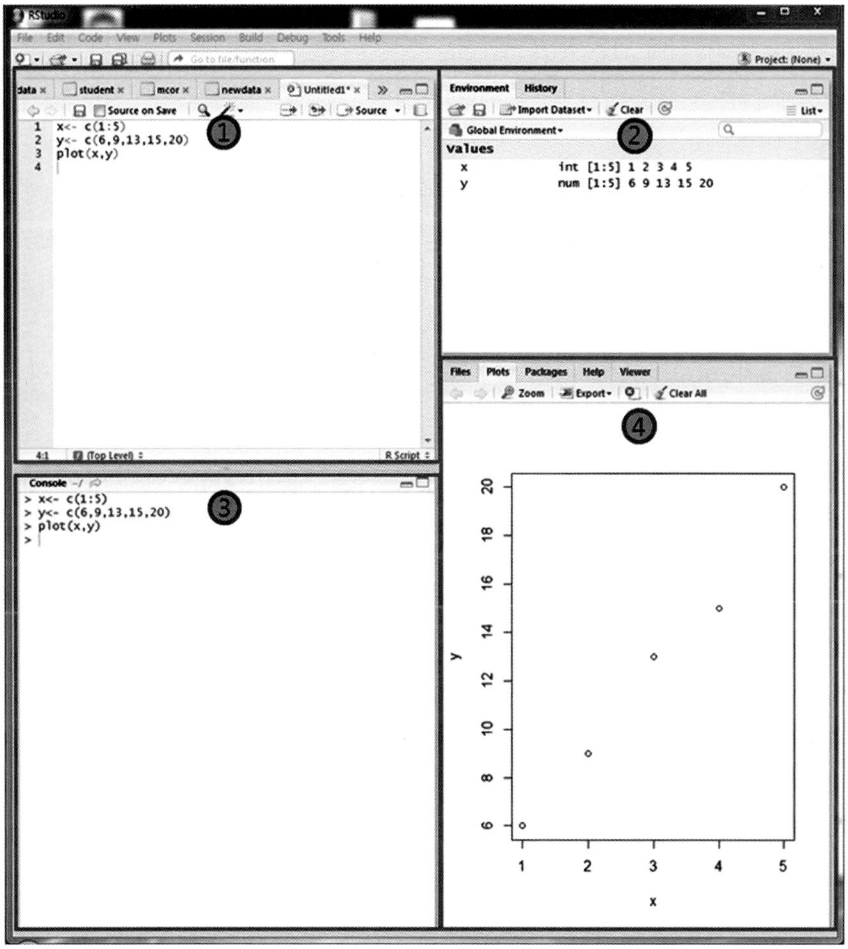

그림 2.1 RStudio 인터페이스는 네 개의 영역으로 구성된다.

예제 코드를 나타내었다.

좌측 상단의 ①번 영역은 R 프로그램 파일을 관리하는 영역이다. 우측 상단의 ②번 영역은 현재 사용 중인 변수들을 알려준다. 좌측 하단의 ③번 영역은 콘솔 창으로서 사용자가 R 코드를 직접 입력하고 그 실행결과를 볼 수 있다. 프로그램 여러 라인을 블록으로 지정하고 Ctrl + Enter를 입력하면 블록으로 선택한 코드들을 한 번에 실행시킬 수도 있다. 우측 하단의 ④번 영역에는 그래프 출력을 보여주거나 내 작업 환경에 어떤 파일들이 존재하는지, 어떤 패키지가 설치되어 있는지, 그리고 도움말의 내용을 보여주는데 사용된다.

파일에 이미 저장되어 있는 R 프로그램을 실행하려면 다음과 같이 코드가 들어 있는 파일(아래에서는 test.R임)을 source()로 실행하면 된다.

```
> source ("test.R")
```

패키지

R에서 패키지(package)란 유용한 함수들을 모아 놓은 라이브러리를 말한다. R의 장점은 바로 이러한 함수들의 집합, 즉 패키지가 풍부하게 제공된다는 것이다. R을 설치하면 몇 개의 패키지들은 기본적으로 설치된다. 이를 "**base 패키지**"라고 한다. 남들이 제공하는 패키지를 추가로 사용하려면 먼저 패키지 파일을 다운로드받고 이를 라이브러리에 등록해야 한다. 예를 들어 그림을 그리기 위해서 ggplot2라는 패키지를 많이 사용하는데 이 패키지를 이용하려면 install.packages()로 패키지를 다운로드받고, library()로 이를 등록해야 한다. 즉, 다음과 같은 두 단계의 명령이 필요하다.

```
> install.packages ("ggplot2")
> library (ggplot2)
```

패키지는 한 컴퓨터에서 한 번만 다운로드받으면 되지만, 라이브러리 등록은 프로그램 실행시마다 해주어야 한다. 이렇게 해야 하는 이유는 패키지를 다운로드했어도 메모리 사용을 절약하기 위해서 이를 항상 메모리에 로드하지 않는다. 따라서 필요할 때마다 로드해 주어야 한다.

현재 내 컴퓨터에서 사용 가능한 패키지들이 무엇인지를 알아보려면 library()로 확인할 수 있다.

작업 디렉터리

R을 사용하는 나의 기본적인 작업 공간을 작업 디렉터리(working directory)라고 한다. 작업 공간은 R 코드, 데이터, 분석 결과 그래프 등이 기본적으로 저장되는 곳이라고

하겠다.

현재 지정되어 있는 작업 디렉터리는 getwd()로 알아낼 수 있다(get working directory).

```
> getwd()
[1] "C:/User/Administrator/Documents"
```

위에서 c:/Users/Administartor/Documents가 현재 내가 사용 중인 작업 디렉터리이다. 작업 디렉터리를 다른 곳으로 변경할 수 있는데, 예를 들어 DataScience라는 폴더를 작업 디렉터리로 지정하려면 다음과 같이 setwd() 함수를 사용하면 된다.

```
> setwd("C:\\Users\\Administrator\\Documents\\DataScience")
[1] "C:/User/Administrator/Documents"
```

2.2 변수와 데이터 타입

R의 **변수**에는 정수, 실수, 문자열, 논리값 등을 담을 수 있다. 정수(integer)는 −3, 0, 1, 7과 같은 값을 말하고, 실수(real number)는 0.02, 13.8 등 소수점이 있는 임의의 수를 말한다. 문자열(characters)은 "ABC", "홍길동"과 같이 문자들로 구성된다. 논리값은 논리적인 참이나 거짓을 나타내는데 기호로는 TRUE나 T 그리고 FALSE나 F로 각각 표시할 수 있다.

모든 변수는 이름, 즉 변수명을 가지는데 **변수명**은 알파벳, 숫자, '_', '.'들을 조합하여 만들 수 있고 첫 글자는 가능하면 알파벳 문자를 쓰는 것이 좋다.

변수에 값을 지정할 때에는 <- 기호를 사용하는데 이를 배정(assignment) 기호라고 한다. 다음에 변수명을 정하고 값을 배정하는 예를 보였다(다음 코드를 RStudio의 콘솔 창에서 입력하면 바로 실행된다).

```
> x <- 2
> y <- 3

> print(x+y)
[1] 5
> x+y
[1] 5
```

위에서 x와 y 변수에 각각 2와 3을 넣고 이의 합을 출력해보였다. R에서는 명시적으로 print() 함수를 호출하지 않아도 변수명만 입력하면 결과값을 바로 보여준다.

위에서 [1]의 의미는 화면에 출력된 항목(위에서 숫자 5)이 첫 번째 항목이라는 뜻이며, 출력되는 항목의 수가 많을 때 앞에서부터 몇 번째 항목인지를 빨리 찾을 때 유용하다 (뒤에서 다시 설명함).

다음은 변수 a에 문자열을 배정하고 출력한 예이다.

```
> a <- "hello"
> a
[1] "hello"
```

벡터

벡터 생성

앞에서 예로 들은 x, y, a와 같은 변수는 정수나 문자열 등의 값을 각각 하나만 가졌다. 이렇게 한 개의 값으로 구성된 변수를 **스칼라**(scalar)라고 한다. 이에 비해 하나의 변수가 둘 이상의 값을 포함하는 것을 **벡터**(vector)라고 한다.

벡터에는 다수의 스칼라 항목들이 순서대로 저장되어 있는 셈이다. 주의할 것은 하나의 벡터에는 같은 종류의 항목들만 저장된다는 것이다. 즉, 한 벡터에는 정수, 수치, 문자, 논리 형 중 **한 가지 타입의 항목**만 담을 수 있다. 정수와 문자를 한 벡터에 담을 수 없다. 벡터에 포함될 수 있는 항목 중에 특수한 항목으로 NA와 NULL이 있는데, NA(not available)는 "값이 없다는 것"을 나타내며, NULL은 값이 없는 것이 아니라 "빈

값"이 들어 있다는 것을 나타낸다. 즉, NA는 측정이 안 되어서 아예 값이 빠진 사실(missing)을 나타내며, NULL은 값이 빠진 것은 아니지만 마치 숫자 0처럼 내용이 없는 값이라도 들어 있다는 것을 나타낸다.

다음 코드는 z 변수에 1부터 30까지 정수를 차례로 넣고, 즉 항목이 30개인 벡터를 만들고 이를 출력하는 것을 보였다.

```
> z <- 1:30
> z
 [1]  1  2  3  4  5  6  7  8  9 10 11 12 13 14 15 16 17 18 19 20 21 22
[23] 23 24 25 26 27 28 29 30
```

위 코드에서 1:30은 1에서 시작하여 30까지 정수를 차례대로 만들어 입력하라는 뜻이다. 출력에서 두 번째 줄을 보면 [23]이 있는데 이것의 의미는 데이터가 길어서 한 줄에 다 보여지지 않고 두 줄에 걸쳐서 나타났는데, 두 번째 줄에서 처음 나타나는 항목이 전체적으로 23번째 항목이라는 것을 나타낸다.

벡터를 구성하는 항목을 직접 입력할 수 있는데, 이때는 construct 또는 combine의 의미를 갖는 c()를 사용한다.

```
> z <- c(1, 2, 3)
> z
[1] 1 2 3
```

c() 내부에 c()를 다시 사용할 수도 있다.

```
> c(1, 2, 3, c(6, 7))
[1] 1 2 3 6 7
```

위에서는 만들어진 벡터에 이름을 주지 않고 벡터를 만들어도 그 결과가 바로 출력되는 예를 보였다. 즉, 위의 코드는 다음과 같이 벡터 이름을 지정할 수도 있다.

```
> z <- c(1, 2, 3, c(6, 7))
> z
[1] 1 2 3 6 7
```

seq()를 사용하면 일정한 간격을 갖는 정수열을 쉽게 만들 수 있다(sequence). 다음 코드는 1에서 시작하여 2씩 증가하는 정수열을 10개 만들라는 뜻이다.

```
> x<- c(seq(1,10,2))
> x
[1]  1  3  5  7  9  11  13  15  17  19
```

반복되는 숫자 패턴을 만들려면 **rep()**를 사용한다(repeater). 아래는 3:5를 2번 반복하는 벡터를 만든다.

```
> x<- c(rep(3:5,2))
> x
[1] 3 4 5 3 4 5
```

벡터에는 같은 타입의 항목들만 담을 수 있다고 했다. 그런데 다음과 같이 여러 타입의 데이터를 하나의 벡터에 강제로 담으면 데이터 항목의 타입이 자동으로 변경된 것을 알 수 있다.

```
> x <- c(0.5, 2)
> x
[1] 0.5 2.0

> x <- c(0.5, 2, 'hello')
> x
[1] "0.5"  "2"    "hello"
```

예를 들어 정수와 실수를 한 벡터에 담으면 모두 실수로 변경되고, 숫자와 문자열이 섞여 있으면 모두 문자열로 변경된다. 정수, 실수, 문자열 순으로 데이터 타입이 자동으로 변경되는 방향이 정해져 있는데 이렇게 정한 이유는 정수보다 실수의 범위가 넓고 모든 숫자는 문자열로 표현이 가능하기 때문이다.

이와 같이 데이터의 타입이 자동으로 변경되는 이유는 벡터의 내용을 모두 같은 타입으로 **통일**시킴으로서 데이터 처리를 오류 없이, 빠르게 수행하기 위해서이다. 서로 다른 타입의 데이터를 묶어서 처리하려면 벡터를 사용하면 안 되고 뒤에서 설명할 리스트(list)를 사용해야 한다.

벡터 인덱싱

벡터는 여러 개의 항목으로 구성되는데 그 중 필요한 항목을 찾아내는 것을 인덱싱(indexing)이라고 한다. 다음은 벡터 x의 두 번째 항목을 찾아내는 예이다.

```
> x <- c ("a", "b", "c")
> x [2]
[1] "b"
> length(x)
[1] 3
```

벡터의 크기(즉, 들어있는 항목의 총 개수)는 **length()**로 알아낸다.

R에서는 벡터 내의 항목을 쉽게 제거할 수 있는데, 인덱스 번호 앞에 '-' 기호를 붙여주면 된다. 다음 코드는 두 번째 항목만 제거한 결과 벡터를 얻는다.

```
> x <- c ("a", "b", "c")
> x <- x [-2]
> x
[1] "a"  "c"
> length(x)
[1] 2
```

벡터에 들어 있는 각 항목에 이름을 부여할 수 있는데, 이때는 **names()**를 사용한다. 다음에 names()를 사용하여 벡터 x의 각 항목 값에 수학, 과학, 영어 명칭을 부여한 예를 보였다.

```
> names(x) <-c("math","science","english")
> x
  math science english
   "a"     "b"     "c"
```

NA와 NULL

데이터가 있어야 할 자리에 실제로는 데이터가 없는 상태는 NA 기호로 표시된다. NA 기호는 "NA"라는 글자가 있는 것이 아니라 데이터가 누락된 것, 즉 "데이터가 없다는 것"을 나타내는 것이다.

NA가 들어있는 숫자 벡터를 대상으로 하는 연산은 기본적으로 오류가 발생한다. 예를 들어 아래 코드에서 1, NA, 2, 3, 4로 구성된 5개 항목 벡터의 평균을 구하라고 하면 계산을 실패하고 NA를 리턴한다. 만일 NA가 나타나더라도 이를 무시하고 연산을 강행하게 하려면 다음과 같이 **na.rm = T** 옵션을 사용해야 한다.

```
> x <- c(1, NA, 2, 3, 4)
> mean(x)
[1] NA
> mean(x, na.rm=T)
[1] 2.5
```

위에서 na.rm=T의 의미는 NA를 제거(remove)하는 것을 선택했다는 의미이다. 1, 2, 4, 5 네 개 값의 평균이 2.5이다.

NA는 데이터가 없다는 것을 의미하는데 비해 NULL은 비록 값은 없지만 데이터 자체는 존재하는 것을 나타낸다. 다음 코드를 보면 위의 예와 달리 평균을 구하는 mean() 함수가 오류 없이 동작하는데 그 이유는 NULL은 "정상적"인 빈 데이터로 취급되므로 이를 제외하고 평균을 구할 수 있기 때문이다.

```
> x <- c (1, NULL, 2, 3)
> mean(x)
[1] 2
```

위에서 평균값 2는 (1+2+3)/3으로 계산되었다.

행렬

행렬 생성

행렬(matrix)은 벡터를 2차원 구조로 표현한 것을 말한다. 행렬의 기본적인 속성은 벡터와 같으며 벡터가 데이터를 한 줄로 세운 형태라면, 벡터는 이를 행(row)과 열(column)을 갖는 2차원 구조로 표현한 것이다.

다음 코드에서 **matrix(1:6)**은 정수 1, 2, 3, 4, 5, 6으로 구성된 6x1 크기의 행렬을 만든다. R에서는 특별한 지시가 없으면 열의 수를 1로 지정한다.

```
> matrix(1:6)
     [,1]
[1,]    1
[2,]    2
[3,]    3
[4,]    4
[5,]    5
[6,]    6
```

위에서 [,1]의 의미는 첫 번째 열을 나타낸다. [1,]의 의미는 첫 번째 행을 나타내며, [2,]는 두 번째 행을 나타낸다.

다음 코드에서는 열의 수를 세 개로 지정함으로써 1, 2, 3, 4, 5, 6으로 구성된 2x3 크기의 행렬을 만든다.

```
> matrix(1:6, ncol=3)
     [,1] [,2] [,3]
[1,]    1    3    5
[2,]    2    4    6

> matrix(1:6, nrow=2)
     [,1] [,2] [,3]
```

```
[1,]    1    3    5
[2,]    2    4    6
```

위에서는 ncol=3으로 열의 수를 3으로, 또는 nrow=2로 행의 수를 2로 각각 명시적으로 지정했으며, 결과는 모두 동일하게 2x3 구조의 행렬을 만들었다.

행렬 인덱싱

행렬 내의 특정 항목을 읽으려면 [row, column] 값으로 인덱싱하면 된다. 다음의 예에서는 행렬 x의 (2, 2) 위치의 항목을 출력하는 것을 보여준다.

```
> x <- matrix(1:6, ncol=3)
> x
     [,1] [,2] [,3]
[1,]    1    3    5
[2,]    2    4    6

> x[2,2]
[1] 4
```

행렬에서 한 열 전체를 인덱싱하려면 [ ] 내의 열 위치를 빈 칸으로 두는 편리한 방법이 있다. 예를 들어 첫 번째 열을 한 번에 인덱싱하려면 다음과 같이 x[1,]로 얻을 수 있다.

```
> x
     [,1] [,2] [,3]
[1,]    1    3    5
[2,]    2    4    6

> x[1,]
[1] 1 3 5

> x[,3]
[1] 5 6
```

위에서 x[1,]로는 첫 번째 열 전체를 얻었고, x[,3]로는 세 번째 행을 통째로 인덱싱한 것을 알 수 있다. R에서는 어떤 값이 있어야 할 자리를 빈칸(blank)으로 처리하는 것이 "없다"는 뜻이 아니라 "전체"를 지칭하는 경우가 많으며, 이는 데이터를 다루는 프로그래밍을 간편하게 작성하는데 도움이 된다.

행렬의 연산

행렬에 스칼라를 곱하거나 더하는 등의 연산을 하면 이것이 행렬의 모든 항목에 똑같이 적용된다. 다음의 코드를 보면 x*3은 행렬의 모든 항목에 각각 3을 곱한 결과를 얻고, x+10도 모든 항목에 각각 10을 더한 결과를 얻는다.

```
> x <- matrix(1:6, ncol=3)
> x
     [,1] [,2] [,3]
[1,]    1    3    5
[2,]    2    4    6

> x * 3
     [,1] [,2] [,3]
[1,]    3    9   15
[2,]    6   12   18

> x + 10
     [,1] [,2] [,3]
[1,]   11   13   15
[2,]   12   14   16
```

행렬끼리의 연산을 사용할 때도 사칙연산 기호를 사용하면 된다. 다음은 행렬 x와 y의 행렬끼리의 연산을 나타내고 있다.

```
> x <- matrix(1:6, ncol=3)
> x
     [,1] [,2] [,3]
[1,]    1    3    5
[2,]    2    4    6

> y <- matrix(7:12, ncol=3)
```

```
> y
     [,1] [,2] [,3]
[1,]    7    9   11
[2,]    8   10   12
>

> x+y
     [,1] [,2] [,3]
[1,]    8   12   16
[2,]   10   14   18
```

행렬의 **역행렬**(inverse matrix)을 구하려면 **solve()** 함수를 사용하면 된다.

```
> x<-matrix(1:4,ncol=2)
> x
     [,1] [,2]
[1,]    1    3
[2,]    2    4

> solve(x)
     [,1] [,2]
[1,]   -2  1.5
[2,]    1 -0.5
```

행렬의 **전치 행렬**은 t()를 사용하여 구할 수 있다(transpose). 전치 행렬은 행과 열의 위치가 바뀐 행렬을 말한다.

```
> x<-matrix(1:9,ncol=3)
> x
     [,1] [,2] [,3]
[1,]    1    4    7
[2,]    2    5    8
[3,]    3    6    9

> t(x)
     [,1] [,2] [,3]
```

```
[1,]    1    2    3
[2,]    4    5    6
[3,]    7    8    9
```


리스트

벡터에는 같은 종류의 데이터 타입만 담을 수 있다고 했다. 벡터를 확장해서 임의의 타입의 데이터를 섞어서 담을 수 있도록 했는데, 이때는 리스트(list)를 사용한다. 리스트에 들어갈 수 있는 항목으로는 정수, 실수, 문자열, 논리값은 물론이고 벡터가 통째로도 들어갈 수도 있으며 다른 리스트 전체도 들어갈 수 있다.

리스트는 벡터와 달리 각 항목에 이름을 주어야 하며, 이를 **(키, 값) 형식**, 즉 (key, value)으로 지정한다. 다음에 리스트를 만드는 예를 보였다. 다음 리스트 x의 첫 번째 항목의 키는 name이고 그 값은 "kim"이다. 두 번째 항목의 키는 age이고 값은 22이다. x를 출력해 보면 두 개의 항목이 있다는 것을 보여주며, 각 키는 **$ 기호**로 시작하여 표시한다.

```
> x <- list (name = "kim", age =22)
> x
$name
[1] "kim"

$age
[1] 22
```

리스트 인덱싱

리스트의 인덱싱에는 특정 항목 "전체"를 찾아내는 방법과 특정 항목의 "값"만 얻는 방법 두 가지가 있다. 다음의 코드를 보자. x[2]는 리스트의 두 번째 항목 전체를 보여주므로 두 번째 항목의 키 $age와 그 값인 22를 모두 리턴한다. 그러나 x[[2]]는 리스트의 두 번째 항목의 값만 리턴하며 따라서 22만 보여준다. 이와 같이 리스트 항목 전체를 얻고자 할 때와 그 값만 얻고자 할 때 인덱싱 방법이 다르며 각각 [ ]와 [[ ]]를 사용한다는 것을 주의해야 한다.

```
> x <- list (name = "kim", age =22)
> x[2]
$age
[1] 22

> x[[2]]
[1] 22
```

데이터 프레임

1차원 구조인 벡터를 2차원 구조로 만들어 편리하게 사용한 것이 행렬이었다. 같은 원리로, 1차원 구조인 리스트를 **2차원 구조**로 재구성한 것을 데이터 프레임(data frame)이라고 한다. 즉, 데이터 프레임의 생긴 모양은 행렬과 같은 2차원 구조를 가지며, 각 항목에는 임의의 데이터 타입을 담을 수 있다.

데이터 프레임은 data.frame()으로 만드는데 다음에 총 6개의 항목을 가진 리스트를 만드는 예를 나타내었다.

```
> x <- data.frame(name=c("kim", "lee", "park"), age=c(20, 30, 40))
> x
  name age
1  kim  20
2  lee  30
3 park  40
```

위에서는 키로 name을 가지며 값으로 “kim”, “lee”, “park”을 갖는 세 개의 리스트와 키로 age를 가지며 값으로 20, 30, 40을 갖는 세 개의 리스트, 총 6개의 리스트로 구성된 데이터 프레임을 만들었다.

데이터 프레임의 모양을 보면 데이터베이스(database)의 테이블(table)과 비슷한 것을 알 수 있다. 실제로 R을 이용한 데이터 분석에서는 데이터 프레임 구조를 가장 많이 사용한다.

데이터 프레임 인덱싱

데이터 프레임도 행렬처럼 [행, 열] 값으로 인덱싱할 수 있다. 다음의 코드에서는 데이터 프레임 x의 (2, 2) 위치의 값을 x[2, 2]로 액세스하는 것, 첫 번째 행을 x[1,]로 액세스하는 것, 두 번째 행을 x[2,]로 액세스하는 것, 그리고 첫 번째 열을 x[,1]로 각각 액세스하는 예를 각각 나타내었다.


```
> x
  name age
1  kim  20
2  lee  30
3 park  40

> x[2,2]
[1] 30

> x[1,]
  name age
1  kim  20

> x[2,]
  name age
2  lee  30

> x[,2]
[1] 20 30 40
```

데이터 프레임 결합하기

데이터베이스에서는 공통 키 값을 이용해서 두 개의 테이블을 합치는 작업을 자주한다. R에서는 **merge()** 함수를 사용하여 두 개의 데이터 프레임을 합칠 수 있다. 다음에 사용 예를 나타냈는데, x와 y가 합칠 데이터 프레임이다. 이때 두 데이터 프레임이 한 개 이상의 공통된 이름의 열을 가지고 있다고 가정한다. 다음 예에서는 x, y 두 데이터 프레임이 name 키를 공통으로 가지고 있다.

```
> x
  name age
1  kim  20
2  lee  30
3 park  40

> y
   gender        name
1       F        kim
2       M        lee
3       F        park

> m <- merge(x,y)
> m
  name age gender
1  kim  20      F
2  lee  30      M
3  park 40      F
```

변수의 타입 알아내기

데이터를 읽고 처리하다 보면 현재 변수의 타입이 어떤 타입인지 명시적으로 확인해야 할 경우가 있다. 이때는 **class()**를 사용하여 변수의 타입을 알아낼 수 있다.

```
> class(x<- c(seq(1,10,1)))
[1] "numeric"
> class(x<- c("A","B","C"))
[1] "character"
> class(x<- c(TRUE,FALSE))
[1] "logical"
> class(matrix(c(1:6)))
[1] "matrix"
> class(list(c(1:4)))
[1] "list"
> class(data.frame(x=c(1:10)))
[1] "data.frame"
```

앞의 코드를 잘 살펴보면 벡터 안에 들어 있는 값에 따라서 numeric, character, logical로 벡터의 타입이 다르게 나타나는 것을 알 수 있으며, 행렬, 리스트, 데이터 프레임의 경우 각각의 matrix, list, data.frame으로 타입이 나타난다.

class() 외에도 데이터 타입이 맞는지 확인하는 방법으로 "**is.데이터타입**" 함수를 사용할 수 있다.

```
> is.numeric(x<- c(seq(1,10,1)))
[1] TRUE
> is.character(x<- c(seq(1,10,1)))
[1] FALSE
> is.matrix(matrix(c(1:6)))
[1] TRUE
> is.list(list(c(1:4)))
[1] TRUE
> is.data.frame(data.frame(x=c(1:10)))
[1] TRUE
```

변수의 타입 변환하기

변수의 타입을 다른 형태로 명시적으로 변환할 수 있는데, 이때는 "**as.변수타입**" 함수를 사용하면 된다. 타입 변환 함수로는 as.numeric(), as.character(), as.matrix(), as.list(), as.data.frame() 등이 있다. 다음 이들의 사용 예를 나타내었는데, 정수형 벡터 x를 문자열로 변형하고 다시 이를 행렬로 변형하는 것을 나타내었고, 행렬 m을 리스트 형태로 변형하는 예와 리스트를 데이터 프레임으로 변형하는 예를 나타내었다.

```
> x<- c(seq(1,10,1))
> as.character(x)
 [1] "1"  "2"  "3"  "4"  "5"  "6"  "7"  "8"  "9"  "10"
> as.matrix(x)
      [,1]
 [1,]    1
 [2,]    2
 [3,]    3
```

```
[4,]    4
[5,]    5
...
> m <- matrix(1:6,ncol=3)
> m
     [,1] [,2] [,3]
[1,]    1    3    5
[2,]    2    4    6
> as.list(m)
[[1]]
[1] 1

[[2]]
[1] 2

[[3]]
[1] 3
...

> l <- list(a=c(1:4),b=c("A","B","C","D"))
> l
$a
[1] 1 2 3 4

$b
[1] "A" "B" "C" "D"

> as.data.frame(l)
  a b
1 1 A
2 2 B
3 3 C
4 4 D
```

2.3 함수

R에서 함수(function) 기능을 제공하는데 함수란 어떤 작업을 하도록 미리 작성해 둔 코드 블록을 말한다. 함수를 사용하면 똑같은 작업을 반복해서 호출할 일이 많을 때 프로그램 작성이 쉬워진다.

함수 정의

함수를 정의할 때에는 **function()**을 사용하며 ( ) 내부에 매개변수(인자, argument)를 지정하면 된다. 함수의 내용, 즉 본문이 여러 개의 문장으로 이루어진 경우 다음과 같이 중괄호로 묶어주면 된다.

```
function(매개변수1,....., 매개변수n)  {함수 본문}
```

다음의 함수 예는 정수로 구성된 벡터 x를 인자로 받아 이 벡터 내에 들어 있는 홀수의 개수를 세는 함수 oddcount()를 정의한 것이다.

```
> oddcount <- function(x) {
+         k <- 0
+         for(n in x){
+         if(n %% 2 == 1) k <- k+1
+         }
+         return(k)
+ }
```

위에서 for(n in x)의 의미는 x의 첫 번째 항목부터 마지막 항목까지의 값이 차례로 n 변수에 대입되고 각각의 n값에 대해서 for 문 내부 { }의 코드를 실행하라는 것이다.

if(n%%2 ==1)은 n을 2로 나누었을 때의 나머지가 1인지 검사한다. %% 연산은 modulo 연산으로 나머지를 구하는 기호이다. n%%2의 의미는 n값을 2로 나눈 나머지를 구하라는 것으로 n이 홀수면 1, n이 짝수면 0을 반환한다.

함수의 마지막에 있는 return()의 의미는 ( ) 내부의 값(위에서는 k임)을 함수의 실행결과값으로 사용하라는 뜻이다. 위와 같이 정의된 함수 oddcount()의 사용 예는 다음과 같다.

```
> oddcount(c(1,2,3))
[1] 2
> oddcount(c(1,2,3,4,5))
[1] 3
```

위에서 벡터(1, 2, 3)에는 홀수가 두 개 들어가 있으므로 oddcount(c(1,2,3))를 호출하면 2가 리턴된 것이다.

변수의 범위

함수에서 사용한 변수 중에 함수 내부에서만 볼 수 있는 변수를 그 함수의 **지역 변수**(local variable)라고 한다. 앞에서 소개한 oddcount() 함수에서 정의한 k와 n은 지역 변수이다. 이 변수들은 함수가 실행된 후에는 사라진다.

```
> oddcount(c(1,2,3,4,5))
[1] 3
> n
Error : object 'n' not found
```

함수 밖에서 정의한 변수는 **전역 변수**(global variable)라 하고, R 코드 프로그램 전체에서 사용 가능하며 다른 함수에서도 사용이 가능하다. 다음 예제 코드에서 y는 전역 변수이므로 임의의 함수에서 언제든지 사용이 가능하다. 다음은 전역 변수인 y에는 3을 입력하고 함수 f()에는 인자로 x값 5를 넣으면 결과가 8이 되는 것을 알 수 있다. x 변수는 함수 f()의 지역 변수이므로 함수 f() 밖에서는 확인할 수 없다.

```
> y <- 3
> f <- function(x) return (x+y)
> f(5)
[1] 8
```

```
> y
[1] 3
> x
에러: 객체 'x'를 찾을 수 없습니다
```


기본 인수

R에서는 **기본**(default) **인수**가 자주 사용된다. 다음과 같은 함수를 생각해보자.

```
> f <- function(x,y=1,z=T) { ... }
```

위의 함수 f()에서는 인자로 x, y, z 세 개를 사용하는데 y나 z값을 따로 명시적으로 지정해주지 않으면 y=1, z=TRUE를 기본석으로 가신나. 나음과 같이 함수 f()를 호출하면 x는 5가 되고, 값을 가지고 y는 기본 인수로 1 값을 가지며, z는 FALSE 값을 가지게 된다.

```
> f(5,z=FALSE)
```

apply()

R이 제공하는 편리한 함수 적용 기능 중 하나가 **apply()**이다. apply()는 벡터나 행렬에 들어 있는 여러 항목에 대해서 동일한 함수를 반복적으로 모두 적용해야 할 때 코드 작성을 간단하게 해준다.

행렬에서의 apply()

행렬에서 apply()를 사용하는 형태는 다음과 같다.

```
apply(m,dimcode,f,fargs)
```

위에서 m은 함수를 적용할 대상 행렬을 가리키고, dimcode는 1인 경우 함수를 행에 대해 적용하고 2인 경우는 열에 대해서 적용한다. f는 적용할 함수를 가리키며 fargs는 함수 f에서 필요한 인수의 집합을 나타내며 선택사항이다. 다음은 apply() 사용 예로써, 행렬 x의 행과 열에 대해 각각 평균을 구하는 mean() 함수를 적용하는 것을 소개하였다.

```
> x
          [,1] [,2]
[1,]         1    5
[2,]        10   15
[3,]         4   -3

> apply(x,1,mean)
[1] 3.0 12.5  0.5

> apply(x,2,mean)
[1] 5.000000 5.666667
```

위에서 apply(x,1,mean)은 행에 대해서 평균을 구하는 것이므로 먼저 1과 5의 평균인 3을 구했고 이를 세 개의 행에 대해 차례로 수행한 결과를 나타내었다. 10과 15의 평균은 12.5이며 4와 −3의 평균은 0.5이다.

apply(x,2,mean)은 열에 대해서 평균을 구하는 것이므로 x에는 모두 두 개의 열이 있고, 따라서 결과값도 두 개를 얻었다.

리스트에서의 apply()

앞에서 소개한 apply()는 기본적으로 벡터의 2차원 구조인 행렬에 적용하는 함수였다. 같은 개념을 확장하여 리스트를 대상으로 함수를 간편하게 적용할 수 있도록 하는 lapply()와 sapply() 함수가 있다. list apply의 의미인 **lapply()**는 특정 함수를 리스트의 각 항목에 적용하고 결과값으로 리스트를 반환한다. 다음 코드는 1:10과 11:20에 각각 mean() 함수를 적용해 결과값으로 5.5와 15.5 두개로 이루어진 새로운 리스트를 반환한다.

```
> lapply(list(1:10,11:20), mean)
[[1]]
[1] 5.5

[[2]]
[1] 15.5
```

lapply() 함수를 실행하면 결과로 리스트 타입을 얻는데, 리스트 대신 결과를 벡터로 간단하게 얻을 수 있다. 이때는 simplified apply의 의미인 **sapply()**를 사용하면 된다.

```
> sapply(list(1:10,11:20), mean)
[1] 5.5 15.5
```

데이터 프레임에서의 apply()

데이터 프레임에서 한 열의 데이터가 모두 같은 타입이면 데이터 프레임에 apply() 함수를 사용할 수 있다. 다음은 네 명 학생들의 시험 성적의 평균을 구하는 예이다. 학생 1, 2, 3, 4의 평균점수가 각각 3.2 2.7 3.6 2.0인 것을 알 수 있다.

```
> x
  Exam.1 Exam.2 Exam.3 Exam.4
1        2.0     3.3     4.0     3.4
2        1.0     4.3     2.1     3.2
3        3.6     4.0     2.2     4.5
4        2.3     1.2     3.2     1.2

> apply(x,1,mean)
[1] 3.2 2.7 3.6 2.0
```

데이터 프레임에서의 다른 apply()

리스트에서처럼 데이터 프레임에 대해서도 lapply()와 sapply()를 사용할 수 있다. 데이터 프레임은 리스트의 속성을 기본적으로 가지고 있기 때문이다. 데이터 프레임에 lapply()를 사용하면 리스트 형식으로 결과값을 얻는다.

다음은 sort() 함수를 사용하여 알파벳과 나이순으로 정렬한 예를 나타내었다.

```
> x
 name age
1 lee  30
2 kim  20
3 park  40

> xl <- lapply(x, sort)
> xl
$name
[1] "Kim" "lee" "park"

$age
[1] 20 30 40
```

위의 코드에서 lapply()를 실행한 결과값인 xl은 데이터 프레임이 리스트이며 이를 다음과 같이 데이터 프레임 형태로 명시적으로 바꿀 수 있다.

```
> as.data.frame(xl)
  name age
1  kim  20
2  lee  30
3 park  40
```

2.4 제어문

R에서도 일반 프로그래밍 언어와 유사하게 **if**, **for**, **while**과 같은 프로그램의 흐름 제어 기능을 제공한다.

if

if 문에서 만족할 조건을 제시하고 그 조건을 만족하면 if 문의 { }의 내용을 수행하고 만족하지 않으면 else 문의 { }의 내용을 수행한다. 사용법은 다음과 같다.

```
> if(TRUE(조건)){
+         조건을 만족한 경우에 수행할 코드
+} else {
+     조건을 만족하지 못한 경우에 수행할 코드
+}
```

여러 개의 조건을 순차적으로 확인해야 할 경우에는 else-if 문을 사용할 수 있으며, 사용법은 다음과 같다.

```
> if(TRUE(조건)){
+         조건을 만족한 경우에 수행할 코드
+} else if(TRUE (다른 조건)) {
+     다른 조건을 만족한 경우에 수행할 코드
+}
```

for

다음에 for 문의 사용 문법을 나타내었는데, 반복 변수인 i의 값이 start에서 시작하여 end까지 바뀌는 동안 for 문의 { }안의 코드를 수행해야 한다.

```
> for(i: start : end) {
+         반복 수행할 코드
+}
```

While

while 문에서는 만족해야 할 조건을 제시하고 그 조건을 만족할 때까지 계속 반복하며 { } 안의 코드를 수행하며, 조건을 만족하지 않으면 while 문을 빠져나온다. 다음에 while의 사용 예를 나타내었는데, 변수 i에 초기값 1을 넣고 i가 5보다 작은 동안 while의 { }의 코드인 print(i)를 수행한다.

```
> i <- 1
> while(i<5) {
+       print(i)
+       i<- i+1
+}
```

2.5 필터링

R의 매우 편리한 기능 중에 필터링(filtering)이 있다. 필터링은 전체 벡터나 행렬에서 특정한 조건을 만족하는 항목을 골라내는데 사용된다.

다음의 코드에서 두 번째 줄을 보면 인덱싱에 사용하는 [ ] 안에 숫자가 아닌 조건문 x >= 5이 있는 것을 볼 수 있다. 이 코드의 동작은 x의 모든 항목 중에서 5보다 크거나 같은 항목을 찾아 y 벡터에 다시 입력하도록 한다. 다음에서는 10과 5가 y에 들어간다.

```
> x <- c(1,10,4,5)
> y <- x[x >= 5]
> y
[1] 10 5
```

위 코드를 처음 보면 동작이 잘 이해가 되지 않는데, 동작 과정을 다음과 같이 나누어 보면 이해가 쉽다. 먼저 x >= 5를 처리하면 논리값으로 구성된 벡터를 얻는다. x는 길이가 4인 벡터이다. x >= 5 연산의 의미는 x의 각 항목을 5와 비교하라는 것이고 이는 마치 x와 크기가 같은 벡터(5, 5, 5, 5)와 비교하는 것과 같다. 이와 같이 스칼라 값 5를 벡터 x의 크기에 맞추어 4번 반복하여 사용했다는 의미로 "**재사용**(reuse) **법칙**"이라고 한다. x >= 5의 결과는 내용이 (F, T, F, T)인 벡터를 얻는다. 비교 연산의 결과는 참과 거짓에 따라 각각 T와 F를 얻기 때문이다. 이제 x[x >= 5]를 수행하면 (F, T, F, T)로 구성된 벡터를 인자로 x를 인덱싱하는 셈이고 T에 해당하는 항목만 선택되어 두 번째와 네 번째 항목 두 개만을 반환하게 되고 결과적으로 10과 5를 얻는다. 다음에 비교 연산의 결과만을 출력해보았다.

```
> x <- c(1,10,4,5)
> x
[1] 1 10 4 5
> x >= 5
[1] FALSE TRUE FALSE TRUE
```

다음 코드에서는 벡터 x를 활용해서 벡터 y를 필터링하는 예를 보였다. x >= 5의 연산 결과가 두 번째와 네 번째 항목이 T였으므로 y[x >= 5]의 인덱싱은 벡터 y 중 두 번째와 네 번째 항목만을 반환한다. 즉, 인덱스가 TRUE인 곳만 골라서 새로운 벡터를 얻었다.

```
> x <- c(1,10,4,5)
> y <- c(4,15,-3,6)
> y[x >= 5]
[1] 15 6
```

which()

앞에서는 벡터에서 특정 조건을 만족하는 항목들의 위치를 지정하여(예를 들면 T인 위치만 선택) 새로운 벡터를 재구성하는 것을 보였는데, 어떤 경우에는 항목의 값은 필요 없고 해당 항목의 위치만 알고 싶을 때가 있다. 이때는 다음과 같이 **which()** 함수를 사용할 수 있다.

```
> x <- c(1,10,4,5)
> which(x >= 5)
[1] 2 4
```

위에서 which()의 실행결과인 2, 4의 의미는 두 번째와 네 번째 항목의 값이 5보다 크거나 같다는 것을 알려준다.

행렬 필터링

앞에서 소개한 벡터를 대상으로 하는 필터링과 같이 행렬에서도 필터링을 이용할 수 있다. 다음 코드에서는 먼저 행렬 x에서 두 번째 열의 원소가 5보다 크거나 같은지를 비교하고 그 결과로 (T, T, F) 값의 벡터를 얻는다. 이 결과를 이용해서 행렬 x의 첫 번째와 두 번째 행만으로 구성된 새로운 행렬을 얻는 것을 보여준다.

```
> x
     x
[1,] 1  5
[2,] 10 15
[3,] 4  -3

> x[x[,2] >= 5, ]
     x
[1,] 1 5
[2,] 10 15
```

또한, 행렬은 내부적으로 벡터의 성격을 가지고 있으므로(2차원 벡터를 풀어쓰면 1차원 벡터가 된다) 벡터 연산자를 행렬에도 사용할 수 있다. 앞에서 소개한 which()를 다음과 같이 행렬에 적용할 수 있다.

```
> x
        [,1]    [,2]
[1,]     1        5
[2,]     10       15
[3,]     4        -3

> which(x > 9)
[1] 2 5
```

위에서 행렬 x의 총 6개 항목 중 값이 9보다 큰 항목의 위치를 찾아보면 두 번째의 10과 다섯 번째의 15인 것을 알 수 있다. 행렬을 벡터로 취급할 때는 1열, 2열, 3열, ...의 순서로 열을 붙여서 하나의 벡터를 구성한다.

데이터 프레임 필터링

데이터 프레임도 행과 열로 구성되어 있으므로 특정 행이나 열을 추출하는 것이 가능하다. 다음에 데이터 프레임 x의 일부분을 추출하는 예를 나타내었다.

```
> x
  name age
1  kim  20
2  lee  30
3 park  40
> x[1:2, ]
 name age
1  kim  20
2  lee  30

> x[1:2,2]
[1] 20 30

> class(x[1:2,2])
[1] "numeric"
```

다음은 데이터 프레임 x에서 나이(age)가 30세 이상인 사람의 모든 행을 추출하는 방법이다.

```
> x[x$age >= 30,]
 name age
2  lee  30
3 park  40
```

2.6 팩터

R은 팩터(factor)라는 특수한 기능을 하는 벡터를 제공하는데, 팩터란 벡터의 성격을 쉽게 파악하기 위해 제공되는 추가 정보이다. 특히 팩터는 범주형(categorical) 변수를

쉽게 구분하기 위해 사용된다.

팩터와 레벨

팩터는 벡터의 모든 값 중에 중복되지 않는 값으로 구성되는데 이 값들을 레벨(level)이라고 한다. 다음 코드를 보면 길이가 4인 벡터 x로부터 팩터를 만들어 새로운 변수 xf에 담았다. xf의 내용을 보면 중복되지 않는 값은 총 (2, 30, 15) 세 개이고 이들을 레벨이라고 한다.

```
> x <- c(2, 30, 15, 2)
> xf <- factor(x)
> xf
[1] 2 30 15 2
Levels : 2 30 15
```

전체 벡터에서 각 팩터가 어느 위치에 있는지를 알려면 구조(structure)를 보는 **str()** 함수를 사용하면 된다. 다음 코드에서는 (2, 30, 15) 세 개의 레벨을 구분하여 표시하는 팩터로 1, 2, 3이 각각 배정된 것을 나타낸다.

```
> str(xf)
Factor w/3 levels "2", "15", "30": 1 3 2 1

> unclass(xf)
[1] 1 3 2 1
attr(,"levels")
[1] "2" "15" "30"

> length(xf)
[1] 4
```

위에서 팩터 xf의 내용은 1 2 3 1이며, 이는 벡터의 값 2가 처음과 네 번째에 등장했다는 것을 나타낸다. 팩터의 전체 크기는 **length()**로 알 수 있는데, 이때는 레벨의 총 개수가 아닌 벡터의 크기를 알려준다.

팩터에 사용되는 함수

tapply()

여러 사람의 나이를 포함하고 있는 벡터 ages가 있고, 각 사람들의 성별을 구분한 팩터 gender가 있다고 하자. 남여 성별별로 나이의 평균을 구하고 싶다면 다음과 같이 table apply인 **tapply()**를 사용하면 된다.

```
> ages <- c(20,30,40,27,32,43)
> gender <- c("F","M","M","F","F","M")

> tapply(ages,gender,mean)
F        M
26.33333  37.66667
```

tapply()의 형식은 tapply(x, f, g)와 같이 세 개의 인자를 필요로 하는데, x에는 대상 벡터를 넣고, f에는 팩터나 팩터의 리스트, g에는 적용할 함수명을 넣는다. 위의 예에서는 여성의 평균 나이는 26.3세이고 남성의 평균 나이는 37.7세인 것을 알 수 있다. 팩터 f와 x의 길이는 같아야 한다.

split()

split()를 사용하면 데이터 프레임이나 벡터를 쉽게 속성별로 나눌 수 있다. 사용법은 split(x, f)이며 x는 나누려는 데이터 프레임이나 벡터이고 f는 팩터 혹은 팩터의 리스트이다. 다음은 데이터 프레임 x의 income을 그룹으로 나누는데, 나누는 기준을 gender와 license로 각각 구분하라는 뜻이다.

```
> x
     name   age  gender   income  license
1    kim    20     F      43000   0
2    lee    23     M      24500   0
3    park   40     M      46300   1
4    hong   27     F      65230   1

> split(x$income, list(x$gender,x$license))
```

```
$F.0
[1] 43000

$F.1
[1] 65230

$M.0
[1] 24500

$M.1
[1] 46300
```

split()의 결과는 리스트이므로, 각 구성요소는 $로 표시된다. 위에서 여성이면서 자격증이 없는 삶의 수입은 43000이고, 여성이면서 자격증이 있는 사람의 수입은 65230인 것을 알 수 있다.

2.7 R 추가 정보

R 프로그램을 저장하거나 실행결과 그래프를 저장하는 등 RStudio를 사용하는데 편리한 방법을 소개하겠다.

스크립트 파일 활용하기

RStudio에서 간단한 프로그램을 테스트할 때에는 RStudio 좌측 하단에 있는 콘솔창에서 직접 입력하고 결과를 볼 수 있다. R 코드들을 나중에 실행하기 위해 파일에 보관할 수 있으며 이를 **스크립트 파일**이라고 한다.

R 스크립트 파일을 만드는 방법은 두 가지가 있다. 첫 번째로 RStudio에 있는 File 메뉴를 사용해서 만들 수 있다. RStudio의 상단 도구 메뉴에서 File 메뉴를 선택하고 File -〉 NewFile -〉 R Script를 수행하면 새로운 R 스크립트를 만들 수 있다.

두 번째로 RStudio의 화면 좌측 상단의 R 편집기창에 있는 그림 2.2의 흰 종이에 +모양을 갖는 아이콘을 누르면 자동으로 새로운 R 스크립트 파일을 생성해 준다.

그림 2.2 R 스크립트 메뉴

작업 중인 R 스크립트 파일을 저장하려면 File -> Save를 사용하거나 ctrl + s 단축키를 사용하거나 그림 2.2에 디스켓 저장 아이콘을 누르면 된다. R 스크립트 파일을 불러오려면 그림 2.2의 폴더 모양 아이콘을 누르거나 File -> Open File을 사용하면 된다.

R 코드를 실행시키는 방법을 소개하겠다. R 코드를 한 줄씩 실행하려면 커서를 해당 코드에 놓고 Ctrl + R을 누르면 한 줄씩 실행된다. 또는 편집기창의 Run이라는 아이콘을 누르면 한 줄씩 실행된다. 여러 줄의 R 코드를 한꺼번에 실행할 수도 있는데 마우스로 여러 줄을 드래그해서 블록 지정하고 Ctrl + R을 누르면 선택된 여러 줄이 실행된다.

작업 결과 저장하기

R 코드를 실행하면 그 결과가 콘솔 창에 나타난다. 이러한 출력 내용을 텍스트 파일에 저장할 수 있는데, 다음과 같이 **sink()**를 미리 호출해 두면 된다.

```
> sink("output.txt")
> x<- c(1,2,3,4,5,6)
> y<- c(10,20,30,40,50,60)
> mean(x)
> sd(y)
> summary(x)
> sink()
```

위에서는 sink()의 인자 값인 output.txt 파일에 실행결과가 저장된다. 위에서 mean(), sd(), summary()는 각각 산술평균, 표준 편차(standard deviation), 그리고 통계 요약정보를 얻는 함수이다. sink()를 호출하면 코드 실행결과가 다시 화면에 나타난다. 다음에 output.txt의 내용을 나타내었다.

```
[1] 3.5
[1] 18.70829
   Min. 1st Qu.  Median    Mean 3rd Qu.    Max.
   1.00    2.25    3.50    3.50    4.75    6.00
```

코드 실행결과가 그래프인 경우는 RStudio의 우측 하단의 Plots 부분에 그림이 나타나는데, 이 그래프를 파일에 저장할 수 있다. 그림을 저장하려면 **pdf()** 명령을 사용하여 저장할 파일명을 다음과 같이 미리 지정하면 된다. 다음에서 결과 그래프는 plot1.pdf 파일에 pdf 형식으로 저장된다.

```
> pdf("plot1.pdf")
> x<- c(1,2,3,4,5,6)
> y<- c(10,20,30,40,50,60)
> plot(x,y)
> dev.off()
```

위 마지막 라인에서 **dev.off()**를 수행하는 이유는 이후에 그려지는 그림들은 더 이상 plot1.pdf 파일에 계속 저장되지 않게 하기 위해서이다.

그림을 저장하는 다른 방법이 있는데, RStudio의 우측 하단 창의 메뉴에 있는 **Export 메뉴**를 눌러보면 다음과 같은 하위 메뉴들을 볼 수 있으며, Image 파일로 저장하는 것과 PDF 파일로 저장 또는 클립보드에 복사할 수 있다. 클립보드에 복사한다는 것은 우리가 흔히 사용하는 Ctrl + C를 사용하여 복사되는 것을 말하며, Ctrl + V를 사용해서 복사할 수 있다.

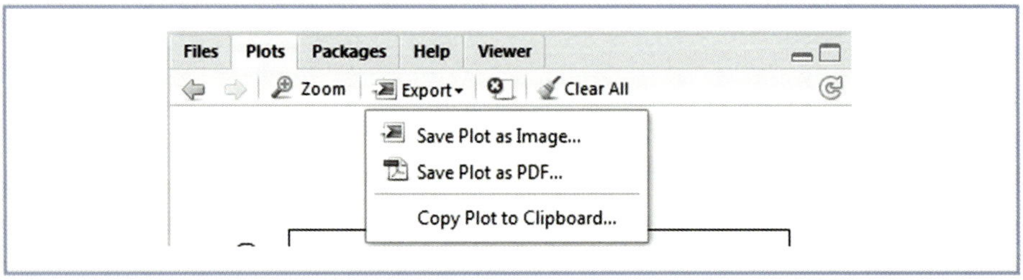

그림 2.3 플롯창 메뉴와 작업결과 내보내기 화면

R 관련 추가 정보

R과 관련된 정보는 다음 사이트에서 얻을 수 있다.

1. R Project(http://www.r-project.org)

   공식 R 웹사이트이며 R에 대한 매뉴얼과 새로운 패키지 정보를 얻을 수 있다.

2. CRAN Task Views(http://cran.r-project.org/web/views)

   패키지들을 영역별로 소개하는 사이트이다. 의학, 금융, 환경 등 여러 분야에서 R이 어떻게 사용되고 있는지 확인할 수 있다.

3. Korean R Users Group(http://r-project.kr)

   한국의 R 사용자 모임이 운영하는 사이트이다.

4. R seek(http://rseek.org/)

   R의 다양한 함수, 코드 그리고 유용한 사이트를 찾아주는 R 전용 검색 엔진 사이트이다.

C113

CHAPTER 3

데이터 수집

CHAPTER 03 데이터 수집

데이터 분석에 필요한 데이터를 확보하는 것을 데이터 수집(gathering)이라고 한다. 데이터는 이미 보유하고 있던 것도 있고, 분석을 위해서 새로 수집해야 할 데이터도 있다. 이미 보유하고 있던 데이터를 분석에 모두 사용하기도 하고 분석에 필요한 부분만 따로 골라내기도 한다. 데이터를 새로 수집하는 방법으로는 네트워크를 통해 데이터를 받거나 하드디스크, USB 메모리 등으로 데이터를 복사하기도 한다.

데이터를 수집하는데 너무 많은 시간과 비용이 들지 않도록 해야 한다. 데이터를 한 번에 전체를 다운로드 받는 것이 좋은지, 필요할 때마다 그 부분만 다운로드 받는 것이 좋을지의 선택이 필요하다. 3장에서는 효과적으로 데이터를 수집하는 방법을 소개하겠다.

3.1 데이터 종류

기업의 데이터 분석에 사용될 데이터는 매출기록, 고객정보, 웹로그 등이 있고, 블로그, 트위터 등 공개된 SNS 데이터가 있다. 또한 정부에서 보유하고 있는 공공 데이터가 있으며 과학기술 분야에서 연구실험을 하면서 측정한 데이터도 있다. 데이터의 형태는 텍스트, 오디오, 영상과 같은 컴퓨터에서 다루는 데이터와 빛, 소리, 냄새, 압력 등 센서에서 측정한 데이터도 있다.

다양한 데이터 유형과 특징을 알아보겠다.

데이터 형식

데이터의 형식(format)은 크게 나누어 정형(structured), 비정형(unstructured), 그리고 반정형(semi-structured)이 있다. **정형 데이터**란 데이터의 형식이 정해져 있는 데이터를 말한다. 예를 들어 엑셀 서식으로 저장된 데이터가 대표적인 정형 데이터이다. 대부분의 통계표는 정형 데이터이며, 기업의 매출기록 등 서식이 정해진 데이터는 모두 정형 데이터이다. 표 형식이 아니더라도 콤마로 구분되어 구조가 정형화된 CSV(comma seperated value) 형식 데이터도 정형 데이터이다.

비정형 데이터란 정형 데이터와 달리 미리 정해진 형식을 가지지 않은 데이터를 말한다. 블로그의 댓글, 트윗 등이 해당된다. 오디오나 비디오 데이터도 비정형 데이터에 속한다.

반정형 데이터란 데이터 형식이 정형 데이터처럼 완전하게 정의되어 있지는 않지만 조금만 처리를 하면 정형화된 정보를 추출할 수 있는 데이터를 말한다. 주기적으로 측정되는 센서 데이터, 시간대별로 측정한 웹 사용자의 기록 등이 해당된다.

앞으로 센서 데이터는 점차 늘어날 것이다. 온도, 습도, 바람과 같은 기상 데이터는 이미 널리 사용되고 있고, 토양, 수질, 해양 분야의 센서 데이터도 점차 늘어날 것이다. 지진관련 데이터, 방사능 데이터, 미세먼지 데이터 등 사람들의 관심이 많은 데이터의 측정범위도 넓어지고 이를 활용하는 사례도 늘어날 것이다.

특히 사물 인터넷(IOT: Internet of things)이 보급되면 센서 데이터의 범위가 급격히 늘어날 것이다. 예를 들면, 자동차는 끊임없이 자동차의 운행정보나 타이어의 공기압 등의 데이터를 만들어낼 것이며 이를 분석하여 안전한 자동차 운행에 도움을 주는 서비스가 나올 것이다.

센서 데이터 이용 시 가장 큰 이슈는 데이터 형식 등의 표준화이다. 센서 데이터를 측정하는 주기, 정확도, 품질 등이 균일하지 않으면 이 센서 데이터를 다시 재가공하는데 많은 비용이 든다.

데이터 분석에서 비정형 또는 반정형 데이터를 바로 사용하기는 어렵다. 이들은 일단 정형화되어야 분석하기가 쉬워진다. 예를 들어 SNS 데이터는 비정형이나 이를 분석하려면 하나의 글에 어떤 키워드가 몇 번 등장하는지, 어떤 문구가 자주 등장하는지 등의 숫자를 얻어야 한다. 즉, 텍스트로부터 정형화된 통계 데이터를 추출해야 한다. 웹 로그 데이터 자체는 반정형 데이터이지만 이를 정리하여 이용자가 시간대별로 어떤 동작을 했는지 등의 정형화된 정보를 추출해야 분석이 가능하다.

이렇게 비정형 또는 반정형 데이터가 분석이 쉬운 정형 데이터로 변환할 때에도 나중에 활용이 쉽도록 표준화된 형식을 사용해야 한다.

추상적인 개념이 데이터화(datafication)한 경우도 많다. 친구가 얼마나 많은가를 보고 그 사람의 인기도를 수치화하기도 하며, 어떤 글에 대해 '좋아요'가 얼마나 많은지, 댓글이 얼마나 많은지를 보고 이 글에 대한 인기도를 측정하기도 한다. 우리는 이미 사람들의 생각이나 행동들을 수치화하고 이것이 모여 데이터화하는 세계에 살고 있다.

데이터 타입

데이터를 컴퓨터가 인식하는 유형을 데이터 타입(type)이라고 한다. 데이터 타입은 크게 나누어 문자형, 숫자형, 바이너리형이 있다. 이름, 주소, 텍스트 본문 등은 문자형이고, 통계수치, 센서 측정값 등은 숫자형이다. 바이너리형은 오디오, 비디오, 실행파일 등 문자나 숫자로 읽을 수 없는 일반 파일 형태를 말한다.

```
문자형: "Hello World", "대한민국", ...
수치형: 1, 5, 10, 3.14, 0.9, ...
바이너리형: 0100100101010101...
```

문자형과 수치형 데이터는 이들의 속성을 다시 범주형(categorical), 순서형(ordinal), 연속형(continuous)으로 나눌 수 있다. **범주형**은 클래스를 구분할 때 사용하는 데이터이다. 성별을 나타내는 남자/여자, 국가명, 요일, 사람 이름 등은 범주형 데이터이다. 범주형은 대부분 문자로 표현되지만 편의상 숫자로 대체하여 표현하기도 한다. 예를 들어 월요일=1, 화요일=2, 수요일=3 등으로 대체하여 처리하기도 한다.

순서가 의미를 가지는 데이터를 **순서형** 데이터라고 한다. 여성의 옷 사이즈를 나타내는 44, 55, 66 같은 숫자, 달력의 1일, 2일, 3일 등이 순서형 데이터이다.

연속형 데이터는 숫자로 표현되는데 무게, 길이, 온도, 압력, 속도, 화폐 단위와 같이 숫자의 양이 어떤 의미를 가지는 데이터를 말한다. 연속형 데이터는 덧셈과 뺄셈의 결과가 계속 같은 연속형 데이터로서 의미를 가진다. 예를 들어 기온 3도에 4도를 더한 7도는 여전히 온도로서 의미가 있다.

참고로 범주형 데이터에서는 덧셈이나 뺄셈이 아무런 의미가 없다. 옷 사이즈 66에서 44를 뺀 22라는 숫자는 순서형으로서 데이터의 의미가 없다.

신호와 정보

데이터가 갖는 성격을 **신호**(signal)와 **정보**(information)로 나누어 볼 수 있다. 우리는 신호로부터 어떤 정보를 얻는다. 예를 들어 시험을 보고 측정되는 성적은 신호에 해당된다. 이 신호로부터 이 학생의 실력이 얼마나 좋은지를 알아냈다면 이것은 정보에 해당한다. 성적이 90점이라는 것은 신호에 해당하며, 이 학생이 30명 중 5등인 우수한 학생이라는 것은 정보라고 하겠다. 그런데 신호와 정보가 이렇게 분명히 구분되는 것은 아니다. 30명 중 5등이라는 정보 성격의 데이터를 다시 신호라고 볼 수도 있다. 예를 들어 이 학생이 지난번 시험에서는 10등을 했었다면 전보다 "성적이 올랐다"라는 새로운 정보를 추출할 수 있다. 여기서 5등과 10등이라는 데이터는 신호로 사용된 것이며 이 신호의 변화로부터 새로운 정보인 "성적이 좋아졌다"를 얻은 것이다. 어느 단계에서의 정보 데이터는 다음 단계 분석에서는 신호 데이터로 사용될 수 있다는 것을 이해해야 한다.

참고로 우리가 수집한 데이터 중에 정보를 얻는데 도움이 되지 않고 오히려 방해가 되는 데이터를 **잡음**(noise)이라고 한다. 데이터 분석은 크게 보면 신호로부터 잡음은 걸러내고 정보를 추출하는 과정이라고도 할 수 있다.

3.2 데이터 수집 방법

데이터 분석을 위해서 필요한 데이터를 수집하려면 먼저 수집 계획을 세워야 한다. 일단 많은 데이터를 모으고 보자는 방식은 비용도 많이 들고 쓰레기만 모으는 결과가 될 수 있다. 또한 어떤 좋은 데이터를 가지고 분석한다고 계획을 세웠어도 그 데이터를 얻는데 비용이 많이 든다면 실현이 어렵게 된다. 따라서 원하는 데이터를 정말 수집 가능한지, 데이터는 믿을 수 있는지, 수집비용은 적절한지를 점검해야 한다.

데이터 수집 계획

데이터 수집 계획에서 가장 중요한 것은 이 데이터가 수집 가능한지를 알아보아야 한다. 현재 데이터를 보유하고 있는 기관의 데이터 제공 정책도 검토해보아야 한다. 제공하는 데이터의 용량에 제한이 있는지, 상업적인 용도로 쓸 수 있게 허용하는지 등을 살펴보아야 한다.

다음에는 **데이터 수집 주기**를 정해야 한다. 한 번만 얻으면 되는 데이터인지, 매일 데이터를 업데이트 해야만 의미가 있는 데이터인지, 아니면 한 달에 한 번 업데이트해도 되는지 등 데이터 수집 주기를 정해야 한다.

데이터 수집에는 항상 비용이 든다. 데이터 자체는 무료라고 해도 통신비용이 많이 발생할 수 있다. 가치 있는 데이터는 공짜가 아닌 경우가 많다. 무료 데이터 중에는 과거에 측정한 (쓸모없는) 데이터가 많다. 가치 있는 데이터는 대부분 새로 측정한 데이터이며 최신 데이터를 얻으려면 비용을 청구할 수 있다.

국가기관이나 연구소, 기업 등에서 데이터 공개가 늘어나면서 구할 수 있는 데이터가 늘고 있지만 문제 해결에 정작 필요한 데이터를 잘 찾아내는 것은 어려운 일이다. 이것은 기술적인 문제가 아니라 목적에 따라 적합한 데이터를 찾아내는 것이 어렵고, 잘못 데이터를 수집하면 데이터를 수집한 후에 다시 이를 가공하는데 비용이 많이 들기 때문이다. 예를 들어 어느 지역의 진동을 측정하는 센서 데이터를 보면, 데이터 자체는 방대하게 만들어지지만 이 데이터를 분석에 적합한 형식으로 변경하고 처리하는 과정은 복잡할 수 있다.

데이터 분석에서는 예측 모델을 개발할 일이 많은데, 새로 만든 예측 모델이 얼마나 정확하게 동작하는지를 검증하려면 실제 **정답 데이터**를 반드시 확보해야 한다. 예를 들어 어떤 증상이 있으면 어떤 병에 걸렸다고 예측을 하는 모델을 만들려고 하면 그런

증상이 있던 사람이 실제로 예상한 질병에 걸렸는지를 알려주는 정답 데이터를 확보해야 한다. 데이터 분석 모델을 만드는데 필요한 정답 데이터 세트를 얻는 것이 가장 어려운 부분이다. 데이터 수집 계획에서는 이러한 정답을 얻을 수 있는지의 가능성을 먼저 파악하는 것이 필요하다.

데이터 수집 기술

데이터를 얻는 가장 일반적인 방법은 파일로 다운로드 받는 것이다. 웹 사이트를 통해서 데이터를 다운로드받거나, FTP와 같은 파일전송 프로그램을 사용하거나, 하드디스크에 직접 파일을 담아서 전달하기도 한다.

데이터를 파일로 한 번에 받는 것이 아니라 프로그램이 데이터를 부분적으로 읽어 오는 방법이 있다. 데이터를 제공하는 측에서는 미리 정한 웹 주소, 즉 URL 형태로 된 데이터 소재지 주소를 알려주고 데이터를 읽는 방법, 즉 **API**(application program interface)를 제공해야 한다. API란 프로그램에서 데이터를 읽도록 허용하는 방법이다. 네이버나 다음에서 상위 검색어를 알려주거나, 주요 뉴스, 검색 결과, 지도정보, 가페정보 등을 제공하는데 API 방식을 제공하고 있다. 트위터 서버에 접속하여 특정 키워드가 들어 있는 트윗들을 검색하는 데에도 API 방식을 사용한다. 일반적으로 API를 제공하는 측에서는 프로그램으로 읽을 수 있는 데이터량을 제한하는데, 사용자별로 하루에 읽을 수 있는 양을 제한하거나 한 번에 읽는 데이터량을 제한하기도 한다. API를 사용하려면 먼저 사용자 등록을 하고 고유의 키를 발급받아야 한다.

데이터를 파일로 주지 않고 API 방식으로 제공하는 장점은 데이터의 내용이 수시로 바뀐다면 파일을 통해 다운로드하는 방법이 불편하기 때문이다. 또한 어떤 사용자가 어떤 데이터를 언제 다운로드 받았는지를 파악하기에도 편리하다.

API 방식으로 데이터를 수집하려면 데이터를 읽는 프로그램을 작성해야 한다. 이 프로그램을 자동화하여 데이터를 프로그램이 읽는 것을 **데이터 크롤링**(crawling)이라고 한다. 크롤링은 주로 블로그, 소셜 데이터 등 인터넷에 공개되어 있는 웹문서 데이터를 대량으로 수집할 때 사용한다.

신호 샘플링

데이터를 수집하기 위해서 다른 사람이 만든 데이터를 가져오는 일이 대부분이지만, 누군가는 최초로 데이터를 측정해야 한다. 데이터를 최초로 만드는 작업에는 거래 내역과 같은 기록 데이터를 파일로 정리하거나, 웹에서 검색을 하거나, 통계표를 만들거나, 앙케트 조사를 하는 등 여러 가지 방법이 있다. 데이터를 직접 측정해야 할 때에 얼마나 자주 또는 상세하게 데이터를 측정하는 것이 가장 효과적인지를 생각해봐야 한다.

예를 들어, 시험을 보고 학생의 실력을 측정할 수 있다. 그런데 학생 실력을 제대로 파악하기 위해서 시험을 얼마나 자주 보는 것이 좋을까? 일 년에 한 번? 한 달에 한 번? 아니면 일주일에 한 번? 일 년에 한 번 보는 것은 학생 실력을 측정하기에 너무 적게 보는 것 같고, 매주 시험을 보면 아마 학생도 힘들지만 문제를 내고 채점하는 선생님도 힘들어진다. 아마 대부분의 학교에서는 한두 달에 한 번 시험을 치를 것이다.

다른 예로 강물의 수면 높이를 측정한다면 얼마나 자주 수위를 측정해야 할까? 하루에 한 번? 한 시간에 한 번? 아니면 1분에 한 번? 강물의 수위 변화를 충분히 파악하려면 자주 측정하는 것이 좋겠으나 너무 자주 측정하면 처리할 데이터가 너무 많아진다. 반면 너무 가끔 측정하면 수위 변화를 놓칠 것이다.

시간에 따라 변하는 값을 최적으로 측정하는데 기준이 되는 이론이 있다. 나이퀴스트(Nyquist)가 발견한 **샘플링 이론**(sampling theorem)인데, 간단히 정의하면 변하는 신호의 최고 주파수의 두 배 속도로 측정하면 원래 정보를 놓치지 않는다는 것이다. 예를 들어 가장 빨리 변할 때 강물 수위의 변화 속도가 1분에 한 번 정도 변화가 있다면 샘플링은 이의 두 배속인 30초에 한 번하면 된다.

전화선을 통한 음성신호의 경우 사람의 목소리는 4kHz 신호까지 포함되어 있다고 가정하므로 음성신호를 샘플링할 때는 최고 음성 주파수의 두 배인 8kHz, 즉 초당 8000번 샘플링을 하면 충분하다. CD급 오디오의 경우 사람의 가청 주파수인 20kHz 고주파 성분까지 모두 포함하기 위해서 이의 약 두 배 속도인 44.1kHz 속도로 샘플링한다.

데이터 마켓

데이터 마켓(data market)이란 데이터를 거래하는 장터를 말한다. 데이터 마켓이 필요한 이유는 개인이나 기관이 일일이 데이터를 수집하기에는 시간과 노력이 너무 많이 들기 때문이다. 빅데이터 시대가 되면서 직접 데이터를 수집하는 것보다는 데이터 수집을 외부 기관에 의뢰하는 것이 더 저렴하고 빠른 방법이 되고 있다.

또한 데이터를 수집해 두고 유지 관리하는 비용이 앞으로 점차 더 늘어날 것이기 때문에 기관이나 기업은 데이터가 필요할 때만 수집하는 것을 선호할 것이다.

데이터 마켓에서는 데이터 자체에 요금을 부과하는 경우도 있지만 데이터 이용 자체는 무료로 제공하고 다른 서비스를 통한 수익을 얻기도 한다.

데이터를 거래하는 데이터 마켓은 이미 상당히 많이 소개되어 있는데 Factual사는 전 세계 기업, 호텔, 식당, 박물관, 공항, 해변, 공원, 랜드마크에 대한 정보를 제공한다. 이외에도 가공식품, 패키지 상품의 내용물에 대한 데이터를 제공하고 있다. Infochimps 사는 지역별 인구 통계 및 사용자 위치, 지역 구매 행동을 여러 관심 사안별로 검색할 수 있다. 액시엄(Acxiom)사는 공공기록을 가공하여 판매하고, 개인의 취미, 구매, 정보를 제공하는데 개인을 70가지의 생활양식으로 분류한다.

2010년에 서비스를 시작한 캐글(Kaggle)사는 데이터 분석 공모전 위주로 운영되는데 데이터를 직접 거래하지는 않지만, 특정 분야의 데이터 분석 능력을 가진 분석 전문가를 찾아주는 서비스를 한다. 데이터 사이언티스트들은 캐글 공모전에 참가함으로써 자신의 능력을 홍보할 수 있다. 캐글에서는 공모전 수행에 필요한 분석용 데이터를 공유하며 분석 기술과 사람들의 네트워크를 형성한다는 것이 중요한 의미를 가진다.

앞에 소개한 데이터 마켓 기업 외에 실제로 많은 데이터를 보유한 곳은 정부 기관이다. 미국의 경우 정부 데이터는 data.gov를 중심으로 제공되며, 우리나라는 **data.go.kr**에서 정부 데이터를 공유한다.

3.3 데이터 읽기

수집된 데이터를 분석하려면 파일이나 데이터베이스에 저장되어 있는 데이터를 프로그램에서 읽어야 한다. 여기서는 R 프로그램에서 외부 데이터를 읽는 방법을 소개하겠다.

파일에서 읽기

R에서 데이터 분석을 위해 가장 많이 사용되는 데이터 타입은 데이터 프레임(data frame)이다. 데이터 프레임은 마치 마이크로소프트 엑셀이나, 데이터베이스의 테이블처럼 데이터를 2차원 행렬 구조로 다룰 수 있게 해준다. 일반적으로 열(column)은 데이터의 특성(feature)을 나타내고, 행(row)은 샘플 항목을 나타낸다. 표 3.1은 학생들의 국어, 영어, 수학, 과학 성적을 나타낸 것이다.

표 3.1 학생들의 국영수과 성적 데이터

	korean	english	math	science
1	55	91	33	51
2	60	85	52	43
3	45	89	21	18
4	75	30	95	98
5	60	88	40	31
6	60	83	51	47
7	63	63	62	65
8	54	49	58	60
9	53	93	31	42
10	28	37	89	97
	...			

테이블 구조의 데이터에는 열의 이름을 표시하는 헤더(header) 행이 있는 경우가 있고 헤더가 없는 경우도 있다. 위의 예에는 헤더가 있는데 korean, english, math, science가 헤더이다.

외부에서 다운로드한 파일 데이터를 R 데이터 프레임으로 읽어 오는 방법을 소개하겠다. 이 책에서 소개하는 R 예제 데이터는 computer.kangwon.ac.kr 사이트의 강의 게

시판 데이터 사이언스 개론에서 제공한다. 강의게시판 접속 주소는 다음과 같다.

http://computer.kangwon.ac.kr/index.php?mp=3_8_18_4

먼저 RStuio를 설치하고 작업 디렉터리를 만든다(예를 들어 작업 디렉터리명을 Data-Science라고 하자). 표 3.1과 같은 내용을 포함하는 학생 성적 파일 student.csv을 작업 디렉터리인 DataScience에 다운로드 받았다고 가정하겠다.

다음은 student.csv 파일을 **read.csv()** 함수로 읽어 데이터 프레임으로 만드는 R 코드이다.

```
> mystudent <- read.csv("C:\\Users\\Administrator\\Documents
 + \\DataScience\\student.csv")
```

위 코드는 student.csv 파일의 내용을 읽어서 mystudent 변수에 저장한다. 참고로 .csv 파일은 콤마(,)로 데이터의 각 항목을 구분한 서식의 파일을 말한다. student.csv 파일의 내용은 다음과 같다.

```
korean,english,math,science
55,91,33,51
60,85,52,43
45,89,21,18
75,30,95,98
60,88,40,31
...
...
```

위에서는 csv 형식의 데이터를 읽는 방법을 소개했는데, **데이터 구분자**(seperator)로 콤마가 아니라, 스페이스나 탭을 사용한 경우도 있다. 다음은 항목을 구분하는데 스페이스를 사용한 예이다.

```
korean english math science
55 91 33 51
60 85 52 43
```

```
45 89 21 18
75 30 95 98
60 88 40 31
...
...
```

위와 같은 형식의 데이터를 읽으려면 read.csv()가 아니라 일반적인 데이터 읽기 함수인 **read.table()**을 사용하고 구분자로 스페이스인 ' '라고 지정하면 된다.

```
> mystudent <- read.table("http:// ...." sep=' ')
```

read.table() 함수를 사용하면 구분자로 콤마(' , ')를 지정할 수도 있고, 탭을 지정할 수도 있으며 임의의 기호를 사용할 수도 있다. 구분자로 콤마를 사용하면 앞에서 소개한 read.csv() 함수와 같은 동작을 한다.

엑셀 파일에 들어있는 데이터를 R에서 읽을 수 있는데, 이를 위해서는 xlsx 패키지를 사용해야 하고 이 패키지가 제공하는 **read.xlsx()** 함수를 사용하면 된다.

```
> library(xlsx)
> mydata = read.xlsx("C:/Users/Administrator/Documents/data.x
+ lsx",1)
```

위에서는 헤더라인이 있는 것을 가정하였다. 만일 헤더라인이 없으면 header=FALSE로 옵션을 지정해야 한다.

RStudio가 제공하는 도구 메뉴 중에 **Import Dataset**을 사용해도 외부 데이터를 쉽게 가져올 수 있다.

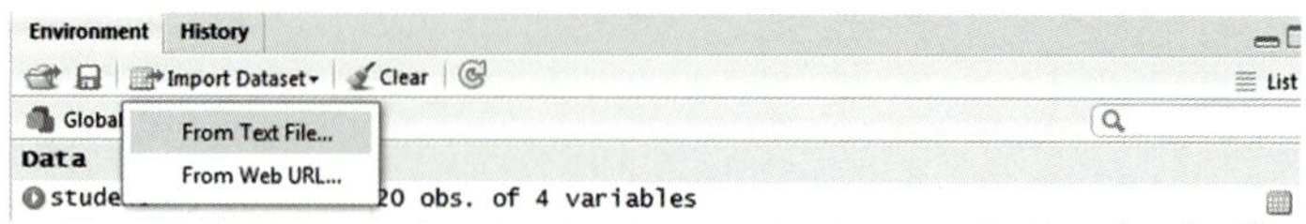

그림 3.1 RStudio에서 텍스트 파일 읽기

From Text File을 선택하면 다음과 같은 화면이 나오고 가져올 데이터 파일을 선택하면 된다.

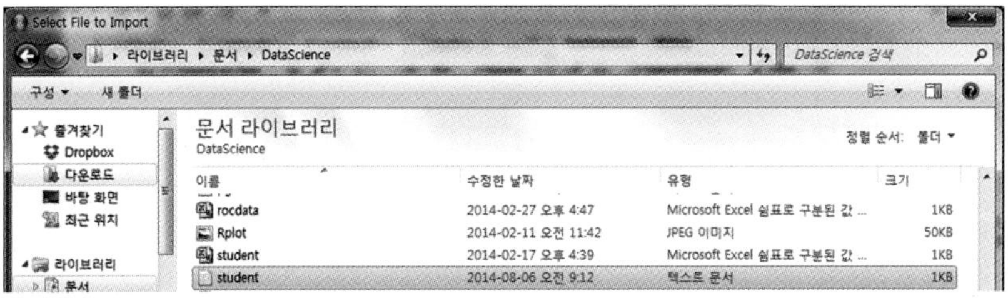

그림 3.2 RStudio에서 읽을 텍스트 데이터 파일 선택

그림 3.3은 Import Dataset 화면인데 가져올 데이터의 이름을 지정할 수 있고, 데이터의 Header가 있는지 그리고 구분자는 무엇으로 할지 등을 정할 수 있다. 그림의 오른쪽에는 원래 데이터를 보여주고 형식을 지정하여 수정하면 데이터의 모양이 어떻게 저장되는지를 보여준다.

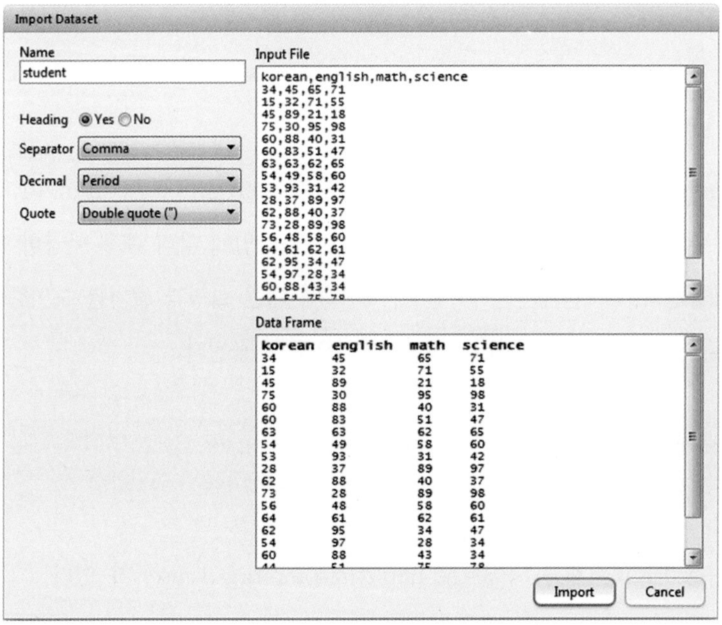

그림 3.3 RStudio 데이터 가져오기 화면

한편 웹 주소로 지정된 데이터를 바로 읽을 수도 있는데, 이때는 RStudio가 제공하는 From Web URL 메뉴를 선택하면 된다. 그림 3.4와 같이 URL을 입력하면 해당 주소와 연결된 데이터를 읽을 수 있다.

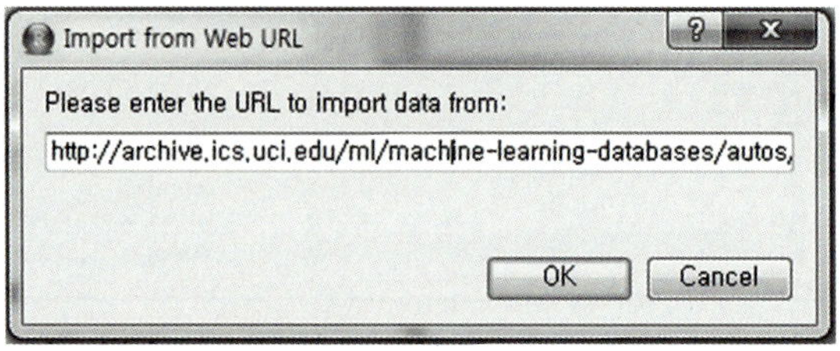

그림 3.4 RStudio URL에서 데이터 가져오기

앞에서는 파일에 들어 있는 데이터를 R에서 읽는 방법을 설명했는데, 오라클이나 MySQL 같은 데이터베이스에 들어 있는 데이터도 R에서 바로 읽을 수 있다.

이에 대한 자세한 내용은 http://rprogramming.net/connect-to-database-in-r/를 참고하기 바란다. 이 사이트에서는 R에서 데이터베이스를 연결하고 데이터를 읽는 방법을 설명하고 있다.

학습용 데이터셋

기계 학습용 데이터를 제공하는 사이트로 http://archive.ics.uci.edu/ml/가 유명하다. 이 사이트에서는 데이터 분석 작업 종류나 데이터 타입에 따라 매우 다양한 실습용 데이터를 제공한다. 데이터를 선택하면 데이터셋에 대한 설명과 출처를 보여준다. 이 사이트에서 제공하는 모든 데이터는 CSV 형식으로 제공된다.

```
> automobile <- read.csv(url("http://archive.ics.uci.edu/ml/
+ machine-learning-databases/autos/imports-85.data"))
```

다른 학습용 데이터 제공 사이트로 http://mlcomp.org/datasets가 있다.

C98
C113

CHAPTER

4

데이터 관리

CHAPTER 04

데이터 관리

3장에서 데이터를 수집하는 방법 그리고 수집한 데이터를 R에서 읽는 방법을 소개했다. 수집된 데이터는 나중에 다시 사용하기 편리하게 저장하여 관리해야 한다. 데이터를 저장하는 방법에는 파일 형태로 저장하는 방법, 데이터베이스 소프트웨어를 이용하는 방법이 있다.

관리할 데이터의 크기가 작을 때에는 텍스트 파일이나 엑셀 등에 데이터를 저장해도 충분하다. 엑셀에도 수 G바이트까지의 데이터를 처리하는 것이 가능하다. 문제는 데이터의 양이 수십 G바이트 이상으로 커지거나, 데이터의 개수가 많아지거나, 데이터 타입이 다양할 때 이를 잘 관리하는 것이 필요하게 된다.

4.1 파일 저장

데이터를 저장해 두는 가장 기본적인 방법은 파일로 저장하는 것이다. 파일이란 운영체제(윈도우, 리눅스 등)가 기본적으로 제공하는 데이터 구조를 말한다.

CSV 형식

데이터 분석에서 가장 많이 사용되는 서식으로서 텍스트 형태의 데이터를 콤마로 구분하여(CSV) 저장하는 파일 형식을 말한다. 이를 평탄한(flat) 데이터 형식이라고도 한다. 엑셀 같은 스프레드시트에서 바로 CSV 형식으로 읽을 수 있고, CSV 파일을 데이터베이스로 바꾸기도 편리하다. CSV 파일은 줄 단위로 끊어서 읽기가 편리한데 리턴이 하나의 레코드를 구분한다. 다음은 학생 이름, IP 주소, 거주지 정보가 들어 있는 CSV 파일 예를 나타내었다.

```
"Hong GilDong",172.3,63.46,"San Francisco, California"
"Jeong Mingsu",183.5,74.53,"Seattle, Washington,D.C"
"Kim Cheolsu",165.3,45.78,"Phoenix, Arizona"
"Park Yeonghui",162.7,55.32,"Boston, Massachusetts"
```


XML 형식

웹 페이지를 표시하는데 가장 널리 사용되는 파일 형식이 XML(eXtended Markup Language)이다. CSV 형식이 평탄한 구조인데 비해, xml 형식은 체계적인 구조의 데이터를 표시하는데 편리하다. 다음 예에서는 파일이 속성, 파일을 만든 날짜, 저자 등 여러 가지 정보를 구조적인 형태로 담은 것을 나타내었다.

```
<xml>
<information>
<date> 2014.06.02.</date>
<title>데이터 사이언스</title>
<author>홍 길동</author>
</information>

<information>
<date> 2014.04.17.</date>
<title>데이터 마이닝</title>
<author>정 민수</author>
</information>
...
</xml>
```

CSV 파일이 텍스트 타입의 데이터만 담을 수 있는 것과 달리 xml 파일 내에는 임의의 형식의 파일을 포함시킬 수 있다. 예를 들어, 아래한글 파일도 xml 파일 내에 담을 수 있다.

JSON

JSON(JavaScript Object Notation)는 자바 스크립트 프로그램이 다루기 쉽게 만든 데이터 형식이다. 자바 스크립트는 웹 응용 프로그램에서 가장 널리 사용되는 프로그램 언어이다. JSON은 XML에 비해 매우 간단한 형식을 가지는데, 한 라인이 하나의 레코드를 나타낸다.

다음은 JSON의 예를 들었는데 information이라는 객체 안에 날짜(date), 책 제목(title), 지은이(author)가 들어가 있는 데이터들의 나열을 나타내고 있다.

```
{
 "information": [
  { "date":"2014.06.02.", "title":"Data Science", "author":
    "Hong GilDong" },
  { "date":"2014.04.17.", "title":"Data Mining", "author":"Jeong
Minsu" },
    ...
 ]
}
```

JSON은 구조가 간단명료해서 CSV처럼 널리 사용되는데, 특히 웹 프로그램에서 브라우저와 웹 서버가 텍스트 데이터를 주고 받을 때 대부분 JSON 타입의 데이터 구조를 사용한다.

4.2 데이터베이스

데이터베이스(database)를 사용하면 파일을 사용하는 것보다 더 편리하게 데이터 집합을 다룰 수 있는데, 체계적으로 데이터 구조를 만들거나, 내용을 안전하게 수정 또는 삭제할 수 있고, 다양한 조건을 검색할 수 있다.

관계형 데이터베이스

데이터베이스는 1970년대 개발된 관계형 데이터베이스(relationail databse: RDB) 구조가 가장 일반적으로 사용된다. RDB는 간단히 설명하면 데이터들을 모두 테이블(표) 구조로 담아 두는 것이다. 테이블의 열(column)은 속성(attribute)을 나타내고, 행(row)은 샘플 항목들을 나타낸다. 예를 들어 학번, 이름, 성별, 나이의 속성을 가지는 학생 정보 테이블 예를 다음에 나타내었다.

```
Id       name  gender   age
20104152 홍길동  M        24
20091423 정민수  M        25
20135752 김철수  M        21
20112345 박영희  F        23
20141231 최은희  M        20
20085452 이순자  F        26
 ...
```

테이블의 첫 번째 열은 일반적으로 이 항목을 찾는데 사용되는 키(key) 값을 사용한다. 위에서는 학번이 키로 사용되고 있다.

학생별로 어떤 과목을 수강했는지의 정보가 다음과 같이 다른 테이블에 들어 있다고 하자.

```
Id        class1        class2        class3
20104152  English       Economics     Korean History
20091423  Ethics        Psychology    French
20135752  Composition   Agriculture   Social Studies
20112345  Technology    Composition   Mathematics
20141231  Economics     Politics      Chemistry
20085452  Psychology    Ethics        Economics
 ...
```

위의 두 테이블, 즉 학생의 일반 정보 테이블과 수강 테이블을 조합하면 다양한 정보 검색이 가능하다. 예를 들어 English 과목을 수강한 20세 이상의 남학생이 누군지를 찾아낼 수 있다.

데이터베이스에서 특정 조건에 맞는 항목들을 찾을 때 SQL(Structured Query language) 문이 사용된다. **SQL 문**으로는 데이터 읽기, 새로운 항목의 생성, 데이터 업데이트, 삭제 기능을 편리하게 수행할 수 있다.

RDB는 기본적으로 동작의 일관성(consistency)을 완벽하게 지원하도록 만든다. 즉, 데이터베이스 관리하는 소프트웨어인 **DBMS**(Database Management System)는 데이터의 생성, 삭제, 정정 등에서 오류가 절대 발생하지 않도록 동작한다. 상용 DBMS로는 오라클이, 오픈 소스로는 MySQL이나 PostgreSQL이 널리 사용된다.

데이터 웨어하우스

데이터 웨어하우스(data warehouse: DW)는 데이터베이스의 집합이라고 할 수 있다. 예를 들어, 기업의 매출 기록을 분기별, 지역별, 고객별, 지점별로 가지고 있었다면 이들을 모두 한 번에 모아서 관리하고 입체적인 검색이 가능하도록 만든 것이 데이터 웨어하우스이다. 분기별 데이터를 모아두면 연차별 데이터를 쉽게 얻을 수 있고 지점별 데이터가 모여 있으면 전국 지점을 통합한 데이터 검색이 쉬워진다.

데이터 분석에서는 두 가지 이상의 데이터를 합쳐서 사용해야 할 때가 많다. 고객의 신상 정보가 담긴 목록이 있고, 각 고객의 구매기록이 있다면 이를 합쳐서 분석하면 연령대별로 구매 통계를 알 수 있다.

전통적으로 데이터 분석을 하려면 필요한 데이터를 추출(extract)하는 단계, 변환(transfer)하는 단계, 컴퓨터에 로딩(load)하는 단계 등으로 나누어 작업을 하였다. 데이터 웨어하우스(DW)에서는 이 작업을 ETL이라고 한다. 필요할 때 필요한 만큼의 데이터를 골라서 준비하는 데에는 DW가 제공하는 **ETL 방식**이 효과적이었다.

데이터를 모두 모아서 중앙집중형으로 동작하는 DW를 사용하면 데이터 버전관리가 편리하며 여러 분서에서 만든 데이터들을 한 번에 종합적으로 분석하기가 편리하다. DW를 구축하면 종합적인 통계 분석은 편리하게 할 수 있으나 시스템 구축 및 유지관리 비용이 증가하는 단점이 있다.

DW의 규모를 축소하여 소형의 데이터 분석 장치로 개발한 것을 데이터 어플라이언스(appliances)라고 한다. DW가 한 기업의 전체 데이터를 다룬다면 어플라이언스는 몇 개의 작업만을 다루는 소규모 DW라고 할 수 있다. 어플라이언스라는 이름이 붙은 이유는 가전제품처럼 필요한 만큼만 구매해서 사용할 수 있도록 만들어진 제품이며, 고가의 DW를 구매하지 않아도 된다는 의미를 가진다.

4.3 대용량 데이터 관리

분석해야 할 데이터의 양이 많아지면 예전의 데이터베이스나 DW 방식만으로는 처리가 곤란해지는 경우가 있다. 데이터를 한 서버에 모아서 분석하는 것이 어려워진다. 높은 사양 서버의 가격도 높아지고 데이터베이스의 용량을 키우는 데에도 한계가 있다. 따라서 다수의 저가 컴퓨터를 묶어서 서버로 사용하는 접근이 필요하게 되었다. 여기서는 하둡과 클라우드 서비스 개념을 소개하겠다.

스트리밍 데이터

실시간으로 만들어지는 데이터, 즉 스트리밍(streaming) 데이터의 발생이 점점 늘어나면서 이를 실시간으로 처리하고 분석하는 요구도 늘고 있다. 신용카드 사용 데이터의 실시간 분석, 스팸 메일의 필터링, 재난 시 위험상황 파악 등을 하려면 실시간 데이터 수집과 분석이 필요하다. 향후 IOT가 확대되면 기계와 기계가 서로 통신하는 것이 늘어나고 분석할 데이터도 급격히 늘어날 것이다. 이러한 데이터를 기존의 데이터베이스나 DW에 저장하고 처리하는 것은 불가능하다.

데이터의 발생 속도가 너무 빠르면 이를 감당하기가 어려워진다. 예를 들어 천문 측정 데이터의 발생량은 통신 속도가 따라가지 못할 정도이다. 이에 대한 대책은 두 가지가 있는데 우선 일부분만 선택해서 분석하는 방법이 있다. 즉 샘플링을 하는 것이다. 샘플 데이터를 보고 전체를 추정해야 하므로 균일하게 데이터가 배정되도록 샘플을 취해야 한다. 또는 데이터를 압축 저장해 두었다가 나중에 분석하는 방법도 있다.

대량으로 발생하는 비정형 데이터를 분석하기 좋게 모두 정형 데이터 형태로 바꾸는 작업도 불필요하게 많은 시간과 노력이 들 수가 있다. 지금까지는 가능하면 대용량 데이터를 원시 데이터 형태로 그대로 저장했다가 나중에 분석하는 방법을 택하고 있지만 점차 스트리밍 데이터를 실시간으로 직접하는 방향으로 발전할 것이다.

병렬 처리

대용량 데이터를 저장하고 분석하기 위한 방법으로 Massive Parallel Processing(MPP) 데이터베이스 시스템이 있다. MPP의 기본 개념은 데이터를 한 곳에 모아 두는 것이 아니라 여러 대의 서버에 나누어 저장하는 것이다. 즉, 고성능의 고가의 대규모 서버 하나에 의존하지 않고 저가의 다수의 서버에 데이터를 분산해 두는 것이다. 이렇게 데이터를 여러 컴퓨터에 분산 저장하고 작업을 병행하여 처리하려는 것이다.

그러나 다수의 서버를 분산 구조로 사용하면 RDB의 기본 속성인 데이터의 일관성 보장이 점차 어렵게 된다. 분산 환경에서는 여러 서버에 나누어 있는 테이블들을 갱신하는데 시간 차이가 나므로 데이터 일관성을 유지하는 것이 어렵다. 또한 블로그나 메신저처럼 수시로 올라오는 글을 일관성 있게 유지하는 것도 매우 어렵다. 즉, 고속 네트워크로 분산되어 있는 데이터들을 RDB로 다루기가 점차 어려워지고 있다. 특히 자주 이용되는 중요한 데이터베이스에서 병목현상이 생길 수 있다.

병렬 처리를 위해서 데이터와 작업을 나눌 때는 가능한 하나의 서버에서 작업이 이루어지도록, 즉 데이터가 프로세서 간에 이동하지 않아도 되도록 데이터를 배치해야 한다.

데이터 준비과정에는 여러 소스로부터 오는 데이터들을 합치거나 데이터의 형식을 변형하는 등 단순한 작업이 많다. 각각의 독자적인 데이터 준비과정을 각 데이터를 담당하는 분산 서버에서 처리하는 것이 편리한 경우가 많다. 예를 들어 센서 데이터나 웹로그 기록을 분석한다면 데이터를 수집하는 각 서버에서 이러한 처리를 먼저 각각 수행하는 것이, 한 곳에 데이터를 모두 모은 다음에 처리하는 것보다 더 편리하다.

데이터베이스 내 처리

분석을 하기 위해서 데이터를 분석 전용 컴퓨터로 불러오는 것이 아니라, 데이터가 있는 컴퓨터에서 바로 분석 프로그램을 돌릴 수 있다. 이러한 개념을 **데이터베이스 내 분석**(in-database analytics)이라고 한다. 데이터베이스 내 분석을 함으로써 대량의 데이터를 이동하지 않아도 되므로 통신비용과 처리시간을 줄일 수 있다. 즉, 데이터를 분석 서버로 가지고 와서 분석하는 것보다 데이터 분석에 필요한 프로그램 코드를 데이터가 있는 곳으로 보내는 것이다.

예를 들어 훌륭한 농구선수가 되기 위해서는 키 얼마 이상, 몸무게 얼마 이하 등의 기준 모델을 만들 수 있는데, 전국의 농구선수 후보를 선발하기 위해서 전체 학생 데이터를 한 곳에 모을 필요 없이 각 분산 서버에서 지역별로 후보를 찾는 것이다.

데이터베이스 내 처리가 더 발전하여 데이터가 들어있는 메모리 내에서 직접 분석을 할 수 있도록 한 것을 **인-메모리**(in-memory) **분석**이라고 한다.

NoSQL

빅데이터 시대와 함께 많은 관심을 끄는 것이 **NoSQL**(Not-Only SQL) 형식의 데이터베이스이다. 이름을 NoSQL로 지은 이유는 기존의 데이터베이스가 SQL을 통하여 읽기, 쓰기, 고치기, 지우기 등의 작업을 한 것에 비유하여 빅데이터 시대에 발생하는 다양한 형식의 데이터는 SQL만을 사용하지 않고도 데이터에 접근할 수 있어야 한다는 것을 강조하기 위해서이다.

저장하고 분석해야 할 데이터 용량이 늘어나면서 기존의 파일 시스템이나 데이터베이스의 한계가 나타나고, 고가의 SW가 필요하게 되어 빅데이터를 처리하기 위한 다른 방법을 찾게 되었다. 먼저 처리할 데이터의 용량이 아무리 늘어나도 확장성이 유지되어야 하고, 가격이 너무 비싸지 않아야 한다. 다행인 것은 빅데이터 분석에서는 주로 데이터 "읽기" 작업만 이루어지는 경우가 많다는 것이다. 파일과 DB에서는 데이터를 읽을 뿐 아니라 오류 없이 쓰는 것, 그리고 데이터를 부분 삭제하는 것이 항상 완벽하게 보장되어야 했다. 그러나 많은 빅데이터 분석에서는 쓰거나 지우는 작업은 꼭 필요한 것이 아니며, 데이터를 잘 읽기만 해도 되는 경우가 많으므로 이렇게 완화된 조건에서 대용량 데이터를 다루는 기술이 필요하게 되었고 NoSQL 데이터베이스가 등장하게 되었다.

데이터를 주로 읽기만 한다면, 기능이 완벽했어야 하는 기존의 데이터베이스를 사용하지 않아도 될 것이다. 데이터 처리의 완벽성보다는 점점 커지는 데이터 용량 문제를 해결하는 것이 더 중요해졌고 이를 위해서 NoSQL 데이터 구조가 관심을 끌게 된 것이다.

NoSQL 데이터 구조는 전통적인 데이터베이스와는 다르게 설계되며 여러 가지 서식을 담을 수 있는 다양한 제품이 소개되고 있다. 예를 들면, 블로그와 같은 텍스트 문서를 다루기에 편리한 구조, 또는 key-value 형식으로 구성된 데이터를 다루기에 편리한 구조, 또는 오디오나 비디오 데이터를 관리하기에 편리한 제품 등이 소개되고 있다.

key-value 형식

key-value 형식의 데이터 구조는 아마존에서 개발한 Dynamo로 인해 널리 알려졌다. 아마존에서는 베스트셀러 목록, 쇼핑카트 목록, 고객의 선호상품 목록, 상품 카탈로그, 판매 순위 등의 정보를 다루는데 기존의 RDB는 한계가 있었다. 이를 해결하기 위해 개발한 것이 Dynamo이다.

key-value 형식이란 다음과 같이 키(key)와 값(value)의 조합으로 구성된 형태이다.

```
고객 데이터
{1546, "홍길동"}
{1678, "정민수"}
{1246, "김철수"}
{1828, "박영희"}
{1346, "최은희"}
{1278, "이순자"}

구매 데이터
{15465633, (1546, "전쟁과 평화, 제인 에어, 노인과 바다")}
{15465634, (1678, "전쟁과 평화, 제인 에어, 노인과 바다")}
{15465635, (1246, "해를품은달, 빅데이터, 또 하나의 약속")}
{15465636, (1828, "전쟁과 평화, 해를품은달, 구운몽")}
```

value 값으로 올 수 있는 것은 위의 예에서 보인 것처럼 키워드만 올 수 있는 것이 아니라 xml 문서나 바이너리 파일 등 임의의 파일이 올 수 있다. key-value 형식의 데이터 구조는 한 가지 종류의 key 값을 사용하는 구조에서 매우 편리하게 사용할 수 있다. 예를 들어 고객 id를 key로 사용할 수 있으며 도서 ISBN 번호 같은 것을 사용할 수 있다.

key-value 형식은 확장성 측면에서도 매우 편리하다. 유일한 key 값으로 value를 찾아내는 구조이므로 분산된 여러 서버에 데이터를 분산 배치하는 것이 단순하게 이루어진다. key만 중복되지 않게 관리하면 된다. 예를 들어 알파벳 a, b, c, d로 각각 시작하는 각 key에 해당하는 데이터들을 각각 다른 서버들이 담당하여 관리하게 할 수 있다.

key-value 형식의 단점은 value의 내용을 대상으로 검색하는 것이 불편하다는 것이다. key로부터 데이터를 찾을 때는 단순하고 빠르지만 value로부터 검색하려면 속도가 느려진다.

key-value 형식의 데이터 구조는 아마존의 Dynamo 외에 공개 소프트웨어인 아파치의 카산드라(casandra)가 있다. 카산드라는 페이스북에서 사용한다. 또 다른 공개 소프트웨어로 Redis가 있는데 Redis는 인-메모리(in-memory) 구조에서 키-값 데이터를 다루는데 널리 사용된다.

웹 서비스에서 데이터를 주고받을 때 널리 사용되는 JSON 형식도 key-value 타입이라고 하겠다.

문서 타입

대표적인 비정형 데이터는 바로 텍스트로 된 문서(document) 타입이다. 문서 타입 데이터를 처리할 수 있는 NoSQL로는 MongoDB, Couchbase, Google Cloud Datastore 등이 있다.

4.4 맵리듀스

맵리듀스는 기존의 데이터베이스에서 처리하기 어려운 대용량 데이터를 다루기 위해 고안된 방법으로서 기본적으로 대규모 데이터를 여러 대의 컴퓨터에서 병렬(parallel)로 처리하는 기술이다. 맵리듀스는 구글에서 2000년대 초에 도입하였다.

개요

맵리듀스 동작은 크게 나누어 **맵**(map)과 **리듀스**(reduce) 두 단계의 작업으로 이루어진다. 맵 작업은 하나의 큰 데이터 세트를 작은 규모의 데이터로 나눈 후 이를 다수의 작업 노드(worker nodes)에게 배정하고 미리 정해진 작업을 실행시키는 동작을 말한다. 리듀스는 이렇게 배정된 작업 결과를 취합하는 동작을 말한다. 개념적으로 맵리듀스는 앞에서 소개한 MPP와 유사하다고 할 수 있으나, MPP에서는 비교적 고가의 서버들을 활용했다면 맵리듀스에서는 PC 수준의 저가의 작업 노드들을 사용한다는 것이 다르다. 또한 MPP에서는 각 분산 서버가 서로 다른 작업을 할 수 있으나 맵리듀스에서는 각 작업 노드에게 동일한 작업을 나누어 준다. 예를 들어 맵리듀스는 센서에서 들어오는 데이터를 일정한 크기로 나누어 여러 작업 노드로 보내고 미리 정한 작업, 즉 센서값이 어떤 기준치를 초과하는 현상을 파악하는 등의 작업을 처리하는데 편리하게 사용될 수 있다.

하둡

하둡(hadoop)은 맵리듀스 개념을 구현한 **공개 소프트웨어**이다. 즉, 맵리듀스는 방식을 말하고 하둡은 이를 구현한 구체적인 소프트웨어 패키지를 지칭한다. 맵리듀스 방식을 구현한 소프트웨어는 하둡 외에도 여러 가지가 있지만 하둡이 가장 널리 사용되고 있다. 하둡은 야후, 아마존, 페이스북 등 대용량 데이터를 처리하는 기업에서 널리 채택하고 있다.

빅데이터 분석이 늘면서 하둡은 공개 운영체제인 리눅스처럼 매우 인기 있는 소프트웨어가 되었다. 대용량 데이터베이스 소프트웨어의 가격이 고가인 것에 비해 하둡은 무료이며 하둡을 사용함으로써 블로그, 트위터 등 비정형 빅데이터를 분석하기가 쉬워졌다. 하둡은 데이터가 나누어 저장된 작업 노드에 프로그램 코드를 보내어 동일한 작업을 쉽게 구현할 수 있다. 예를 들어, 블로그에 어떤 단어가 많이 등장하는지를 분석하려고 한다고 하자. 분석해야 할 블로그들을 모았더니 전체 데이터량이 100G바이트였다고 하면 이를 100개의 작업 노드에게 각각 1G바이트씩 나누어 배정할 수 있다. 각 작업 노드는 주어진 일정한 작업, 예를 들면 "각 블로그에서 세 번 이상 등장한 단어를 찾는 것" 등의 작업을 수행하고(이를 맵 작업이라고 한다) 각 작업의 결과를 수집하면 된다(이를 리듀스 작업이라고 한다). 여기서 결과를 수집할 때 수집을 담당하는 노드를 14개 사용하고 각각, 'ㄱ', 'ㄴ', 'ㄷ', ..., 'ㅎ'로 시작하는 단어들을 수집하도록 할 수도 있을 것이다.

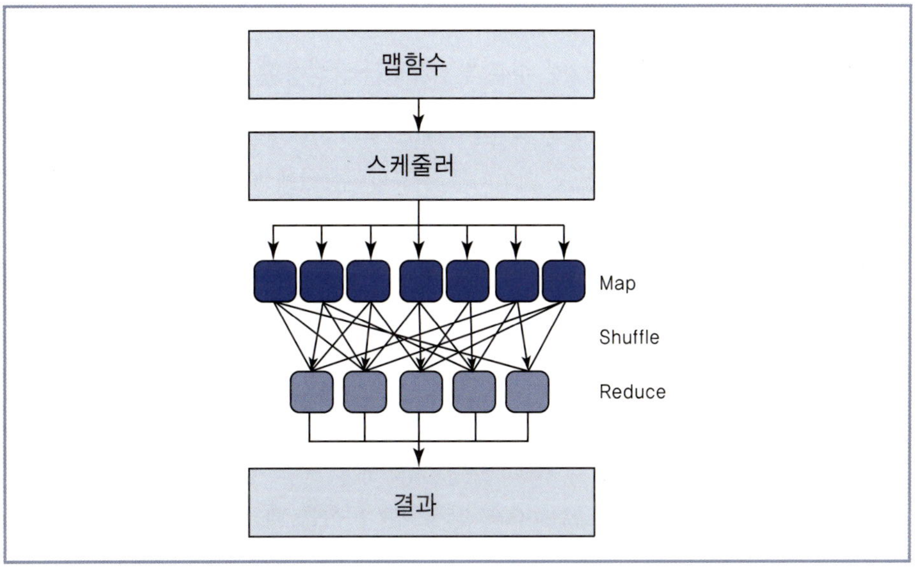

그림 4.1 맵리듀스 처리 프로세스

블로그 자체는 비정형 데이터이고 형식이 자유로워서 직접 데이터 분석이 쉽지 않지만, 주요 단어의 등장 횟수 정보는 숫자로 된 정형 데이터이며 이를 분석하는 것은 통계 분석이나 기계학습 알고리즘을 적용하기가 쉽다. 각 블로그에 세 번 이상 등장한 단어 정보를 다음 단계의 데이터 분석에 사용할 수 있다.

하둡은 웹 로그 데이터에서 특정 패턴을 찾아내거나, 거래 데이터에서 특정한 제품군을 구매한 거래한 기록을 찾아내거나, CCTV 동영상을 조사하여 특이한 움직임을 찾아내는 등의 단순하지만 방대한 데이터 처리 작업을 할 때 적합하다. 이러한 종류의 원시 데이터에서는 필요한 부분을 먼저 찾아내는 것 자체가 큰 일이며, 이때 하둡이 유용하게 사용된다. 이러한 측면에서 보면 하둡은 일종의 데이터 전처리 과정을 수행한다고 볼 수 있다.

하둡에서 작업 노드는 각각 독립적으로 작업을 수행하며 작업 노드 간에 어떤 정보를 직접 주고받거나 상호작용을 하는 것은 어렵다. 분산된 작업 노드들이 서로 상호작용을 해야 한다면 하둡이 아닌 다른 방식을 찾아야 한다.

하둡의 특징

하둡의 가장 큰 장점은 **저렴한 PC 수준**의 컴퓨터들을 사용할 수 있다는 것이다. 운영체제도 무료인 리눅스를 사용하면 된다. 하둡의 실용화로 고가의 데이터베이스 관리 소프트웨어를 사지 않아도 대용량 데이터를 처리할 수 있게 되었다. 하둡은 확장성이 좋아서 처리할 데이터량이 많아지면 프로그램 변경 없이 하드웨어를 추가로 설치하면 쉽게 용량을 확장할 수 있다. 또한, 하둡은 처리할 수 있는 데이터 형식에 구애받지 않는다는 장점이 있다. 텍스트, 오디오, 동영상, 숫자의 나열 등 임의의 데이터를 다룰 수 있다.

그러나 하둡은 RDB 등을 다루는 일반 데이터베이스가 아니므로 안정적인 동작을 지원하지 않는다. 일반 데이터베이스는 100% 안정적인 동작을 제공하기 위해서 고가의 데이터베이스 관리 시스템(DBMS)을 필요로 했다. 하둡은 이러한 DBMS와 같은 고급 기능을 제공하지 않는다.

하둡은 저렴한 컴퓨터를 사용하므로 동작에 대해 안전성 대책이 필요하다. 예를 들어 어떤 컴퓨터가 오동작을 하면 전체 분석에서 오류가 날 수 있기 때문이다. 이러한 안정성 문제, 즉 데이터 분실이나 컴퓨터 고장에 대비하여 한 데이터 블록을 하나의 컴퓨터에만 보내어 처리하지 않고 보통 세 곳에 복사본을 보낸다. 동시에 세 곳에서 오류가 날 확률은 매우 낮다. 그러나 전체적으로는 기준치보다 세 배의 메모리를 필요로 한다.

하둡을 이용 프로그램 입장에서 보면 하둡은 하나의 대형 파일시스템처럼 보인다. 즉 프로그래머는 전체 데이터가 어떻게 나누어지고, 나누어진 데이터 블록이 각각 어느 컴퓨터에 저장되는지는 알 필요가 없고 마치 전체가 하나의 대형 파일인 것처럼 이용할 수 있다. 이렇게 하둡이 제공하는 파일 관리 시스템을 **HDFS**(Hadoop File System)이라고 한다.

하둡은 기본적으로 **배치**(batch)형으로 동작한다. 즉, 비실시간으로 작업이 이루어지며 작업 결과를 나중에 취합하는 방식으로 동작한다. 따라서 실시간 데이터 분석을 해야 하는 경우는 하둡이 적절하지 않다. 또는 시스템을 최대한 빠르게 동작하도록 구축해야 한다. 즉, 배치 작업이라도 처리시간이 충분히 짧게 하여 반응시간을 최소화하는 것이 필요하다.

예를 들어, 센서 데이터를 분석하여 이상 동작을 파악해야 하는 경우 2시간 이내에 찾으면 되는 경우도 있고, 1분 이내에 찾아야 하는 경우도 있다. 각각 구축할 시스템의 요구가 다를 것이다. 만일 이상한 동작을 10초 이내에 찾아야 한다면 하둡을 사용할 것이 아니라 전용 하드웨어나 소프트웨어를 구축해야 할 것이다. 예를 들어 실내 수영장에서 익사사고를 예방하기 위해서 수중 카메라를 설치하고 사람의 동작을 감시하여 몇 초간 움직임이 없는 사람을 찾아내야 한다면 이런 시스템은 10초 이내에 반응을 해야 하고 고속으로 처리하는 전용 장치가 있어야 한다. 만일 동영상 분석이 수영을 잘하는 사람의 발동작을 찾아내는 것이 목적이었다면, 이러한 동영상 분석은 상당히 많은 시간이 필요할 것이며 동영상 원시 데이터를 하둡을 사용하여 배치 작업으로 처리해야 할 것이다. 이러한 발동작 분석에는 2~3주일이 걸려도 상관없을 것이다.

하둡의 한계

하둡은 분산 데이터 구조이므로 전체 데이터를 대상으로 상관관계를 구할 수 없다. 전체 데이터가 여러 블록으로 나누어져 있기 때문에 전체 데이터의 관계를 한 번에 파악하는 것이 어렵다. 이러한 문제는 사실 빅데이터를 다루려면 피할 수 없는 근본적이 문제이다. 대량 데이터의 상관관계를 구하는 것은 시간이 천문학적으로 오래 걸리기 때문이다. 이러한 문제를 해결하려면 전체 데이터 중 일부 데이터를 추출하여 분석하는 방법을 택해야 한다.

하둡의 등장으로 빅데이터 분석이 현실적으로 가능하게 되었다. 그러나 주의할 것은 빅데이터 분석에서 반드시 하둡을 사용해야 하는 것은 아니다. 하둡을 꼭 써야 할 만큼 대용량 데이터가 있는지부터 판단해야 한다. 대부분의 응용에서는 하둡을 도입하지 않아도 기존의 파일이나, DB 또는 NoSQL 데이터 구조를 이용한 데이터 분석이 가능하다. 승용차나 밴으로 갈 수 있는 여행을 대형 트럭을 타고 갈 필요는 없는 것과 같다.

관련 패키지

하둡의 가장 큰 장점은 대용량 데이터를 저가의 PC 수준의 컴퓨터들에게 나누어 분산 처리하므로 운영비용이 저렴하다는 것이다. 그러나 하둡은 기본적으로 파일시스템만 제공하므로 이를 이용한 응용 프로그램을 작성하기가 불편하다. 하둡 파일 시스템을 이용해서 데이터 분석 등 응용 프로그램을 쉽게 작성할 수 있도록 도와주는 패키지들이 다수 소개되고 있다.

기존의 SQL 문에 익숙한 사람을 위해 하둡을 SQL 문으로 직접 접근할 수 있게 해주는 패키지가 **하이브**(Hive)이다. 하이브를 사용하면 하둡을 마치 데이터 웨어하우스처럼 보이게 해주어 데이터의 검색을 쉽게 할 수 있다. 일반적으로 소프트웨어 개발자들은 기존의 DB 사용방법인 SQL에 익숙하므로 하둡 HDFS을 마치 DB처럼 보이게 함으로써 하둡을 쉽게 이용할 수 있게 한 것이다.

하둡에서 R 프로그램을 실행할 수 있는 인터페이스를 제공하는 패키지로 **RHIPE**(R and Hadoop Integrated Programming Environment)이 있다. 원래 R은 하나의 컴퓨터 내에 있는 소규모 데이터를 대상으로 하는 통계분석 도구였으나 RHIPE 패키지를 사용하면 하둡 파일 시스템에 들어 있는 데이터를 대상으로 R 프로그램을 실행할 수 있게 해준다.

pig 패키지를 이용하면 하둡을 이용하는 응용 프로그램을 쉽게 작성할 수 있게 해주고 **Scoop**은 기존 DB의 내용을 하둡으로 읽어 들이는 기능을 제공한다. **flume**는 웹 로그 데이터 등 실시간으로 발생하는 스트림형 데이터를 하둡에서 읽는 것을 지원하며 **mahout**은 하둡에 들어 있는 데이터를 대상으로 분류, 예측, 추천 등 기계학습 알고리즘을 바로 실행할 수 있게 해준다.

4.5 클라우드 서비스

클라우드 서비스란 컴퓨팅 파워, 메모리, 응용 소프트웨어를 빌려서 사용할 수 있는 환경을 말한다. 클라우드는 IT 인프라를 임대하는 서비스라고 볼 수 있다. 클라우드 서비스를 사용하면 IT 인프라 초기 구축비용도 줄일 수 있고 운영비용도 절감할 수 있다. 또한 필요한 만큼 임대하므로 용량 증설이나 감축이 자유롭게 이루어진다. 데이터 분석을 위해서 클라우드 서비스를 이용할 수 있는데, 여기서는 클라우드 서비스의 특징을 살펴보겠다.

공공 클라우드

클라우스 임대 사업자가 구축한 IT 자원을 누구나 빌려서 사용하는 서비스를 공공 클라우드(public cloud)라고 한다. 즉, 클라우드 서비스에 사용되는 하드웨어를 공유하는 셈이다. 서비스 이용자는 데이터를 클라우드 서버에 업로드해야 한다. 공공 클라우드 시스템은 외부 클라우드 센터에 데이터가 물리적으로 보관되므로 임의의 외부 이용자들이 서로 데이터를 공유하기가 편리하다. 패스워드만 알면 클라우드에 접속이 가능하기 때문이다. 공공 클라우드는 데이터를 여러 기관이 공유하거나 일반인에게 공개할 때 편리하다.

공공 클라우드에서는 여러 사람이 하드웨어와 네트워크를 공유하므로 일정한 성능을 보장할 수 없다. 만일 여러 사용자가 동시에 클라우드 센터에 접속하면 속도가 느려질 것이다.

MPP 개념을 클라우드에서 구현할 수 있는데 여러 작업을 수행하는 가상의 서버들을 클라우드 상에 구축하고 각각의 역할을 배정하면 된다. 그러나 클라우드에서 MMP를 수행하면 각 서버의 동작 성능이 실제로 어떻게 나타날지가 보장되지 않으므로 전체 동작을 예측하기 어려울 수 있다.

한편 클라우드 서비스는 사용량에 따라 비용을 지불하게 되므로, 대량의 데이터를 실수로 잘못 업로드하거나, 불필요한 계산을 수행하면 요금이 많이 나올 수 있다.

공공 클라우드의 가장 민감한 이슈는 **데이터의 보안** 문제이다. 공공 클라우드 서버에 저장된 데이터가 정말 안전하게 관리되고 있는지에 대한 불안감이다. 실제로 클라우드 서비스 업체는 안전하게 데이터를 관리하더라도 이용자는 감정적으로 이를 믿지 않기가 쉽다. 실제로 데이터가 어디에 저장되어 있는지 모른다는 것은 이용자에게 불안감을 준다.

공공 클라우드는 민감하지 않은 데이터를 분석할 때 사용하기에 적합하다. 예를 들면 새로운 방식을 연구하는 과정 또는 소프트웨어를 개발하는 과정에서 사용하기에 적합하다. 민감한 데이터는 공공 클라우드에서 사용하지 않는 것이 안전하며 만일 중요한 데이터를 공공 클라우드에 저장할 수밖에 없는 상황이라면 데이터 보안에 대한 별도의 대책, 예를 들면 데이터의 원천적인 암호화 등을 구현해두어야 한다.

사설 클라우드

공공 클라우드 서비스와 동일한 서비스를 받으면서 하드웨어를 이용자 자신의 사이트에 물리적으로 별도로 구축하는 방법이 있는데 이를 사설 클라우드(private cloud) 서비스라고 한다. 즉, 편리한 클라우드 서비스 방식을 그대로 이용하되, 컴퓨터와 데이터의 클라우드 서비스 제공을 기업이 보유하는 것이 아니라 이용자 사이트에 두는 방법을 말한다. 보통 사설 클라우드는 이용자 사이트의 방화벽(firewall) 내부에 구축하므로 데이터의 물리적인 안정성을 보장한다. 클라우드 제공 전문업체에서는 이용자들이 쉽게 클라우드 기능을 이용할 수 있게 환경을 구축하고 운영해주는 서비스를 제공한다.

사설 클라우드를 운영하려면 이용자 측에서 필요한 하드웨어를 미리 구매해야 하므로 초기비용 투자가 많아질 수 있다. 그러나 클라우드를 많이 활용할 계획이라면 장기적으로는 사설 클라우드를 사용하는 것이 공공 클라우드를 이용하는 것보다 비용이 적게 든다.

일반적으로 어떤 자원을 단기간 사용한다면 임대가 유리하고, 장기간 사용하려면 구매하는 것이 유리한 것과 같다.

데이터 관리 방법의 선택

데이터를 관리하는 측에서는 데이터베이스를 사용하거나, 클라우드 서비스를 사용하는 것은 항상 고민되는 부분이다. 어떤 방법을 택하든 항상 장단점이 있기 마련이다. 구축과 운영비용, 운영의 편리성, 안정성, 동작 속도 등의 측면을 모두 고려하여 데이터를 담는 인프라를 선택해야 한다.

주의할 것은 데이터를 담을 인프라 구축에 먼저 투자하지 말아야 한다. 하드웨어 구축에 앞서 데이터를 어떻게 분석할지를 정하는 것이 중요하다. 많은 데이터를 일단 모으면 마술처럼 문제가 잘 풀린다고 생각하면 안 된다. 데이터 분석 기관의 핵심 역량이 하드웨어 구축이 되어서는 안 된다. 좋은 인프라, 소프트웨어, 데이터 구조를 갖추기에 앞서 해결하려고 하는 문제를 잘 정의하는데 먼저 집중해야 한다. 바로 그 문제를 해결하는 데 필요한 것을 준비해야 한다. 처리할 데이터가 많을 것이라고 막연히 생각하고 대용량 데이터를 담을 준비부터 해서는 안 된다. 의외로 적은 데이터 샘플만 분석해도 답이 나올 수 있다.

지금까지 데이터를 수집하고 관리하는 방법으로 파일 시스템, 데이터베이스, 하둡, 클라우드 등을 소개했다. 그러면 실제로 어떤 방법이 가장 좋을 것인가? 분석할 일이 비교적 단순하다면 한 가지 방법만 채택해도 되겠지만 실제로는 여러 방법을 혼용해야 한다. 어떤 데이터는 단순히 파일 형태로, 어떤 데이터는 데이터베이스에, 어떤 데이터는 하둡에 나누어 담을 수도 있다. 각 데이터를 담는 데는 각각 편리한 방법이 있기 때문이다. 즉, 데이터는 필요에 따라 여러 곳에, 여러 가지 형식으로 저장될 수 있으며 이를 한 가지로 통일할 필요는 없다.

한편 데이터를 관리하는 데에는 위에 언급한 기술적인 문제보다 관련 기관 간 또는 관련 부서 간의 데이터 소유권과 공유 정책에 대한 문제 해결이 더 어려울 수 있다. 데이터의 소유권에 따라 어디에 데이터를 저장할지가 정해지기도 한다.

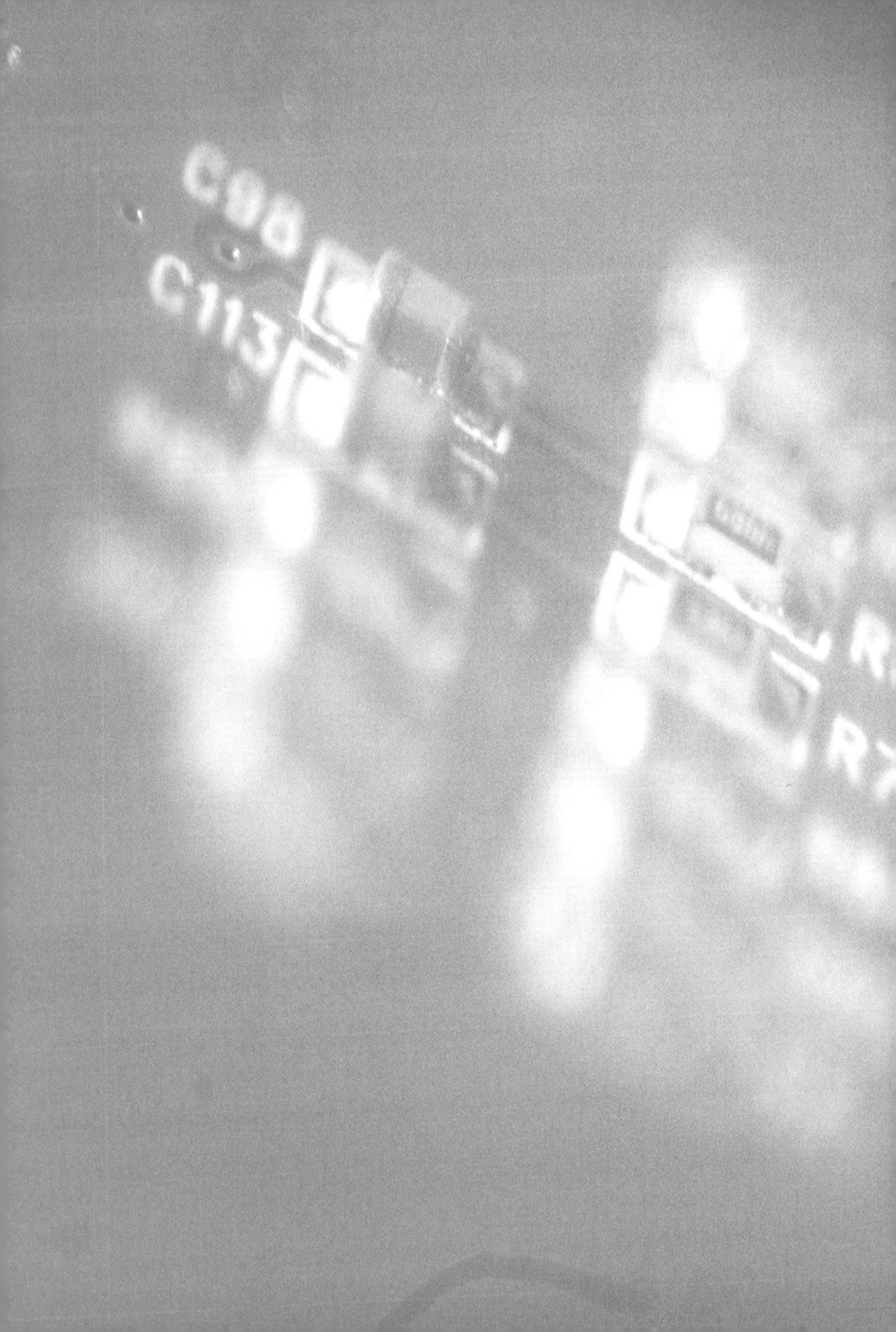
C113

CHAPTER

5

데이터 탐색

CHAPTER 05

데이터 탐색

수집한 데이터가 분석에 사용하기에 적절한지를 알아보는 과정을 데이터 탐색이라고 한다. 데이터 탐색은 본격적인 데이터 분석을 수행하기에 앞서 데이터의 전체적인 특성을 살펴보는 것을 말한다. 탐색도 분석의 중요한 단계이므로 이를 **탐색적 데이터 분석**(exploratory data analysis: EDA)이라고도 한다. 탐색적 데이터 분석 과정에서 문제를 풀어나갈 큰 방향을 잡을 수도 있고 의외로 답을 바로 구할 수도 있으며 차후의 자세한 분석은 이때 얻은 답을 검증하는 절차에 불과할 수도 있다. 이렇게 운이 좋게 바로 답을 구하지 못하더라도 탐색적 데이터 분석은 데이터 사이언스에서 중요한 과정이다. 문제 해결에 어떤 데이터가 더 필요한지 파악하여 전체적인 데이터 분석 시간과 노력을 줄이는데 데이터 탐색이 중요한 역할을 한다. 이는 마치 자동차를 구매하기 전에 시승해보는 것과 같다.

5.1 통계적 특성 파악

데이터 탐색의 첫 단계는 데이터의 기본적인 통계 특성을 살펴보는 것이다. 데이터가 수치형일 때 가장 기본적으로 구하는 통계값은 평균, 분산 등이다. 다음과 같이 100명의 고객 정보가 들어 있는 데이터 custom을 예로 들어보겠다. custom 데이터는 개인 항목별로 고유번호, 직업여부, 수입, 성별, 나이, 거주지 등 6개의 정보를 포함하고 있다.

```
> custom
    id      employed  income   sex  age   habitation
1   8494    TRUE      400000   F    44    Gyeonggi
2   6171    NA        110000   M    26    Seoul
3   476     TRUE      135000   M    46    Busan
4   1914    NA        50000    M    26    Seoul
5   4968    FALSE     98000    F    35    Gwangju
6   4895    TRUE      125000   M    29    Kangwon
7   2107    TRUE      87000    F    41    Daegu
8   4559    NA        25000    M    25    Daejeon
9   781     TRUE      94500    F    45    Chungnam
10  9034    NA        35000    M    25    Chungbuk
 ...
```

str()

데이터 프레임의 구조(structure)를 보려면 **str()** 함수를 사용하면 된다. custom은 데이터 프레임 타입이고 총 100개의 항목이 있으며 6개의 열로 구성되어 있다. 성별과 거주지는 범주형 데이터로 판단하여 자동으로 팩터를 구했는데, 성별은 남/여 두 가지 레벨을 갖고, 거주지는 11가지 레벨이 있는 것을 알 수 있다.

```
> str(custom)
'data.frame':   100 obs. of  6 variables:
 $ id        : num  8494 6171 476 1914 4968 ...
 $ employed  : logi  TRUE NA TRUE NA FALSE TRUE ...
 $ income    : int  400000 110000 135000 50000 98000 125000 87000
   25000 94500 35000 ...
 $ sex       : Factor w/ 2 levels "F","M": 1 2 2 2 1 2 1 2 1 2 ...
 $ age       : num  44 26 46 26 35 29 41 25 45 25 ...
 $ habitation: Factor w/ 11 levels "Busan","Chungbuk",..: 8 11 1 11
   6 10 4 5 3 2 ...
```

summary()

summary()는 데이터에 대한 기본적인 통계값인 최소치, 최대치, 평균, 분산들을 알려준다.

```
> summary(custom)
   id               employed          income             sex
 Min.    : 436    Mode  :logical   Min.    :-14100    F:53
 1st Qu.:2875    FALSE :23        1st Qu.: 30050    M:47
 Median :5596    TRUE  :55        Median : 75550
 Mean    :5353    NA's  :22        Mean    : 97163
 3rd Qu.:7877                      3rd Qu.:125500
 Max.    :9979                      Max.    :570200

      age             habitation
 Min.    :  0.00    Seoul       :26
 1st Qu.: 29.00    Gyeonggi   :17
 Median : 35.00    Busan       :16
 Mean    : 39.14    Chungbuk   : 8
 3rd Qu.: 43.25    Gwangju    : 8
 Max.    :141.00    Gyeongbuk : 6
                     (Other)    :19
```

위에서 Min과 Max는 각각 최소값과 최대값을 나타낸다. income에 대해서 설명하면 수입의 최저값은 -14100이다. 수입이 음수이므로 이것은 오류일 가능성이 높다(이에 대해서는 정확한 해석이 필요하다. 1st Qu.와 3rd Qu.는 각각 1사분위(first quartile) 값과 3사분위(third quartile) 값을 나타낸다. 1사분위란 자료의 전체 값 중에서 앞에서부터 25%에 해당하는 값을 나타내고, 3사분위는 앞에서부터 75% 위치의 값이다. 이 두 값의 차이인 (3rd Qu. −1st Qu.)를 IQR(Interqurtile Range)라고 한다.

Median은 중앙값을 나타내고 Mean은 평균값을 나타낸다. 중앙값은 전체 데이터를 크기순으로 배열했을 때 중간에 있는 값을 말한다. 예를 들어 전체 항목 수가 101개이면 51번째 데이터가 중앙값이다. 전체 항목수가 짝수이면 중앙값은 가운데에 있는 두 개의 평균을 알려준다. 예를 들어 전체 항목 수가 100개이면 50번째와 51번째 데이터의 평균치가 중앙값이다.

summary()는 수치 데이터의 기본적인 특성을 보는데 편리하다. 또한 TRUE와 FALSE로 이루어진 logical 형태의 데이터에 대해서는 TRUE, FALSE 및 NA의 개수를 보여준다. 위에서 논리값인 고용여부 employed에 대해서는 TRUE, FALSE 및 NA가 각각 55,

23, 22이다.

또한 성별(sex) 데이터도 남자(M)와 여자(F)의 수를 알려준다.

custom 데이터 전체가 아니라 특정 변수 하나에 대해서만 summary를 적용할 수도 있는데 다음에 나이에 대한 summary를 구한 결과를 나타내었다.

```
> summary(custom$age)
  Min. 1st Qu.  Median    Mean 3rd Qu.    Max.
  0.00   29.00   35.00   39.14   43.25  141.00
```


table()

앞에서 소개한 summary()는 주로 수치형 데이터의 분포를 알아보는데 사용된다. 두 개의 범주형 데이터 관계를 파악하는 데는 table()을 사용한다. 예를 들어, 200명을 대상으로 조사하여 흡연 여부와 폐암 발생 유무에 대한 데이터가 파일 smoke.csv에 들어 있다고 하자. 표 5.1은 smoke 데이터의 일부를 나타내었다.

표 5.1 200명의 흡연과 폐암 발생에 관한 데이터 smoke

	Cancer	Smoke
1	0	1
2	0	0
3	0	1
4	0	1
5	1	1
6	1	1
7	0	0
8	1	1
9	0	1
10	0	0
	...	

smoke 데이터에 대해 table()을 실행하면 다음과 같이 2x2 크기의 테이블을 만든다. 이 테이블에는 네 가지 경우의 수를 보여주는데, 예를 들어 폐암에 걸린 사람 중 (Cancer=1) 담배를 피우는 사람은 67명(Smoke=1)이고, 담배를 피우지 않는 사람은 33명(Smoke=0)인 것을 나타낸다.

```
> table(smoke)
      Smoke
Cancer  0  1
     0  75 25
     1  33 67
```

table() 함수는 위와 같이 단순히 네 가지 경우의 수만 세어 표를 만들어 준다. 이 표를 통계적으로 분석한 결과를 보려면 **CrossTable()**을 이용하면 된다. 예를 들어 흡연과 폐암 발생의 관계를 측정한 결과가 의미 있는 수치인지 아니면 별 관계가 없는지를 알려면 **Chi-square 검증**을 해보면 된다. 이를 위해서 CrossTable()에서 prop.chisq=TRUE 옵션을 정하면 된다.

```
> t<-table(smoke)
> CrossTable(t,expected=FALSE,prop.r=TRUE, prop.c=FALSE,pr
+ op.t=FALSE, chisq=TRUE)
   Cell Contents
|-------------------------|
|                       N |
| Chi-square contribution |
|           N / Row Total |
|-------------------------|

Total Observations in Table:  200
             | Smoke
      Cancer |         0 |         1 | Row Total |
-------------|-----------|-----------|-----------|
           0 |        75 |        25 |       100 |
             |     8.167 |     9.587 |           |
             |     0.750 |     0.250 |     0.500 |
-------------|-----------|-----------|-----------|
```

```
            1 |         33 |         67 |        100 |
              |      8.167 |      9.587 |            |
              |      0.330 |      0.670 |      0.500 |
-------------|-----------|-----------|-----------|
Column Total |        108 |         92 |        200 |
-------------|-----------|-----------|-----------|

Statistics for All Table Factors
Pearson's Chi-squared test
------------------------------------------------------------
Chi^2 =  35.50725     d.f. =  1     p =  0.00000000254

Pearson's Chi-squared test with Yates' continuity correction
------------------------------------------------------------
Chi^2 =  33.83655     d.f. =  1     p =  0.00000000599
```

위에서 Chi-square(Chi·2) 값을 보면 35.5나 33.8이고 p-value의 값이 흡연과 폐암의 관계는 독립적이 아니라 상관관계가 크다는 것을 알 수 있다. 우리는 흡연과 폐암의 관계는 독립적일 것이라는 가설을 세우고 시작한다. d.f는 자유도라고 하는데 자유도1의 카이제곱 분포곡선이 존재한다. 분포 곡선에 따른 분포표도 구할 수 있다.

카이제곱 분포 곡선에서 $p=0.05$의 값은 3.84가 된다. 우리가 구한 chi·2의 값이 35.5이므로 $p < 0.05$ 작은 곳에서 유의한 차이가 있다고 말할 수 있다. 사실 우리가 구한 값은 $p < 0.01$에서의 임계값보다 크기 때문에 흡연과 폐암의 관계는 독립적이지 않다. 즉 연관성이 크다고 판정한다.

5.2 그래프를 통한 데이터 탐색

데이터의 속성을 한눈에 파악하려면 데이터의 특성을 그래프로 나타내는 것이 효과적이다. 데이터를 그래프 기법으로 이해하기 쉽게 나타내는 것을 시각화하고 한다. 여기서는 기본적인 시각화 기법을 이용한 데이터 탐색을 소개하겠다.

밀도 그래프

그림 5.1에 5.1절에서 소개한 custom 데이터 중에 나이 정보인 age의 밀도(density) 그래프를 그리는 코드와 결과를 나타내었다. 먼저 그래프 기능을 제공하는 **ggplot2 패키지**를 로드하고 **ggplot()**을 사용하여 그래프를 그린다.

```
> library("ggplot2")
> ggplot(custom, aes(x=age)) + geom_density()
```

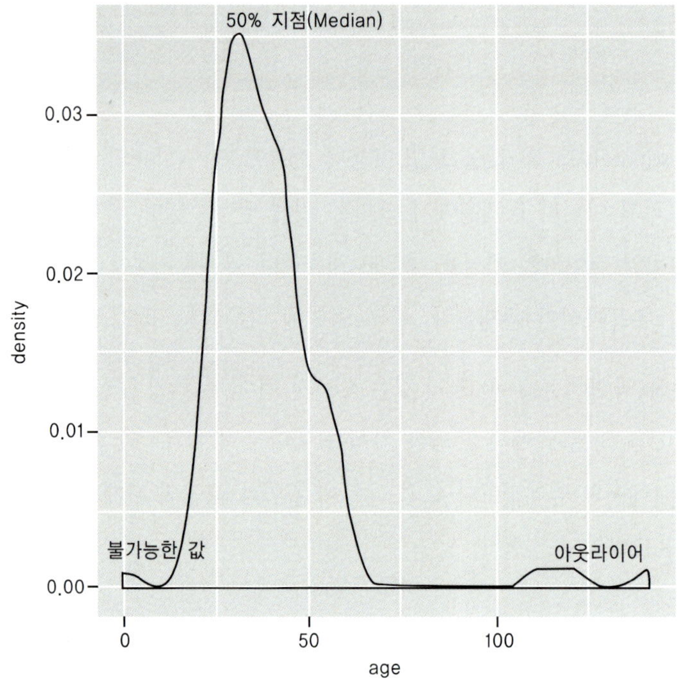

그림 5.1 custom 데이터의 나이 age 밀도 그래프

ggplot() 함수의 첫 번째 인자에는 데이터 프레임을 지정하고, 두 번째 인자인 aes는 aesthenic의 약자로 그래프의 x축이나 y축의 명칭 등을 지정하는데 사용한다. 여기서는 x축 값만 지정했다. ggplot() 레이어라는 개념을 제공하는데 이는 그래프를 여러 개의 레이어(계층)로 합성할 수 있게 하며, 계층은 '+' 기호를 사용하여 그리고 싶은 그래프

들을 추가로 덧그릴 수 있다. 위에서는 **geom_density()**를 추가로 호출함으로써 밀도 그래프를 그리도록 했다. 그래프를 보면 100세 이상의 분포가 보이는데 이는 비정상적인 값으로 예상할 수 있다.

이번에는 custom 데이터 중 수입을 나타내는 income의 밀도 그래프를 그려보겠다. 다음 코드를 보면 scale_x_continuous라는 인자를 추가했는데 이 인자를 사용하면 x축의 모양을 바꿀 수 있다. 여기서는 comma 인자를 지정하여 income의 단위에 ','가 찍혀있는 것을 확인할 수 있다. comma 인자를 사용하기 위해서 **패키지 scales**를 로드했다.


```
> library(scales)
> ggplot(custom) + geom_density(aes(x=income)) +
  scale_x_continuous(labels=comma)
```

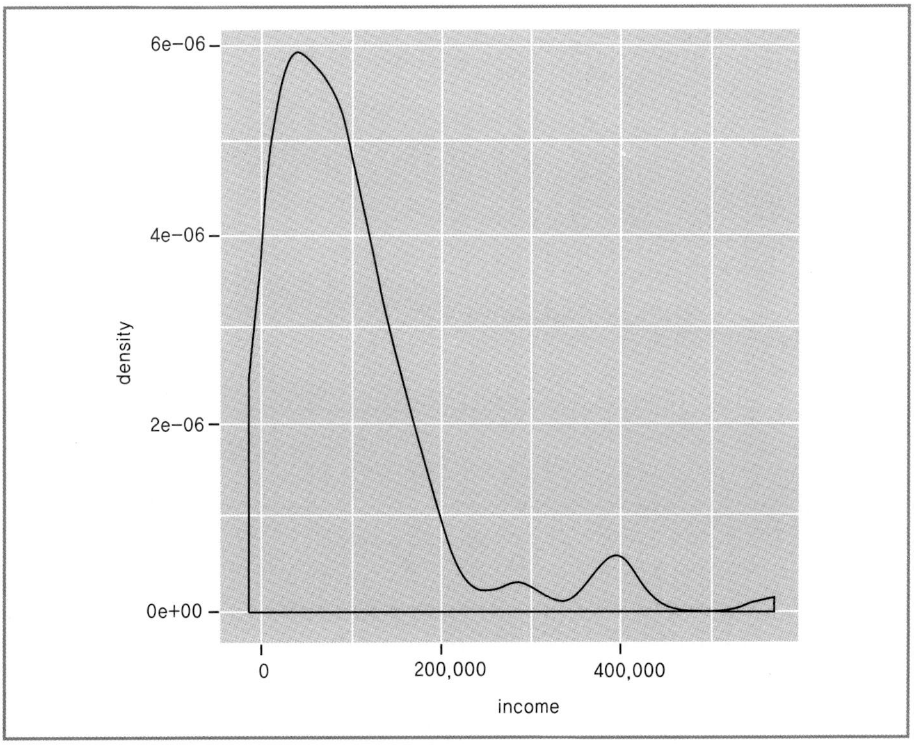

그림 5.2 custom 데이터의 income 밀도 그래프

금전적인 값과 같이 값의 범위가 크게 변하는 경우에는 **로그 스케일**로 그래프를 그리는 경우가 많다. 예를 들어, 어떤 수치가 10, 100, 100, 1000과 같이 배수로 증가하는 경우 이를 1, 2, 3, 4와 같이 선형적으로 증가하는 양으로 그리는 것이 직관적으로 이해하기 쉬운 경우가 있으며, 이때 로그 스케일을 사용한다. 다음은 위의 수입 값의 그래프에서 x축을 로그 스케일로 그리는 예이다.

```
> ggplot(custom) + geom_density(aes(x=income)) +
scale_x_log10(breaks=c(100,1000,100000), labels=comma)
```

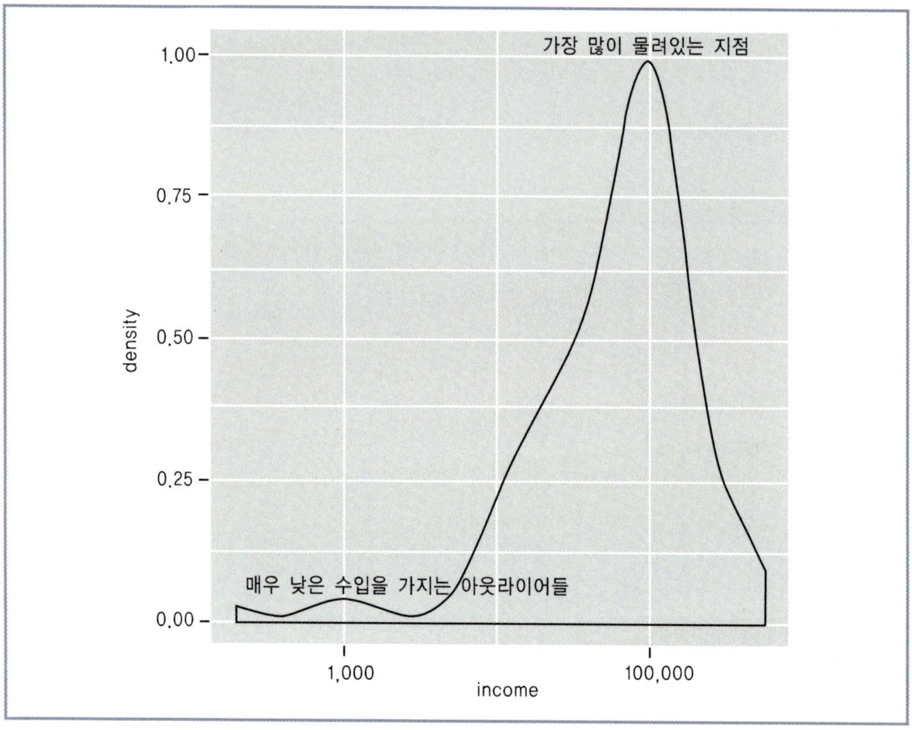

그림 5.3 수입액 income에 대해 로그 스케일을 취한 그래프

히스토그램

히스토그램(histogram)은 어떤 사건(event)이 발생하는 분포를 보여준다. 앞에서 소개한 밀도 그래프는 어떤 사건이 발생할 확률을 그린 것이라면 히스토그램은 어떤 사건

이 발생한 실제 횟수를 그리는 것이다. 밀도 그래프나 히스토그램이나 모두 어떤 사건 발생 데이터의 전체적인 분포를 파악하는데 사용되나 히스토그램은 데이터의 구간 값을 정해준다는 점이 다르다.

custom의 age에 대해서 히스토그램 그래프를 그리는 코드를 다음에 소개했다. **geom_histogram()**에서 binwidth 인자 값으로 3을 설정했는데 이는 나이를 세 살 단위로 나누어 히스토그램을 그린다.


```
> ggplot(custom) + geom_histogram(aes(x=age), binwidth=3)
```

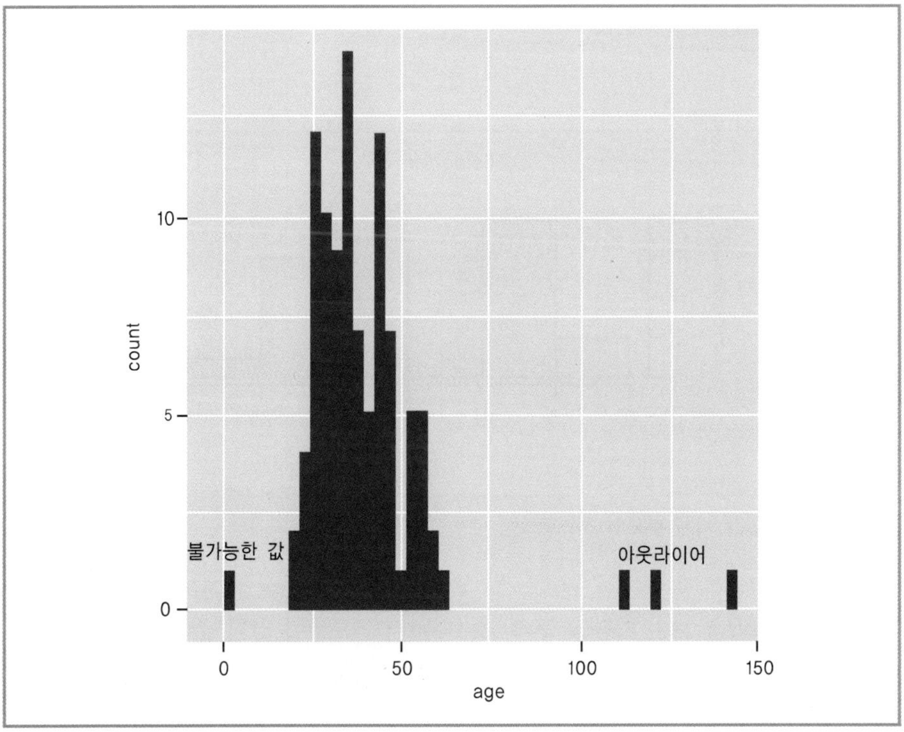

그림 5.4 custom 데이터의 나이 age의 히스토그램

히스토그램은 어떤 값의 빈도수를 그린다고도 한다. 즉, 어떤 값이 얼마나 자주 등장하는지를 나타내며 보통 구간을 정해서 그린다. 히스토그램에서 구간의 크기, 즉 binwidth 값을 적절하게 정하는 것이 중요한데, 구간을 너무 크게 잡으면(예; 10살) 히스

토그램의 분포가 너무 뭉뚱그려져서 특성 파악이 어렵고, 구간을 너무 작게 세밀하게 잡으면(예; 1살) 구간별로 발생하는 데이터량이 적으로 히스토그램이 평탄하게 그려지는 문제가 있다.

히스토그램을 간단히 그려주는 함수로 **hist()**가 있다. 예를 들어 지난 한 달간의 하루 중 최고 기온을 측정한 값이 벡터 y에 들어 있다고 하자. y의 내용을 보면, 1일의 최고 기온은 4도, 2일의 최고 기온은 6도인 것을 알 수 있다. 측정된 기온의 분포를 히스토그램으로 그리려면 hist() 함수를 사용하면 된다. 실행결과 그래프는 그림 5.5와 같다.

```
> y <- c(4,6,5,10,12,10,8,10,12,13,7,9,10,11,16,15,14,17,22,
+ 21,19,20,19,17,23,17,22,26,25,24)
> hist(y)
```

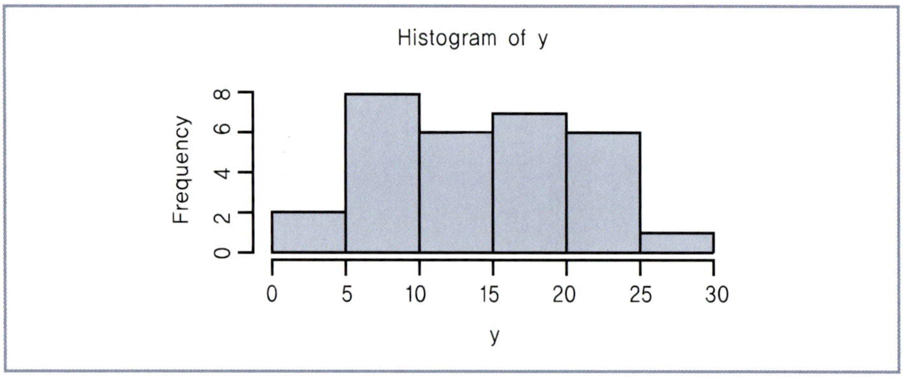

그림 5.5 한 달간 기온 분포의 히스토그램

위의 히스토그램을 보면 지난달 중 최고 기온이 0~5도였던 날이 총 2일인 것을 알 수 있고, 25도 이상인 날이 하루인 것을 알 수 있다. 히스토그램은 데이터의 분포도를 파악할 때 자주 사용된다. 위의 hist()에서는 구간 값이 5도로 설정되었는데 이렇게 적절한 구간 값은 프로그램이 자동으로 선택해준다.

박스 플롯

박스 플롯(box plot)은 summary()로 구해지는 값을 시각적으로 보여주는데 사용된다. 박스 플롯은 **boxplot()** 함수로 그릴 수 있다. 그림 5.6에 학생 시험 성적을 박스 플롯으로 그린 예를 나타내었다.

```
> boxplot(student)
```


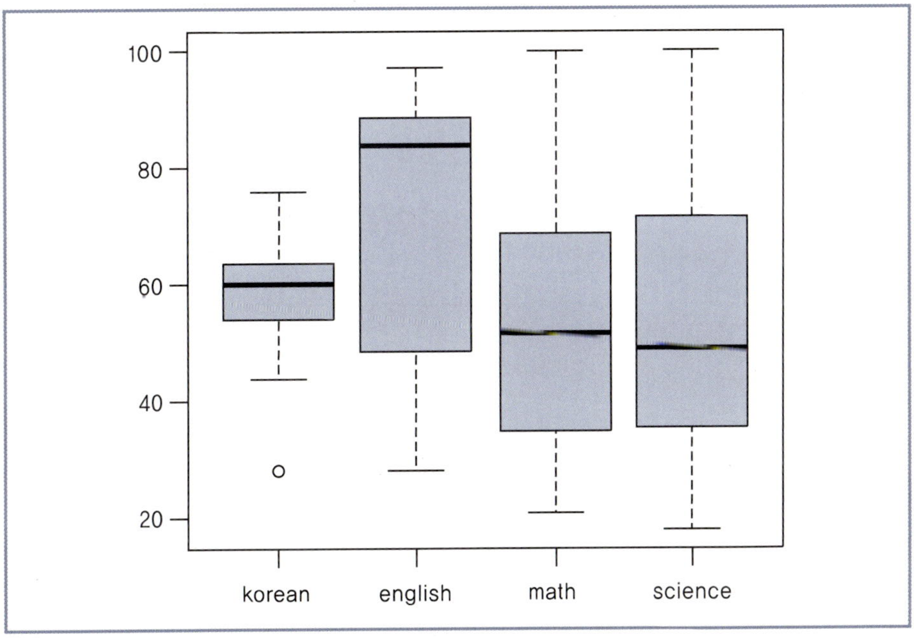

그림 5.6 국영수과 성적의 박스 플롯

그림 5.6에는 국영수과 각 과목별 데이터의 분포를 박스 플롯을 보여주고 있는데 각 박스 플롯에 나타난 가로방향 실선의 의미는 위에서부터 최대치, 3사분위 값, 중앙값, 1사분위 값, 그리고 최소치를 나타낸다. 그림 5.7에 박스 플롯 각 기호가 나타내는 의미를 정리했다.

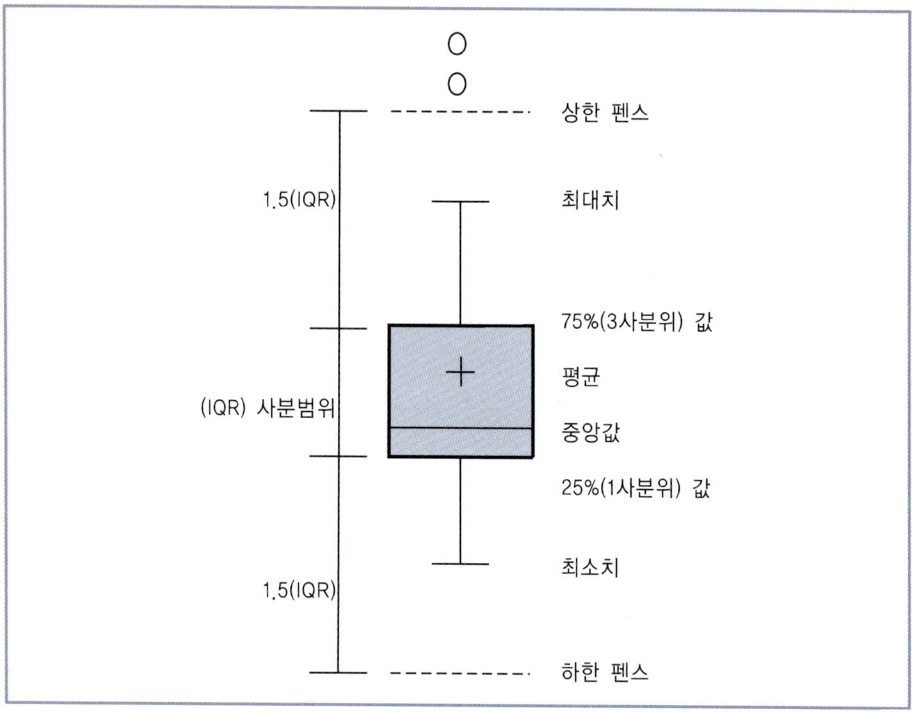

그림 5.7 박스 플롯 각 부호의 의미

박스 플롯에서 상한 펜스의 위 또는 하한 펜스의 아래에 나타나는 'o' 기호는 이상치(outlier)를 표시한다. 이상치로 표시하는 기준은 보통 1사분위 값보다 1.5xIQR 이상 더 작은 값(이를 하한 펜스(lower fence)라고 한다), 또는 3사분위 값보다 1.5xIQR 이상 더 큰 값(이를 상한 펜스(upper fence)라고 한다)을 기준으로 삼는다. 즉, 다른 값들에 비해 너무 작거나 너무 큰 값을 이상치로 보는 것이다.

위의 예에서 국어 성적의 분포를 보면 IQR=(63.25−53)=9.25이므로 1.5×IQR=13.9이다. 따라서 lower fence와 upper fence는 각각 (54−13.9)=40.1과 (63.25+13.9)=77.15이다. 즉, 40.1점보다 낮거나, 77.1보다 큰 점수는 이 그룹에서 정상적인 아닌 값으로 보겠다는 것이다. 국어 점수 중에 28점을 받은 학생이 있는데 이는 lower fence인 40.1보다 낮은 점수이고 이를 이상치로 판단하였다. 28점보다 높은 그다음 점수는 44점인데 이는 lower fence인 40.1보다 높으므로 이는 이상치는 아니고 박스 플롯에서 최소치로 표시되었다.

영어, 수학, 과학 점수에서는 이상치가 없었다. 국어 점수는 대체로 평균 근처에 많이 몰려있고, 즉 점수의 차가 크지 않은데, 이에 비해 28점을 받은 학생은 유난히 국어를 못한 학생이라고 볼 수 있다. 수학과 과학 성적을 보면 21점, 18점 등 더 낮은 점수도 있지만 이들이 이상치로 분류되지 않은 이유는 다른 학생들의 성적 분포가 넓게 퍼져 있고 따라서 IQR 값이 크기 때문이다.

이상치라고 판단하는데, 앞에서는 1.5xIQR 이상 멀리 떨어진 것을 기준으로 하는 것을 설명하였다. 이것이 일반적이기는 하지만 응용에 따라 얼마만큼 멀리 떨어져야 정상이 아닌 이상치로 볼 것인지는 응용 예에 따라 다르게 정의할 수 있다.

custom 데이터에서 나이(age)의 분포를 성별(sex)에 따라 박스 플롯으로 그리는 코드와 결과 그래프를 다음에 나타내었다.

```
> ggplot(custom, aes(x=sex,y=age)) + geom_boxplot()
```

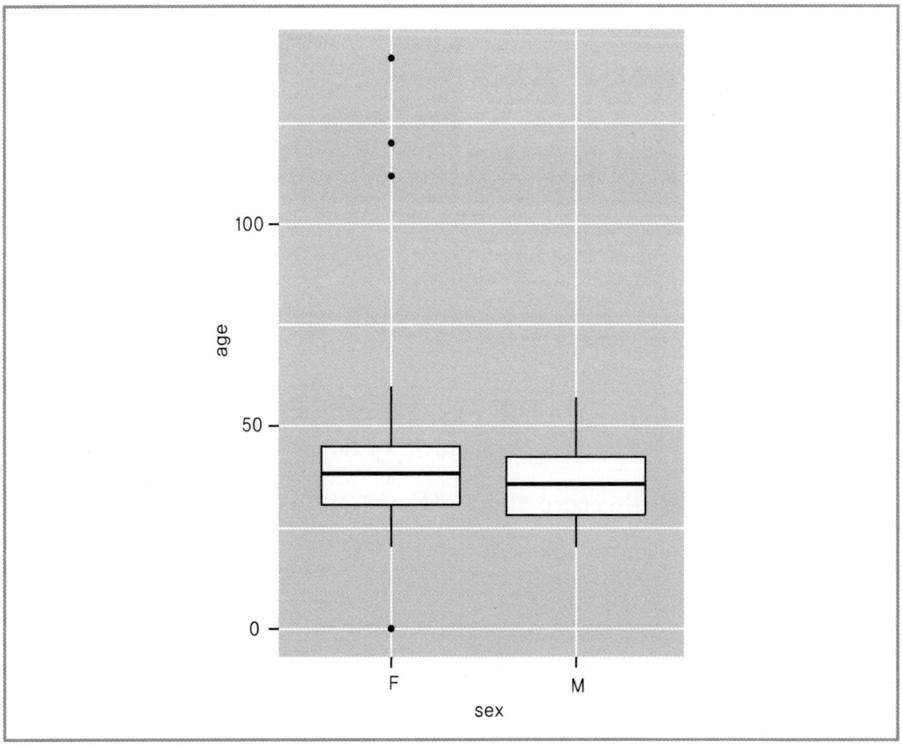

그림 5.8 custom 데이터의 박스 플롯

막대그래프

막대그래프는 가장 많이 사용되는 시각화 방법이다. custom 데이터에서 거주지 정보를 막대그래프로 그리는 코드를 다음에 소개했다. 막대그래프는 **geom_bar()**로 그린다.

```
> ggplot(custom, aes(x=habitation)) + geom_bar()
```

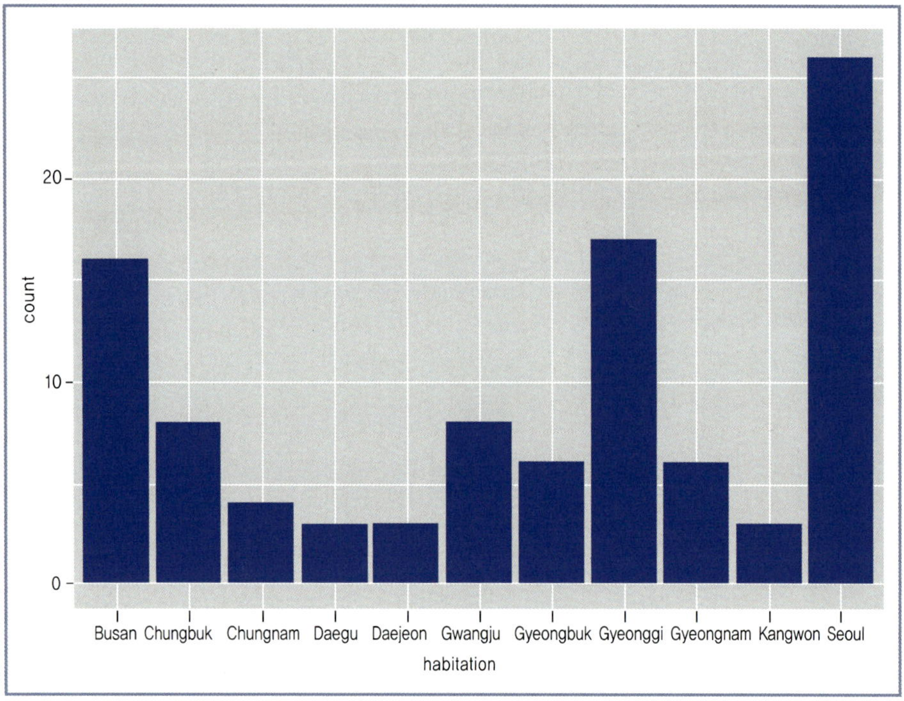

그림 5.9 custom 데이터의 거주지 분포 막대그래프

위 막대그래프에서는 카테고리를 x축에 나타냈는데 Busan 등 항목이름이 길어서 보기가 불편하다. 이런 경우에는 **coord_flip** 인자를 추가하면 x축과 y축을 바꾸어 그릴 수 있다.

```
> ggplot(custom) + geom_bar(aes(x=habitation)) + coord_flip()
```

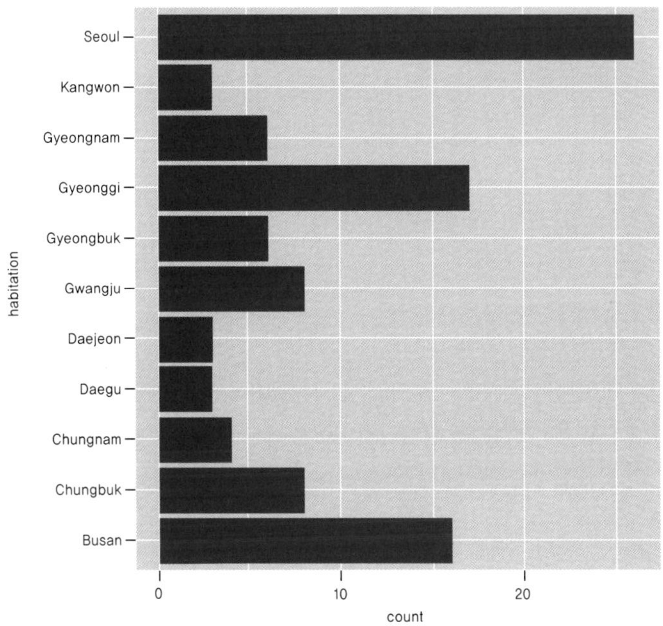

그림 5.10 custom 데이터의 거주지 분포 가로 방향 막대그래프

그림 5.10의 막대그래프는 크기순으로 정렬되지 않아서 보기가 불편하다. 보통 가로방향 막대그래프는 빈도값이 큰 순서대로 그리는데 이 방법을 소개하겠다. 다음 코드에서 먼저 table() 함수를 사용하여 각 카테고리의 개수를 세어 테이블을 만들고(이를 habit이라고 했다) 이를 다시 데이터 프레임 habitdf으로 바꾸었다.

```
> habit<- table(custom$habitation)
> habit
   Busan  Chungbuk  Chungnam  Daegu  Daejeon  Gwangju
      16         8         4      3        3        8
   Gyeongbuk  Gyeonggi  Gyeongnam  Kangwon  Seoul
           6        17          6        3     26

> habitdf <- as.data.frame(habit)
> colnames(habitdf) <- c("habitation","count")
> habitdf
  habitation count
1     Busan     16
2     Chungbuk   8
```

```
3      Chungnam      4
4      Daegu         3
5      Daejeon       3
6      Gwangju       8
7      Gyeongbuk     6
8      Gyeonggi     17
9      Gyeongnam     6
10     Kangwon       3
11     Seoul        26
```

위에서 habitdf 데이터 프레임의 열 이름을 지정했다. 이 데이터 프레임을 ggplot으로 그릴 때 **reorder()** 함수를 사용하여 내림차순으로 다음과 같이 정렬할 수 있다. reorder 함수는 첫 번째 인자가 정렬할 변수, 두 번째 인자로 어떤 값의 순서로 정렬할 것인지를 설정하면 된다. 다음의 예에서는 count가 큰 값부터 정렬한 것이다.

```
> ggplot(habitdf)+ geom_bar(aes(x=reorder(habitation,
count),y=count), stat="identity") + coord_flip()
```

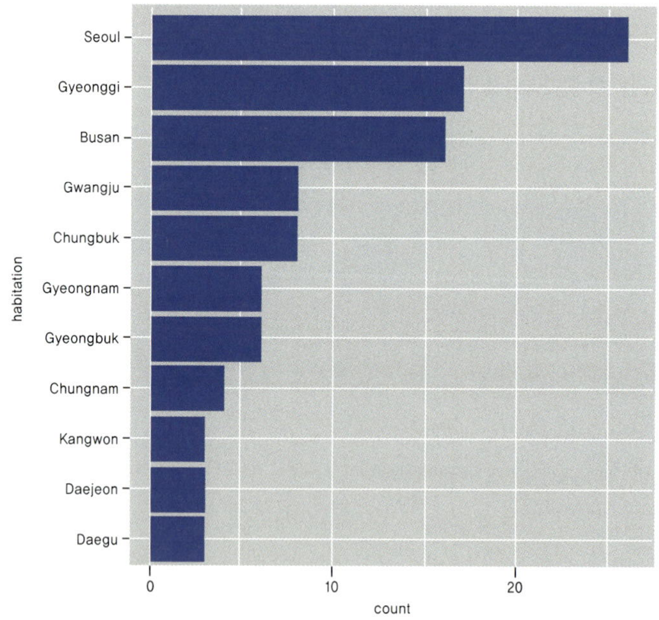

그림 5.11 custom 데이터의 빈도수 count 내림차순 정렬 막대그래프

산포도

두 변수간의 관계를 가장 명확하게 볼 수 있는 방법은 산포도(scatter plot)를 그려보는 것이다. 산포도는 **ggplot()**이나 **plot()** 함수를 사용하여 그릴 수 있는데, 다음에 두 함수를 각각 사용하여 나이(age)와 수입(income) 변수의 산포도를 그리는 코드를 나타내었다.

```
> custom2 <- subset(custom, custom$age >0 & custom$age < 100 &
+ custom$income >0)
> ggplot(custom2, aes(x=age, y=income)) + geom_point()+ ylim(0,200000)
> plot(custom2$age, custom2$income, ylim=c(0,200000))
```

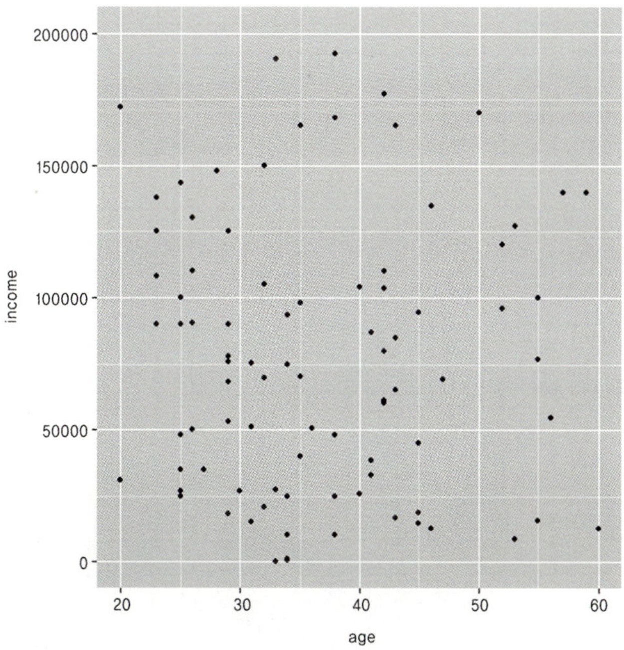

그림 5.12 age와 income의 ggplot 산포도

그림 5.12와 그림 5.13의 산포도를 보면 데이터가 너무 넓게 분포하고 있어 전체적으로 두 변수간의 관계를 파악하기 어렵다. 이때는 두 변수간의 관계를 대표하는 추세선을 그려보는 것이 도움이 된다. 이러한 추세선을 그리려면 앞에 그렸던 그래프에 추가로

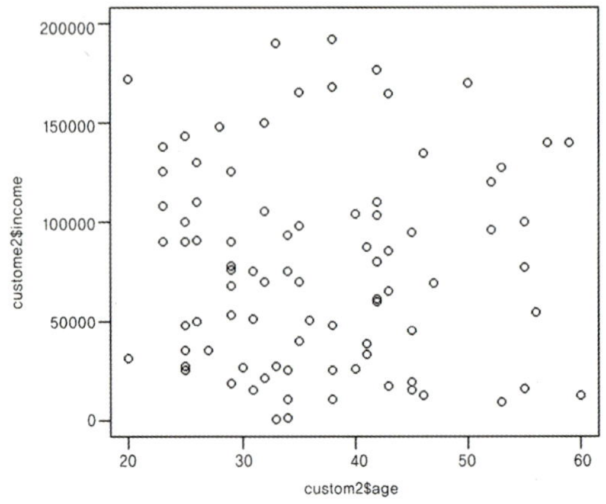

그림 5.13 age와 income의 plot 산포도

stat_smooth()를 추가하면 된다.

```
> ggplot(custom2, aes(x=age,y=income)) + geom_point() +
  ylim(0,200000) + stat_smooth()
```

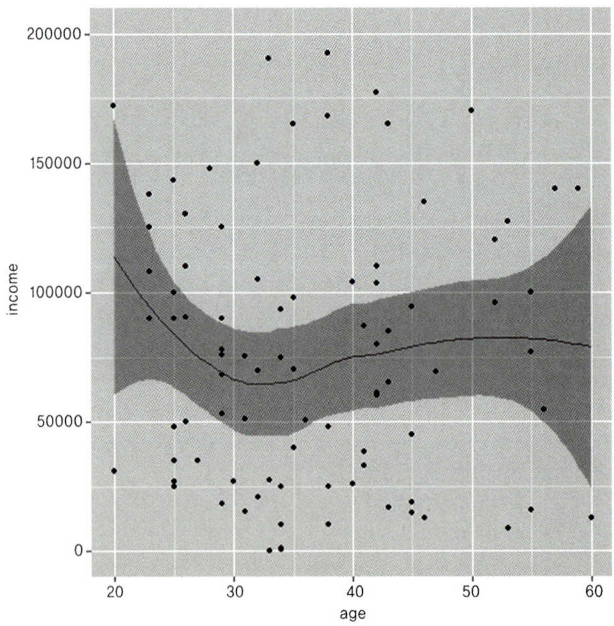

그림 5.14 stat_smooth()를 이용한 추세선 그리기

그림 5.14를 보면 나이와 수입의 관계를 대표하는 실선이 나타나 있고, 띠 모양의 음영 부분이 있는데 이 띠의 폭은 데이터가 얼마나 충분히 있는지를 나타낸다. 띠가 좁은 곳일수록 데이터가 많아서 오차가 적은 것을 나타내며 띠가 넓은 부분은 데이터가 적어서 오차가 큰 것을 나타낸다.

앞에서는 산포도를 연속형 변수인 나이와 수입에 대해서 그렸는데, 연속형 데이터와 범주형 데이터와의 산포도를 그리는 것도 가능하다. 예를 들어 나이와 집을 소유했는지 아닌지를 나타내는 변수인 have.house와의 산포도와 추세선을 그리면 다음과 같이 나이가 많을수록 대부분의 사람이 집을 가고 있다는 것을 알 수 있다. have.house는 논리형 변수이므로 이를 수치형으로 바꾸기 위해서 **as.numeric()**을 사용했다.

```
> ggplot(custom2, aes(x=age, y=as.numeric(have.house))) +
  geom_point(position=position_jitter(w=0.05, h=0.05)) +
  geom_smooth()
```

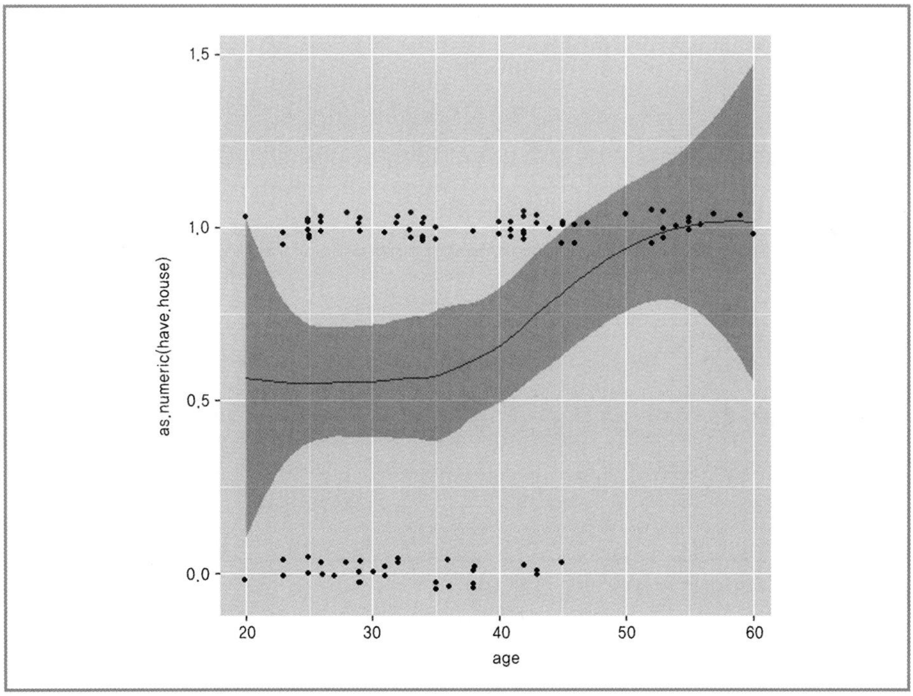

그림 5.15 집의 소유에 대한 추세선

앞에서 집의 소유를 나타내는 변수인 have.house는 원래 0과 1 두 값만 가지는 논리형 변수이고 나이도 정수만을 가진다. 그러나 이렇게 정수값만 갖는 점들을 그래프로 그리면 한 점에 겹쳐 보이는 경우가 많아서 전체적인 빈도수 정도를 파악하기가 어렵다. 이러한 겹쳐 보이는 문제를 피하기 위해서 일부러 약간의 오차(잡음)를 주는 방법이 널리 사용되는데, 앞의 코드에서는 **position_jitter** 값으로 0.05를 주어 5% 정도의 잡음을 추가하였다.

타임 플롯

타임 플롯은 시간에 따른 데이터의 변화를 그린 것이다. 타임 플롯은 그래프를 그리는 일반 함수인 **plot()**을 호출하면서 x축과 y축 값을 지정하면 된다. 예를 들어, 한 달간의 기온 변화를 날짜순으로 그릴 수 있다. 아래에서 1일부터 30일까지의 일일 변화를 나타내기 위해서 1, 2, 3, ..., 30의 정수 값을 변수 x에 배정했다. plot() 함수는 점의 모양 변화 등 여러 가지 옵션을 제공한다.

```
> y <- c(4,6,5,10,12,10,8,10,12,13,7,9,10,11,16,15,14,17,22,
+ 21,19,20,19,17,23,17,22,26,25,24)
> x <- 1:30
> plot(x,y)
```

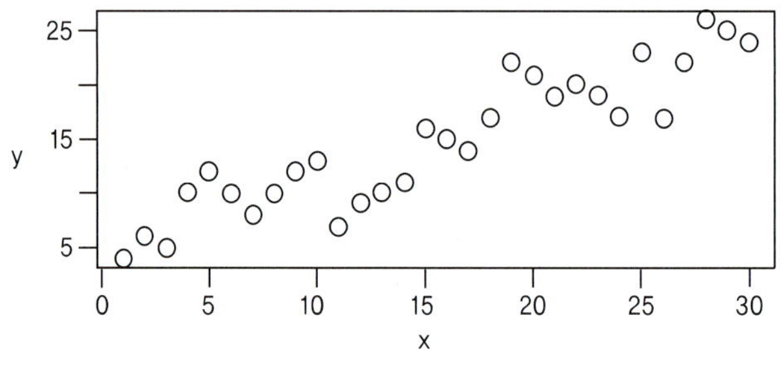

그림 5.16 기온의 일일 변화를 그린 타임 플롯

5.3 lattice 패키지

R은 다양한 그래픽 패키지를 제공하는데 그중 널리 사용되는 lattice 패키지를 소개하겠다. lattice 패키지가 제공하는 시각화 함수인 xyplot(), barchart(), barplot(), densityplot()의 사용 예를 소개하겠다.

xyplot()

학생들이 과목별 성적이 student2에 들어 있으며 student2의 다섯 번째 열에는 남녀 성별을 구분하는 값(gender)이 들어있다고 하자. 다음은 **head()**를 사용해서 데이터 프레임의 상위 몇 개의 데이터를 확인하는 코드이다.

```
> head(student2)
  korean english math science gender
1     86      91   33      51      F
2     79      85   52      43      F
3     98      89   21      18      M
4     35      30   95      98      M
5     91      88   40      31      F
6     76      83   51      47      M
...
```

남녀 성별에 따른 수학과 과학 성적의 관계를 살펴보려면, 이때 plot() 함수는 사용할 수 없다. 변수가 수학, 과학, 성별 등 총 3개이기 때문이다. 이때는 **xyplot()** 함수를 사용할 수 있다. xyplot()의 첫 번째 인자가 y축, 두 번째 인자가 x축으로 표현되며 기호 " | " 뒤의 변수를 기준으로 여러 가지 경우의 그래프를 그릴 수 있다. 그래프 점의 색은 기본적으로 파란색이며 다른 색으로 바꾸려면 col 인자를 사용하여 색을 지정할 수 있다. 그림 5.17은 수학과 과학 성적의 관계를 남녀로 나누어 두 개의 그래프로 그린 것이다.

```
> xyplot(science~math|gender,data=student2)
```

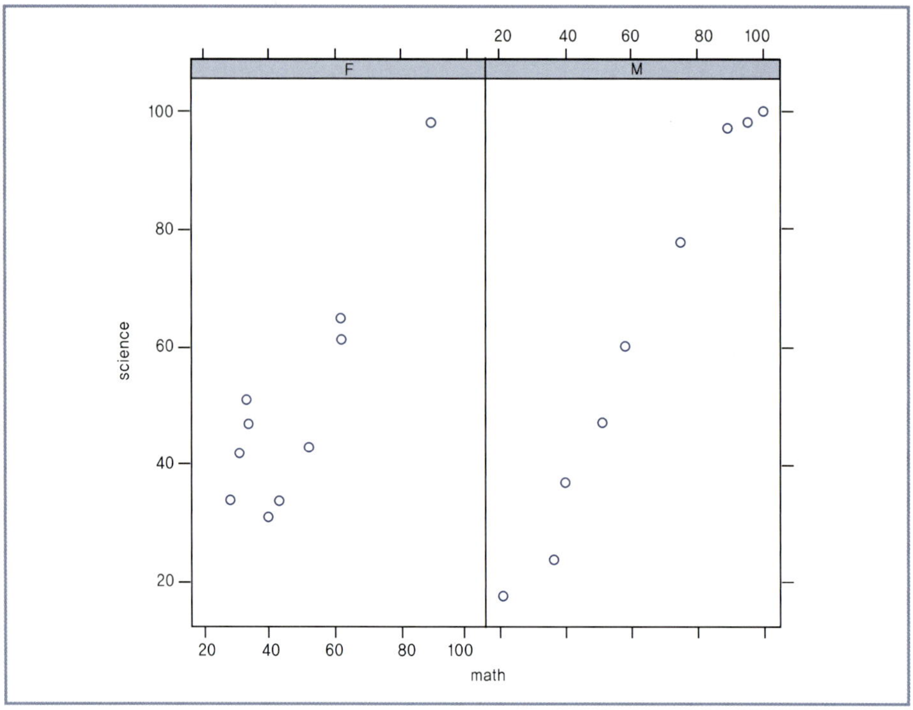

그림 5.17 xyplot()을 사용하여 성별로 구분한 수학과 과학 점수 관계 그래프

그림 5.17에서는 남학생의 경우 수학과 과학 성적의 변화가 매우 유사한 관계(즉, 선형적인 관계)인 것을 알 수 있고, 여학생의 경우는 수학과 과학 성적이 남학생처럼 선형적으로 일치하지는 않는 것을 알 수 있다.

barplot()

student2 데이터에서 남녀별 성적 평균치를 비교하려면 barplot()를 이용하면 편리하다. 다음은 남녀 학생의 수학 점수의 평균을 구하는 코드이다.

```
> t1 <- tapply(student2$math,student2$gender,mean,na.rm=TRUE)
> t1
t1
   F    M
47.4 62.3
> barplot(t1, ylab="Math")
```

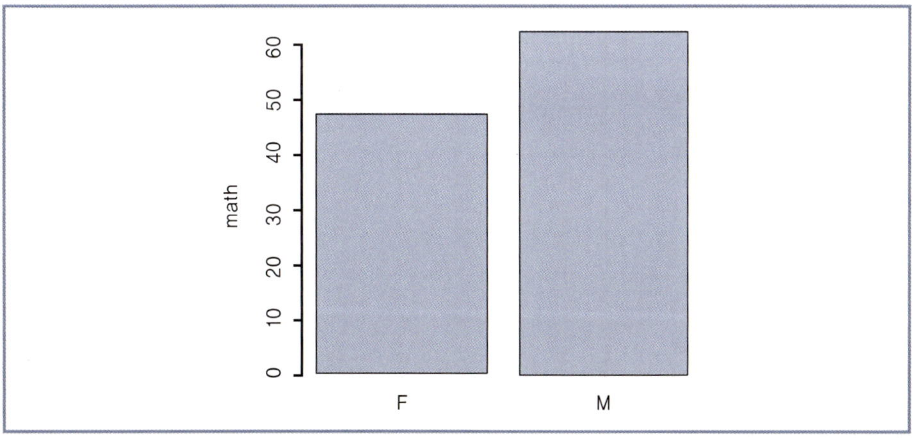

그림 5.18 barplot()을 사용한 남녀 학생의 수학 성적 평균치 비교

위에서 tapply()를 사용했는데, 첫 번째 인자로는 math를 사용하고, 두 번째 인자로는 그룹을 나타낼 변수로서 gender를 지정했다. 세 번째 인자는 함수명이 와야 하는데 평균을 구하기 위해서 mean을 호출했고, 네 번째 인자는 혹시 나타날지 모를 NA 값을 제거하기 위해 na.rm=TRUE를 선택했다. tapply() 실행결과인 t1을 barplot() 함수의 입력으로 사용했으며, y축의 이름으로 "Math"를 설정하였다.

barchart()

student2 데이터에 들어 있는 남녀 학생수를 비교해보겠다. 다음은 barchart()를 사용하는 예를 보였는데 먼저 table()을 호출하여 gender 변수의 분포를 구하고 이를 막대 그래프로 그렸다. student2에는 여학생과(F) 남학생이(M) 각각 10명씩 분포한 것을 확인할 수 있다.

```
> table(student2$gender)
 F  M
10 10
> barchart(table(student2$gender), horizontal=FALSE)
```

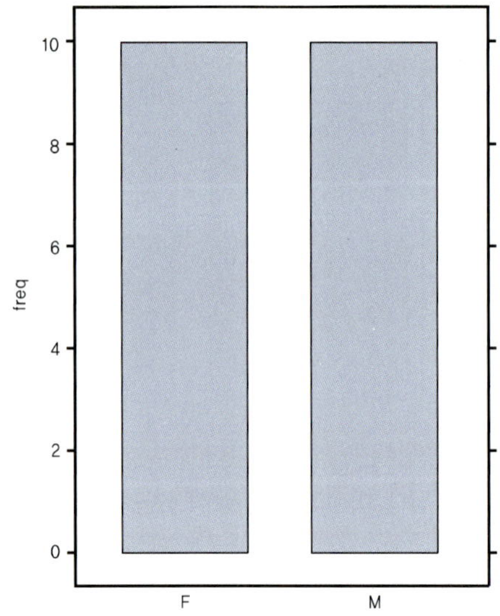

그림 5.19 barchart()를 이용한 남녀 학생수 비교

위에서 horizontal 인자를 FALSE로 하면 세로 모양으로, TRUE로 설정하면 가로 모양으로 그린다.

densityplot()

densityplot()를 사용하면 확률 밀도 그래프를 간단히 그릴 수 있다. 다음의 예에서는 student2 데이터 중 math의 분포를 나타내는데 성별에 따라 나누어 그린다.

```
>densityplot(~student2$math|student2$gender,
+ data=student2,plot.points=FALSE,col="black")
```

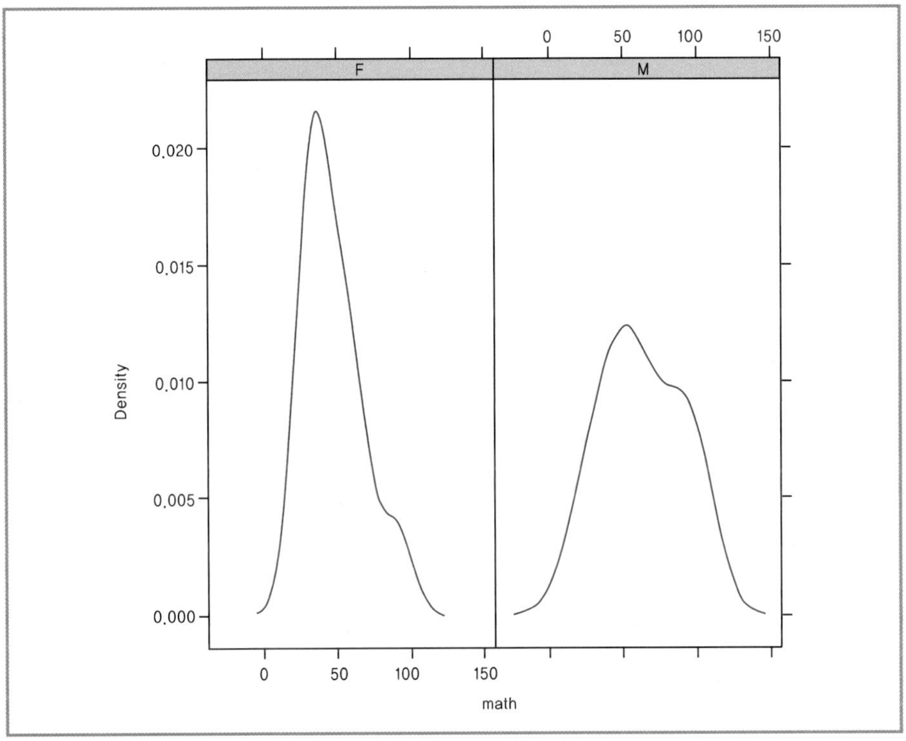

그림 5.20 성별에 따른 수학 성적의 밀도 그래프

C113

CHAPTER 6

데이터 전처리

06 데이터 전처리

CHAPTER

수집한 데이터를 분석하기 좋은 형태로 수정하는 작업을 데이터 전처리라고 한다. 실제 상황에서는 수집한 데이터를 바로 분석에 사용하는 경우는 거의 없다. 우선 수집한 데이터가 너무 크면 이를 한 번에 분석하기 어려우므로 적절한 크기로 줄여야 한다. 수집한 데이터가 비정형 데이터라면 이를 정형 데이터로 바꾸어야 분석이 쉬어진다. 텍스트와 같은 비정형 데이터의 의미를 컴퓨터가 직접 분석하기는 어렵다. 사람이라면 단어의 추상적인 의미를 바로 알 수 있겠지만, 컴퓨터는 개념을 수치나 범주형 데이터로 환산해 주어야 처리할 수 있다. 이외에도 데이터의 오류를 찾거나 빠진 값을 찾는 작업이 필요하다.

6.1 데이터 전처리 작업

수집된 데이터가 분석에 사용할 수 있을 만큼 품질이 좋은지를 검증하는 것도 필요하고, 수집된 데이터를 분석하기 좋게 다른 형식으로 바꾸는 경우도 있다. 분석하기 좋게 데이터를 고치는 모든 작업을 데이터 전처리(preprocessing)라고 한다.

실제로 데이터 사이언스 전 과정에서 분석 알고리즘 자체를 수행하는데 걸리는 시간보다 분석에 필요한 데이터를 수집하고 전처리하는 과정에 더 많은 시간이 걸린다. 보통 80~90%의 시간이 데이터 준비에 소요된다고 한다.

데이터 전처리 필요성

수집한 데이터를 탐색해보면 데이터를 손볼 곳이 많은 것을 발견하게 된다. 중간에 데이터가 빠졌거나, 틀린 값이 들어 있거나, 데이터의 단위가 틀릴 수가 있다(m와 inch, kg과 파운드 오류 등). 이외에도 데이터가 처리하기 좋은 형식으로 되어 있는지, 데이터를 새로 가공해야 하는지 등을 파악해야 한다. 즉, 데이터의 상태와 가치를 파악해야 한다.

문자로 된 범주형 데이터의 경우 처리를 편리하게 하기 위해 숫자로 표현을 바꾸기도 한다. 예를 들어 월요일은 1로, 화요일을 2로 코딩할 수 있다. 또는 수치 데이터의 분포를 **정규화**(normalize)하기도 한다. 예를 들어 같은 대상을 평가하면서 10점 만점으로 처리한 것과 100점 만점으로 처리한 데이터를 같이 활용하려면 동일한 분포로 바꾸어야 한다.

대부분 데이터는 그 데이터를 최초로 얻을 때의 목적이 따로 있기 마련이다. 나중에 이 데이터를 다른 목적으로 사용하려면 데이터를 가공해야 한다. 예를 들어 속도위반 차량을 찾기 위해 차량의 속도를 측정할 때에는 이에 필요한 데이터만 처리한다. 그러나 이 비디오를 보고 범죄 차량을 찾아내려면 최초에 얻은 원시 데이터를 새로운 분석 목적에 맞게 가공해야 한다.

데이터 전처리에는 여러 가지 형태가 있는데, 필요한 데이터를 골라내기 위해 데이터 필터링(filtering)을 하기도 하고, 데이터의 형식을 변경하기 위해 데이터 변환(transformation)을 하기도 한다. 여러 소스에서 온 데이터를 합치는 작업이 필요할 때에는 데이터 통합(integration)을 한다. 데이터 전처리를 다른 표현으로, 데이터를 분석하기 좋게 오류를 걸러내고 깨끗하게 바꾼다고 해서 **데이터 정제**(cleaning)라고도 한다.

데이터 품질

데이터 전처리 과정은 데이터의 품질이 목적에 맞는지 확인하고 필요하면 품질을 높이는 작업이라고 할 수 있는데, 데이터 품질이란 데이터를 얼마나 믿고 쓸 수 있는지를 나타내는 신뢰성을 말한다. 데이터 품질을 나타내는 대표적인 항목은 **정확성**과 **적시성**이다. 정확성이란 데이터의 값이 정확한지를 말하며, 적시성이란 데이터가 시간적으로 오래된 데이터가 아니라 유효한 것인지를 나타낸다.

결측치 처리

데이터 전처리에서 가장 중요한 과정은 빠진 값, 즉 결측치(missing value)를 처리하는 것이다. 결측치를 처리하는 방법은 크게 세 가지가 있다. 결측치가 포함되어 있는 샘플 항목을 모두 버리거나(즉, 해당 데이터 항목을 모두 분석에 사용하지 않거나), 결측치를 적절한 값으로 대체하거나, 아니면 결측치를 NA(not available)라고 표시하여 다음의 분석단계로 결측치 처리를 넘길 수도 있다.

결측치가 포함된 항목을 모두 버리는 방법
결측치를 적절한 값으로 대체
분석 단계로 결측치 처리를 넘김

결측치가 들어 있는 항목을 삭제하더라도 크게 문제되지 않으면 결측치를 버리는 방법이 가장 처리하기가 쉽다. 그런데 결측치가 들어 있는 항목의 비중이 크면 이를 무시할 수 없다. 이때에는 반드시 원인을 생각해보고 대책을 세워야 한다. 예를 들어 전체 데이터가 1백만 건이 있는데 이중 100건 정도에서 결측치가 발생했다면 이들을 모두 제외해도 분석에 큰 영향이 없을 것이다. 그런데 1,000개 샘플 중에 100개 데이터에서 문제가 있다면 이는 원인을 따져봐야 한다. 단순히 실수로 값을 입력하지 않은 것인지, 어떤 오류에 의해 값이 빠진 것인지를 파악해야 한다.

결측치를 다른 값으로 대체하는 경우에는 어떤 값으로 대체할지를 선택해야 한다. 대체값으로 전체 평균값을 사용할 수도 있고, 인접한 값으로 추정치를 계산하는 수도 있다. 숫자이면 0을 채택할 수도 있고, 미리 정한 최소값으로 정해줄 수도 있다. 결측치를 대체할 때는 분석 결과가 달라질 수 있는 것에 특히 주의를 해야 하는데, 예를 들어 급여에 해당하는 데이터라면 평균치나 0으로 대체하면 안 된다.

결측치를 다른 값으로 대체한 경우 이러한 사실을 표시하는 별도의 범주형 변수를 새로 정의하는 방법이 유용하다. 나중에 데이터 분석 단계에서 이 변수를 보고 결측값이 있었고 다른 값으로 대체되었다는 사실을 추적할 수 있다.

결측치의 처리를 분석 단계로 넘긴다는 것은 전처리 단계에서 아무 조치도 취하지 않는 것을 말한다. 데이터가 빠져있으면 빠진대로 분석 단계에서 이를 해석하게 하고 필요하면 적절한 값을 분석할 때 대체하도록 한다는 뜻이다. 예를 들어 직업을 쓰는 칸은 비어 있는 수가 많은데 이는 직업이 없는 것을 표현한 것일 수도 있고, 본인이 공개하기 싫은 경우도 있을 것이다. 이러한 경우는 결측치 처리를 전처리 단계에서 일괄적으로 처리할 것이 아니라 분석 단계로 넘겨서 상황에 맞게 처리하게 하는 것이 안전할 것이다.

결측치 처리하는 다른 방법으로 사람이 직접 수작업으로 빠진 값을 채워 넣는 것도 가능하다. 그러나 이 방법은 시간과 노력이 많이 소모되므로 꼭 필요한 중요한 경우만 사용해야 한다. 또한 사람이 인위적으로 데이터 수정에 직접 관여하는 것은 가능한 피해야 한다.

틀린 값 처리

틀린(invalid) 데이터란 잘 못된 값이 들어있는 것을 말한다. 양수여야 하는데 음수가 있거나, 숫자가 있어야 할 곳에 문자열이 있는 경우를 말한다. 또는 값의 범위가 상식적인 범위를 벗어난 값을 가진 데이터도 틀린 데이터이다. 예를 들어, 키를 나타내는데 3.7m가 입력되었다면 이는 틀린 데이터이다. 틀린 값을 처리하는 방법도 크게 나누면 결측치를 처리하는 방법과 같다.

틀린 값이 포함된 항목을 모두 버리는 방법
틀린 값을 적절한 값으로 대체
분석 단계로 틀린 값 처리를 넘김

결측치는 값이 없는 것이므로 명백하게 발견할 수가 있다. 그러나 틀린 값은 바로 발견할 수 없고 프로그램에 의해서 찾아내야 한다. 값이 들어 있기는 한데 틀린 것이므로 일일이 어떤 기준에 따라 찾아내야 하는 것이다. 또한 어떤 값을 틀린 값이라고 할지는 응용분야에 따라 다를 수 있다.

이상치 처리

이상치(outlier)란 값의 범위가 일반적인 범위를 벗어나 특별한 값을 갖는 것을 말한다. 이상치와 틀린 값은 다르다. 예를 들어 학교에서 키를 측정했는데 3.7m가 나오면 틀린 값이지만, 2.1m가 나왔다면 이상치이다. 2.1m인 학생은 있을 수 있기 때문이다. 신용카드 내역을 조사하는데 월평균 100만원 쓰는 사람이 어떤 달에 2천만 원을 썼으면 이는 이상치이다.

이상치를 찾아내는 것을 **이상치 검출**(detection)이라고 하는데 이는 데이터 분석 과정의 하나이다. 이상치 검출은 도난당한 카드의 사용을 찾아내거나, 불법으로 보험료를 청구하는 것을 찾거나, 기계가 이상한 동작을 하는 것을 찾는데 사용된다. 즉, 이상치 검출은 데이터 전처리에서 다루는 것이 아니며, 데이터 분석 단계로 넘겨야 한다.

6.2 데이터 변환

데이터를 분석하기 좋은 형태로 바꾸는 작업을 말한다. 예를 들어 개인별 연간 소득 수치를 보고 소득이 높다, 중간이다, 낮다라고 구분한다고 할 때, 이는 국가, 지역, 연령에 따라 다를 수 있다. 따라서 연소득 액수의 절대값을 사용하는 것보다 상대적인 값을 고려해야 할 것이다. 어떤 지역의 고소득자는 다른 지역에서는 저소득층일 수 있기 때문이다. 데이터의 분포를 고려하여 정규화하거나 단위를 조정하거나 로그 스케일로 변환하는 것을 모두 데이터 변환이라고 한다.

범주형으로 변환

수치 데이터를 범주형으로 변환하여 사용하는 경우가 많다. 나이를 구간으로 나누는 경우, 10대, 20대, 30대, 40대 등으로 나눌 수 있다. 이렇게 하는 이유는 정확한 나이를 알 필요가 없고 연령대만 알아도 충분하기 때문이다. 너무 세세하게 구분하는 것이 오히려 혼란스러울 수 있다. 연령을 30세 미만과 30세 이상과 같이 단 두 단계로 나눌 수도 있을 것이다. 연간 소득을 고소득층, 중간층, 저소득층으로 나누기도 한다.

수치형 데이터를 범주형으로 변환할 때 각 구간의 범위를 균등하게 정할 수도 있고 서로 다른 범위를 정할 수도 있다. 예를 들어 고등학교 내신 성적을 9등급으로 나누는 경우에는 균등하지 않은 범위를 사용한다. 1등급과 9등급은 5%, 2등급과 8등급은 15% 등으로 등급의 범위가 다르다.

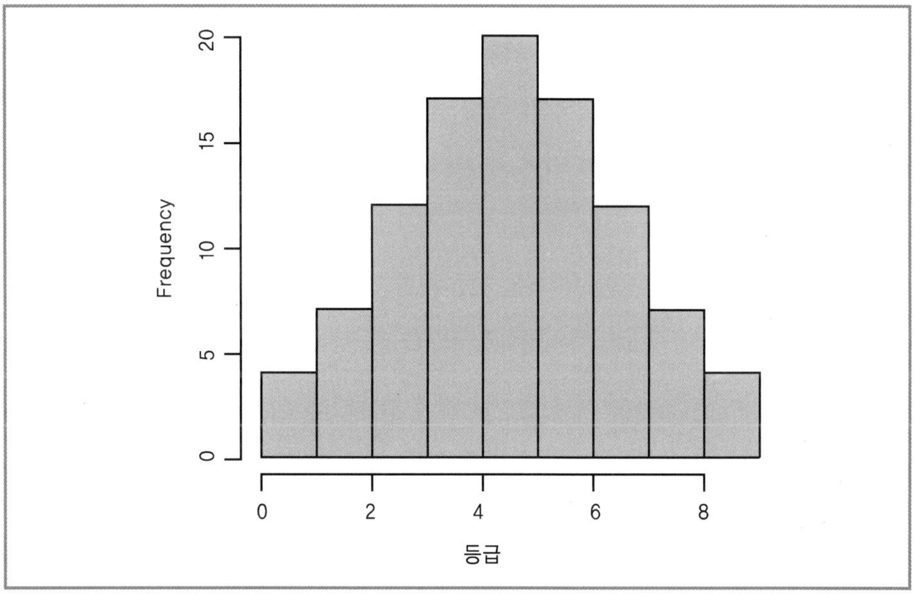

그림 6.1 고등학교 내신 성적의 1~9등급 분포 히스토그램

구간의 크기를 균등하게 배정하는 것과 균등하지 않게 배정하는 것 중 어떤 것이 적합한지는 분석 목적에 따라 다르다. 학생의 실력을 나타내는 등급의 경우는 균등 배분보다 차등하는 것이 더 자연스럽다고 본 것이다. 여기서 자연스럽다고 하는 것은 사람이 느끼는 실력 차이가 등급 수치를 보고 느끼는 것과 자연스럽게 일치한다는 뜻이다. 예를 들어 6등급과 4등급 학생의 실력 차이와 4등급과 2등급 학생의 실력 차이가 같게 느껴져야 한다. 비록 실제 점수나 석차에서는 차이가 나더라도 이들은 모두 "2개 등급의 차이가 난다"고 해석될 것이다.

참고로 R에서는 구간을 나누는데 cut() 함수를 제공한다.

일반 정규화

분석을 정확하게 하려면 원래 주어진 수치 값을 바로 사용하는 것이 타당하지 않고 정규화를 해야 하는 경우가 많다. 예를 들어 두 과목의 시험을 가지고 평가하는데 과목 A의 시험은 10점 만점이고, 다른 과목 B는 50점 만점이라고 하자. 이 두 과목의 성적을 절대적인 수치로 비교하면 안 된다.

예를 들어 시험 A에서는 7점, 시험 B에서는 30점을 받았다면 이를 7/10=0.7, 30/50=0.6으로 환산해야 두 과목 성적의 비중이 같아진다. 이 학생의 평점은 0.7과 0.6의 평균인 0.65라고 할 수 있으며, 이때 각 과목의 성적은 1점이 만점으로 정규화된 것이다.

다른 사람의 성적을 보니 시험 A에서는 8점, 시험 B에서는 20점을 받았다면 이는 정규화하면 8/10=0.8, 20/50=0.4점이 되고 평점은 0.6이 된다.

이와 같이 수치로 된 값들을 여러 개 사용해야 할 때 각 수치의 범위가 다르면 이를 같은 범위로 변환해서 사용해야 하며 이를 **일반 정규화**라고 한다. 일반 정규화는 각 변수의 범위, 즉 최대치와 최소치를 고려하는 방식이다. 위에서 과목 A는 0~10점의 범위를 가지고, 과목 B는 0~50점의 범위를 가지므로 이를 동일한 범위인 0~1점으로 환산하여 사용했다.

z-score 정규화

앞에서 소개한 일반 정규화는 최고값을 1로 하여 단순히 비례화 된 값을 사용하는 방식이었다. 이 방식은 표준 편차를 전혀 고려하지 않은 방식으로서, 성적의 분포를 고려하지 못하고 있다. 예를 들어 어떤 두 과목이 모두 100점 만점이고 학급 평균도 60점으로 같으나 점수 분포가 다음과 같이 표준 편차가 다르다고 하자. 과목 A의 표준 편차는 20점이고, 과목 B의 표준 편차는 5점이라고 하자. 즉, 과목 A의 성적이 더 넓게 퍼져 있다.

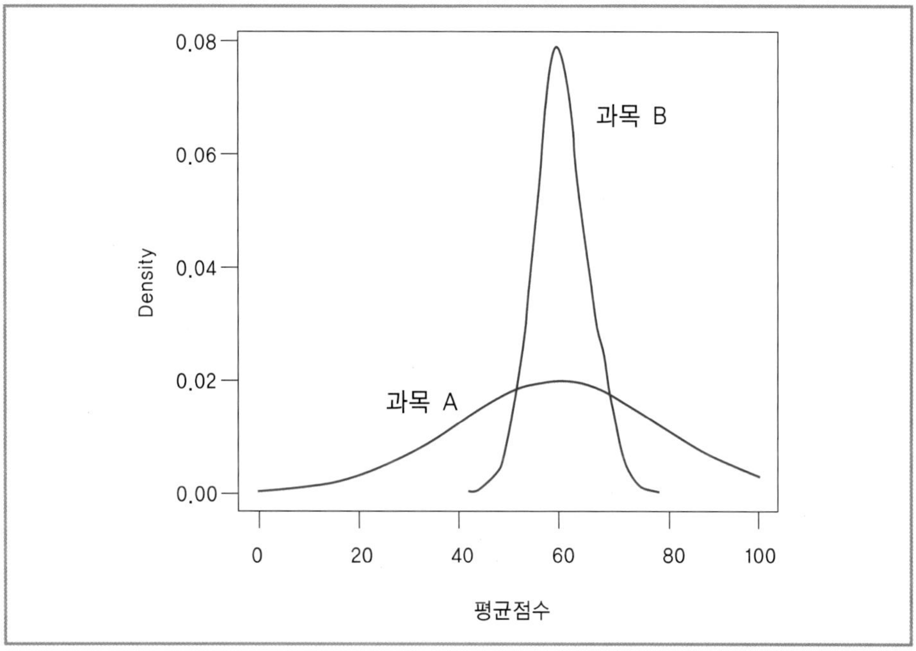

그림 6.2 평균은 같으나 표준 편차가 각각 20, 5인 과목의 확률 분포

두 학생 a, b의 성적이 각각 다음과 같다고 할 때 누가 더 공부를 잘 하는 학생일까?

	과목 A	과목 B	평균
학생 a	90	80	85
학생 b	80	90	85

위 두 학생 성적의 산술 평균은 모두 85점으로 같다. 그런데 누가 더 실력이 좋을까? 단순히 점수 숫자만 비교하는 것이 아니라 누가 더 뛰어난 실력을 갖고 있는지를 알고 싶은 것이다. 과목 B는 편차가 작은데 이것의 의미는 대부분의 학생이 60점 근처에 모여 있다는 것이고, 따라서 고득점을 받기가 매우 어려운 과목인 것을 나타낸다. 이러한 과목의 점수 분포 특성을 고려하면 학생 b가 어려운 과목에서 90점을 받았으므로 더 우수한 학생이라는 생각이 든다.

이러한 문제를 정확히 설명하려면 원 점수가 아니라 표준 편차를 고려한 점수를 사용해야 하며, 이때 **z변환**(z-score transform)을 사용한다. z변환에서는 평균을 0점으로, 표준 편차를 1점으로 환산하는 변환이며, 이를 위해 다음과 같이 점수 변환을 한다.

즉, 각 점수가 평균에서 얼마나 떨어져 있는지 표준 편차를 기준으로 나누어 비교하려는 것이다.

$$z = \frac{x - u}{\sigma}$$

x는 원래 값이고, σ는 표준 편차, u는 평균이다. z 변환을 한 이후의 데이터 분포는 평균은 0, 표준 편차는 1이 된다.

학생 성적에 z변환을 적용해 보면 학생 a의 과목 A의 z변환 성적은 (90−60)/20=1.5점이 되고, 과목 B의 z변환 성적은 (80−60)/5=4점이다. 같은 방법으로 학생 b의 z변환 성적과 이들의 평균을 계산하면 다음과 같다.

	과목 A	과목 B	평균
학생 a	1.5	4	2.75
학생 b	1	6	3.5

이 결과를 보면 학생 b의 z변환 후 점수의 평균이 3.5로서 학생 a보다 더 높다는 것을 알 수 있다. 그 이유는 과목 B에서 고득점이 어려운데 상대적으로 학생 b가 6점으로 더 높은 점수를 받았기 때문이다. R에서는 z변환을 수행하는데 **scale()** 함수를 제공한다.

로그 변환

로그(log) 변환이란 어떤 수치 값을 그대로 사용하지 않고 여기에 로그를 취한 값을 사용하는 것을 말한다. 데이터 분석에서 로그를 취하는 것이 타당한 경우가 종종 있는데 먼저 로그를 취하면 그 분포가 정규 분포에 가깝게 분포하는 경우가 있다. 이러한 분포를 **로그정규 분포**(log-normal distribution)를 가진다고 한다. 예를 들면 국가별 수출액은 흔히 로그정규 분포를 가진다.

그림 6.3에 로그정규 분포를 갖는 국가별 수출액 분포 예를 나타내었다. x축은 연간 수출액이고 y축은 해당 국가수를 나타낸다. 수출액의 분포는 좌측과 같이 수출액이 많은 국가는 적고 수출액이 크지만 수출액이 낮은 국가들은 많이 퍼져서 분포되어 있는 것을 알 수 있다. 여기에 로그를 취한 값은 그림 6.4의 정규 분포처럼 나타나는 경우이다.

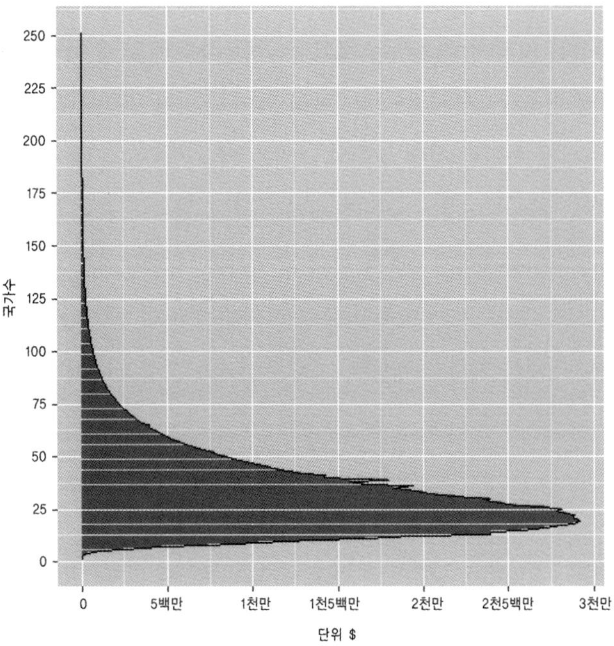

그림 6.3 국가별 수출액 그래프

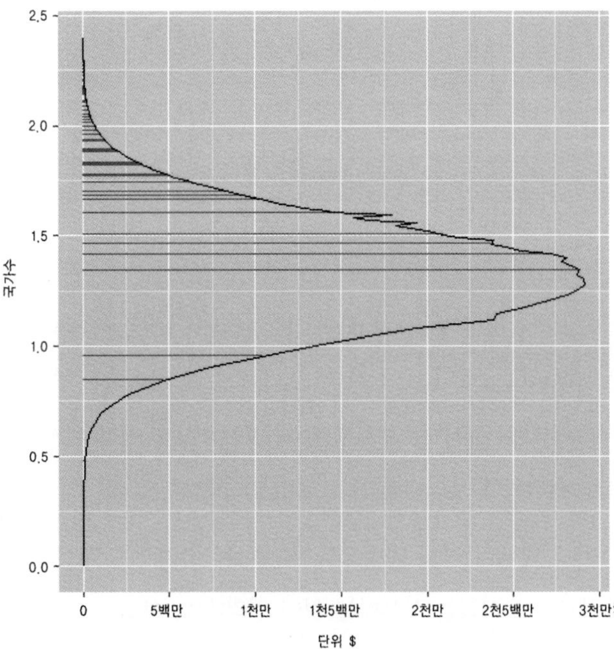

그림 6.4 국가별 수출액 로그정규 분포 예시

두 번째로 로그 변환이 필요한 경우는 사람이 느끼는 감각의 경우이다. 소리, 빛, 압력, 냄새 등 생물학적인 자극에 대해서는 로그를 취한 이후의 값에 대해서 사람들이 느끼는 변화량이 선형적이라는 특성이 있다. 예를 들어 스피커 소리를 들을 때 소리가 2배, 3배, 4배 크게 들리게 하려면 실제 소리의 크기는 지수 함수로 키워야 한다. 그림 6.5에 실제 소리 크기와 사람이 느끼는 소리의 증가는 로그 함수의 관계를 가지는 것을 나타내었다. 그림 6.5의 그래프에서 x축이 자극의 세기를 나타내는데, 여기에 로그를 취해서 그래프를 그리면 그래프가 선형적인 모양을 가지게 된다. 즉, 입력을 x축에, 출력을 y축에 그리는 경우 x축을 지수 스케일로 그리면 입력과 출력의 관계가 선형적으로 된다.

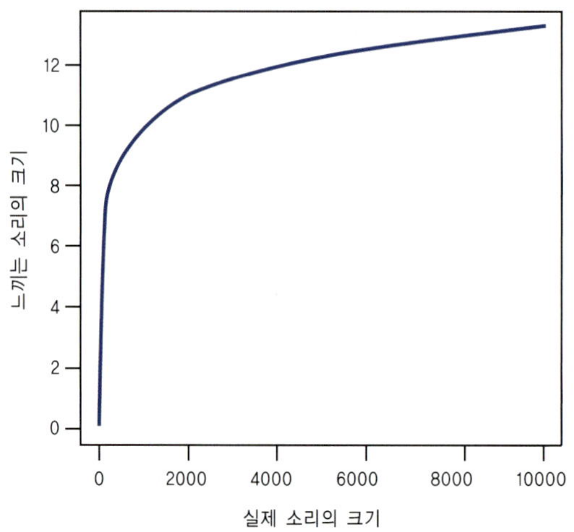

그림 6.5 실제 소리의 크기와 느낌의 차이는 로그 관계

돈에 관한 것, 사람의 감각에 관한 것 외에 값의 범위가 너무 큰 경우에도 로그 변환된 값이 유용하게 사용된다. 10, 100, 100 등 오더가 크게 차이나는 데이터들을 한 번에 다룰 때에는 작은 숫자는 눈에 잘 보이지 않아 파악하기가 어려우나 로그를 취하면 전체를 파악하기가 쉬워진다.

또한 숫자의 증가를 덧셈이 아닌 곱셈으로 처리하는 것이 직관적으로 더 편리할 때에도 수치의 절대값보다 로그값을 사용하는 것이 편리하다. 예를 들어 지난달 매출은 500만원인데 매출이 100만원 올랐다고 하자. 이는 전월대비 20% 오른 것이다. 이때 20%란 전월 매출액에 1.2를 곱한 결과라고 해석해야 한다. 만일 그 다음 달에 매출이 50%

더 올랐다면 다음 달의 매출은 (600×1.5=)900만원이 될 것이다. 두 달 사이에 총 100만원+300만원 매출이 늘었지만, 이를 이렇게 표현하는 것보다는 두 달 사이에 매출이 1.2×1.5=1.8배 증가했다고 해야 더 의미 있는 분석이 가능하다. 로그 변환된 수는 곱셈에 대해서 다음과 같이 덧셈으로 바꾸어주므로 로그 변환을 사용하는 것이 편리한 경우가 있다.

```
log(xy) = log(x) + log(y)
```

두 개 값의 곱을 다루는 것보다 각각의 로그값을 알면 이들을 단순히 더하면 된다. 수의 관계를 해석하는데 곱셈의 계산이 필요한 곳에서는 로그를 이용하면 직관적으로 파악하기 쉬워진다.

역수 변환

어떤 변수를 데이터 분석에 그대로 사용하지 않고 역수를 사용하면 오히려 선형적인 특성을 가지게 되어 의미를 해석하기가 쉬워지는 경우가 있다.

자동차의 마일리지는 연료 1리터로 몇 km를 가는 것을 나타낸다. 자동차의 특성을 기술하기 위해서 마일리지를 변수로 택했다면 1리터로 달릴 수 있는 '거리'가 변수가 된다. 한편, 자동차가 100km를 주행하는데 몇 리터의 연료가 필요한지를 수치로 나타내기도 한다(이를 연비라고도 한다). 연비를 자동차의 특성 변수로 택했다면, 이때는 같은 거리를 달리기 위해서 몇 리터의 연료가 필요한지를 나타내는 연료의 '무게'가 변수가 된다. 이 마일리지와 연비는 모두 자동차의 같은 성능을 나타내지만 서로 역수의 관계이다. 분석하려는 목적에 따라 어떤 변수를 특징 변수로 잡을지를 선택해야 한다. 원하는 목적 변수와 선형적인 관계인 변수를 선택하면 이들의 관계를 보다 명확하게 찾아줄 수 있게 된다.

예를 들어 자동차가 얼마나 멀리 갈 수 있는지를 아는 것이 더 필요하면 마일리지 수치를 변수로 사용하면 좋을 것이다. 왜냐하면 자동차의 운행거리와 마일리지는 선형적인 관계이기 때문이다. 한편 같은 거리를 여행하는데 비용이 얼마나 드는지에 관심이 있다면 연비를 변수로 사용하는 것이 좋을 것이다. 비용은 연료값에 선형적으로 비례하기 때문이다.

이와 같이 같은 특성을 나타내는 값들 중에 서로 역수의 관계가 있는 변수들이 있다면 분석 목적에 어떤 것이 더 해석하기가 쉬운지 등을 보고 적절한 변수를 택해야 하며, 이때 역수 변환이 필요할 수 있다.

데이터 축소

데이터 축소(reduction)란 같은 정보량을 가지면서 데이터의 크기를 줄이는 것을 말한다. 데이터 크기를 줄이면 데이터를 다루기가 편리해진다. 불필요한 데이터를 제거하여 분석의 속도와 성능을 개선할 수도 있다.

데이터 축소의 방법으로 기존 데이터의 특징들을 대표하는 새로운 값을 추출하는 것을 Principal components analysis(PCA)라고 한다. 예를 들어 몸무게와 허리둘레가 항상 같은 패턴으로 변한다면 이중에 허리둘레 하나만 사용해도 된다.

데이터 축소의 한 방법으로 주어진 여러 데이터를 대표할 수 있는 새로운 변수를 만들 수도 있다. 예를 들어 몸무게와 키 수치로부터 건강상태를 나타내는 변수인 BMI 지수를 자주 사용하는데 BMI 지수는 몸무게/(키×키)이다. 이 값을 보고 키를 고려한 몸무게, 즉 비만도를 한 번에 알 수 있는데 보통 BMI가 25 정도이면 정상이라고 한다. 만일 BMI 값이 30 이상이면 비만이 심각한 사람이라고 분류를 한다면 BMI 지수를 대표하는 변수를 다시 만들 수도 있다. 예를 들어 BMI가 30 이상일 경우에는 BMI=1로 표시하고 30 미만인 경우에는 BMI=0으로 표시하여 비만과 정상을 구분하는 간단한 변수를 추가로 만들어 분석에 활용할 수도 있다.

6.3 샘플링

구할 수 있는 전체 데이터 중에서 분석에 필요한 데이터를 취하는 것을 샘플링이라고 한다. IT 기술이 발전하고 메모리가 충분하여 전체 데이터를 대상으로 분석하는 것이 가능하더라도 주어진 데이터를 모두 사용하여 분석하는 것은 항상 좋은 것은 아니다.

최소한의 샘플 데이터를 가지고 분석의 타당성을 조사하거나 분석 모델(알고리즘)의 큰 방향을 정할 때도 샘플링이 필요하다. 이렇게 분석 모델을 만드는데 필요한 시간이 줄면 여러 가지 모델을 시험적으로 만들어 볼 수 있다는 장점이 있다.

데이터 샘플링에서 중요한 것은 샘플된 데이터가 전체 데이터의 특징을 계속 유지할 수 있도록 샘플링해야 한다는 것이다. 예를 들어 여러 소스에서 얻은 데이터를 다루어야 하면 각 소스에서 골고루 데이터를 취해야 하며 지리적, 인종적, 나이별, 소득별 등 여러 측면에서 고려해서 균일하게 데이터를 샘플링해야 한다.

훈련용과 테스트용 데이터

데이터 분석에서는 모델을 만드는 과정과 모델을 검증하는 과정, 두 단계의 절차가 필요하다. 모델을 만드는 과정을 **훈련**(training)이라고 하는데, 이때 사용되는 데이터를 **훈련용 데이터**(training data)라고 한다. 모델에는 회귀분석 모델, 의사결정 트리 모델 등을 말한다. 훈련 과정은 각 모델을 구성하는 파라미터를 찾는 과정이라고 하겠다.

모델의 성능을 검증하는 것을 테스트라고 하는데, 이때 사용되는 데이터를 **테스트 데이터**(test data) 또는 hold-out 데이터라고 한다. 여기서 hold-out이라는 표현을 쓴 것은, 이 데이터는 훈련에 사용하지 않고 남겨 두었다가 모델이 제대로 동작하는지 테스트할 때 사용한다는 뜻이다. 데이터 분석의 성능을 높이려면 훈련용과 테스트용 데이터를 어떻게 준비하는지도 중요하다.

훈련용 또는 테스트용 데이터를 준비할 때는 랜덤한 성질을 보장하는 것이 필요하다. 즉, 무작위하게 데이터를 나누어야 하는데, 이를 위해서 별도의 변수를 하나 정하고 여기에 랜덤한 숫자들을 배정하는 방법이 널리 사용된다. 이 변수에는 보통 0~1 사이의 값을 랜덤하게 배정하고 이 값을 활용하여 데이터 샘플을 취한다. 예를 들어 주어진 데이터의 20% 분량을 테스트 데이터로 사용하려면 이 변수(예를 들어 변수명이 samp 라고 하자)의 값이 0 〈 samp 〈 0.2인 항목들을 골라내면 대략 20%의 항목을 '랜덤하게' 선택할 수 있다. 혹시 나중에 다른 데이터 셋으로 전체 데이터의 30% 분량을 랜덤하게 취하려면 samp 값이 예를 들어, 0.6 〈 samp 〈 0.9 범위인 항목들을 택하면 된다. samp 값은 마치 랜덤하게 주어진 고유번호와 같은 역할을 한다.

C98
C113

CHAPTER 7

데이터 분석 방법

07

CHAPTER

데이터 분석 방법

데이터 사이언스 프로젝트에서 문제를 명확히 정의하고 데이터를 준비했으면 답을 얻기 위해서 **데이터 분석**을 해야 한다. 데이터 분석의 역사는 오래되었고 이미 많은 기법이 사용되고 있지만 최근 빅데이터를 분석하기 시작하면서 많은 점이 달라졌다. 빅데이터의 중요한 특징은 데이터의 양이 많은 것이 아니라 데이터를 보는 관점이 다양해진 것이라고 할 수 있으며, 따라서 데이터 분석도 다양한 시각으로 접근해야 한다. 주어진 문제를 해결할 수 있는 최적의 분석 방법을 선택하려면 먼저 분석 기술에 대해 전반적인 이해가 필요하다. 7장에서는 데이터 분석에 대한 기초적인 개념을 소개하고 각 방식의 상세한 내용은 8장 이후에서 설명하겠다.

7.1 데이터 분석 유형

데이터 분석 방법은 수학적인 모델에 기반한 방식부터 통계적 모델링, 기계학습적인 모델링 등 다양한 방법이 있다. 또한 분석할 데이터 자체의 특성도 상황에 따라 다르므로 데이터 분석에는 매우 다양한 방법이 사용될 수 있다. 그러나 데이터 분석에는 몇 가지 기본적인 유형이 있으며 이들의 특징이 무엇인지 알아보겠다.

데이터 분석의 목적

데이터 분석의 역사는 인류의 역사만큼 오래되었다. 구름이 많이 끼고 바람이 동쪽에서 불면 내일 비가 올 것이라고 예측한다면 이는 오랫동안 날씨 데이터를 분석한 결과이다. 환자의 검사 결과를 보고 병명을 진단하거나, 경제통계를 보고 내년 경제 상황을 예측하거나, 앙케트 조사 결과를 분석하여 어느 상품이 잘 팔릴지 예측하는 것도 모두 데이터 분석이다. 데이터 분석은 과학적인 연구에는 필수적으로 필요하며, 정책결정, 테러대비, 사회현상 분석 등 거의 모든 활동에 필요하다.

이렇게 데이터 분석은 오래전부터 이미 널리 수행되고 있고 있는데 왜 최근에 데이터 사이언스가 특별한 관심을 끌고 있는 것일까? 그 이유는 빅데이터 시대가 되어 데이터의 생성과 이용이 과거와 매우 다른 양상을 띠고 있기 때문이다.

데이터 분석에는 다양한 수준이 있는데, 간단하게 평균치와 분산을 보는 기본적인 통계 분석에서부터 인공지능 알고리즘을 적용한 고수준의 기계학습적인 방법도 있다. 문제가 점차 복잡해지고 관련된 데이터가 많아지면서 데이터 분석도 점차 복잡해지고 있어 한 가지 방법에만 의존하지 않고 종합적인 방법을 사용할 수 있어야 한다.

통계적 분석

모든 데이터 분석은 통계 분석(statistical analysis)에서 출발한다. 통계학의 본질이 바로 "데이터로부터 의미를 찾는 것"이다. 지금과 같이 컴퓨터와 정보통신 기술이 발달하기 전에는 분석 대상이 되는 전체 데이터(population)를 얻지 못하는 경우가 많았으므로 통계에서는 일부 샘플 데이터로부터 전체 집단의 의미를 찾아낼 수 있어야 했고 이를 객관적으로 설명하기 위해 수학적 모델을 중요시했다.

통계에서는 기본적으로 추론(inference)을 통해 샘플 데이터를 발생시킨 실제 세계를 설명한다. 수백 명의 앙케트 조사 결과를 보고 국민 전체의 성향을 파악하거나, 일부 환자의 치료 결과를 분석하여 약품의 일반적으로 효능을 추정하려면 정교한 통계적 모델이 필요하다.

통계적 분석에서는 어떤 결론을 얻는데 필요한 가설을 잘 세우는 것이 중요하며 이 가설을 검증하기 위해서 신뢰도와 오차범위를 설명해야 한다. 예를 들어 축구경기에서 이길 확률이 70%라고 예측하면서 신뢰도가 95%이고 오차범위가 5%라고 하면 이것의 의미는 내일 경기에서 이길 확률이 65%~75% 내에 발생할 확률이 95%라는 의미이다.

통계적 예측에서 신뢰도와 오차범위는 측정한 샘플 데이터의 분포를 보고 판단한다. 특히 샘플 데이터의 분산(variancec)이 중요한 역할을 한다. 예를 들어 어떤 두 마을의 남자들의 키를 측정했는데 다섯 명 샘플의 키가 다음과 같다고 하자.

마을 A : 168, 169, 170, 171, 172cm
마을 B : 150, 160, 170, 175, 180cm

위 두 마을 A와 B의 남자 다섯 명 샘플의 키의 평균은 모두 170cm로 같다. 그러나 마을 A 사람들의 키는 평균치 근처에 집중적으로 모여 있고, 마을 B 사람들은 키의 편차, 즉 분산이 큰 것을 알 수 있다. 실제 마을 사람들의 키가 평균 170cm라고 하더라도 마을 B에서는 오차가 클 것이다. 오차의 크기는 측정한 샘플의 수에 따라서 달라지는데, 만일 5명만 측정하지 않고 500명을 측정했다면 실제 키를 예측하는데 오차가 줄어들 것이다.

분산은 통계에서 매우 중요한 역할을 한다. 예를 들어 어느 학교의 성적을 보니 남학생과 여학생의 평균 성적이 5점 차이가 났다고 하자. 이 점수 차이를 보고 정말 남녀 성별에 따라 실력 차이가 있다고 해야 할지, 아니면 5점 차이는 얼마든지 우연히 발생할 수 있는 점수차에 불과한 것인지를 판단해야 한다. 이러한 해석을 하려면 남녀 학생 각 집단 내에서 분산의 차이와 집단 간의 분산 값을 비교해봐야 한다. 회사에서 특정 캠페인을 한 경우에 그 효과가 매출 증대로 이어져 효과가 난 것인지, 의사가 특정한 약을 투여했을 때 약효가 정말 있었는지 등을 판단할 때에도 분산 분석이 사용된다.

지금까지의 통계적 분석에서는 전체 데이터를 확보하기 어려운 조건에서 샘플을 통해 전체적인 상황을 예측하는 노력을 한 것이라면, 빅데이터 시대에는 샘플 데이터가 아니라 데이터 전체를 가지고 분석하는 일도 가능해졌다. 이는 디지털 기술의 발달로 데이터가 잘 축적되어 있기 때문이다.

덴마크의 암협회에서는 핸드폰 사용이 뇌에 나쁜 영향을 주어 암발생률을 정말 높였는지를 조사하기 위해서 1987~1995 사이의 모든 핸드폰 사용자를 대상으로 1990~2007 사이의 암 발생을 추적하여 상관관계를 분석하였다. 즉, 일부 샘플 환자의 통계를 가지고 전체를 추정하는 것이 아니라 모든 해당 환자의 데이터를 조사한 것이다. 디지털 시대가 되면서 예전과 달리 제한된 샘플 데이터에만 의존하지 않아도 되게 되었으며 이제는 전통적인 통계분석 방식의 한계를 넘는 새로운 데이터 분석 기법을 사용해야 한다.

심슨 패러독스

통계분석은 결과 해석방법에 따라 매우 주관적인 결과를 얻기도 한다. 평범한 데이터 분석도 보는 시각에 따라 전혀 다른 결과가 나올 수 있는 사례를 소개하겠다.

두 회사가 각각 자사 제품의 불만율이 더 낮다고 주장한 예를 보자. A사와 B사가 서울과 춘천에서 판매한 전체 제품 1,100개를 조사해보니, A사 제품의 불만율은 3%, B사의 불만율은 8%였다. 즉, A사 제품이 불만율이 전체적으로 낮았다. A사는 이를 대대적으로 홍보했다.

그런데, 같은 데이터를 가지고 B사에서 다시 분석을 해보았는데, 서울과 춘천에서의 통계를 나누어서 각각의 통계치를 보았다. 서울에서는 불만율이 A사가 10%, B사는 8%로 B사의 실적이 더 좋았고, 춘천에서도 A사의 불만율은 2%, B사의 불만율은 1%로 B사의 실적이 역시 좋았다. 즉, 서울과 춘천 두 도시에서 모두 B사가 승리했으니 B사의 제품이 우수하다고 볼 수 있고 이를 홍보했다. 이들은 모두 같은 데이터를 가지고 분석을 했는데 어떻게 정 반대의 결과를 얻었을까?

실제 데이터를 표 7.1에 비교하였다.

표 7.1 두 도시에서 A사와 B사의 불량률 비교와 전체 불량률 비교

도시	A사	B사
서울	판매량 90, 불량품 10 (불량률 = 10/100 = 10%)	판매량 920, 불량품 80 (불량률 = 80/1,000 = 8%)
춘천	판매량 980, 불량품 20 (불량률 = 20/1,000 = 2%)	판매량 99, 불량품 1 (불량률 = 1/1,000 = 1%)
	A사 총 불량률 30/1,100 = 3%	B사 총 불량률 81/1,100 = 8%

표 7.1의 맨 아래 줄에 나타난 대로 전체 제품 1,100개의 결과를 비교하면 A사는 총 불량률이 3%이고 B사는 8%인 것이 맞다. 그러나 각 도시별로 비교하면 두 도시에서

모두 B사의 불량률이 A사보다 낮다. 이렇게 언뜻 이해가 잘 되지 않는 결과를 얻게 된 원인은 A사는 춘천에서 제품을 많이 팔았고(1,000개) B사는 서울에서 물건을 더 많이 팔았기 때문이다. 그리고 제품을 많이 판매한 곳의 불량률이 각각 2%와 8%로 큰 차이가 났기 때문에 전체적으로 이것이 결정적인 영향을 준 것이다. 각자의 주장에 틀린 점은 없다. 단지 데이터의 해석방법이 달랐을 뿐이다.

이렇게 같은 데이터를 가지고도 분석 방법에 따라 해석이 달라질 수 있는 예를 Simpson 파라독스라고 하며 이러한 일은 종종 벌어진다. 데이터 분석은 결과 수치만 보아서는 정확한 판단을 할 수 없다.

기계학습 분석

기계학습(machine learning)이란 컴퓨터 프로그램이 마치 사람이 학습하듯이 점차 성능을 개선하는 방식을 말한다. 기계학습에서는 새로 들어오는 데이터를 이용하여 프로그램이 학습을 하여 분석 모델의 성능을 개선시키게 된다.

예를 들어 사람이 손으로 쓴 글자를 컴퓨터가 인식하는 경우에, 글자 인식이 맞으면 다음 단계로 넘어가지만 인식이 틀렸으면 사람이 글자를 다시 고쳐 씀으로써 정답을 가르쳐 주게 된다. 이렇게 사람이 정답과 오답을 계속 가르쳐주면 컴퓨터의 인식률이 올라가도록 하는 기술이 기계학습이다.

기계학습은 인공지능(artificial intelligence)의 한 분야이다. 인공지능이란 컴퓨터가 사람처럼 지능적으로 어떤 작업을 똑똑하게 수행하게 하는 것을 말한다. 기계학습은 단순한 형태의 인공지능이라고 할 수 있다. 기계학습에서는 비교적 단순하지만 훈련을 통해서 성능이 나아지는 기능을 수행하며 사람처럼 생각을 하거나 추론을 하는, 소위 지능을 가지는 것을 목표로 하지는 않는다. 기계학습은 마치 공장에서 불량품을 잘 골라내는 숙련공과 같은 역할을 하는 것이라고 하겠다.

통계적 분석에서는 모델을 만들 때 세운 가정은 합리적인지, 분석 결과를 얼마나 신뢰할 수 있는지 등을 중요시 하는데 비해, 기계학습에서는 모델을 소프트웨어로 구현해 내는 데에 더 관심이 많다. 즉, 실제로 동작하는 분석 시스템을 우선 만들고 새로운 데이터를 이용한 학습과정을 통해서 모델의 성능을 개선하는 것에 더 가치를 둔다.

7.2 데이터 분석 모델

데이터 분석은 "데이터로부터 어떤 의미를 찾는 것"을 말하다. 데이터란 자연 상태나 인위적 행동의 결과가 밖으로 표출된 것이라고 볼 수 있으며 그 본질적인 내용 또는 숨어 있는 의미를 찾아내는 작업이 데이터 분석이다. 데이터 분석 결과는 연구 대상의 본질적인 성격을 설명하거나(description), 어떤 값을 예측(prediction)하는 형태로 나타나며 이를 위해 모델링 방식을 주로 사용한다.

모델링

데이터를 발생시킨 원래 시스템을 설명하기 위해 설정한 구조를 **모델**이라고 한다. 모델을 표현하는 방법은 수식, 다이어그램, 알고리즘 등으로 표현할 수 있다. 수식은 가장 명쾌한 수단이다. 예를 들어 모든 질량을 가진 모든 물체는 서로 끌어당긴다. 이는 만유인력 법칙이며 뉴턴의 방정식으로 간단히 표현된다. 만유인력은 두 물체 각각의 질량에 비례하고, 두 물체의 거리의 자승에 반비례하는 수식으로 표현된다. 자연의 본질적인 현상인 만유인력 법칙 모델을 통해서 실세계를 이해하고 예측할 수 있다. 이 모델 덕분에 자유 낙하하는 물체의 속도를 구할 수 있으며 많은 기구를 설계할 수 있다.

중력 법칙의 경우는 간결한 수식으로 잘 설명할 수 있는 모델이다. 그러나 현실 세계의 많은 현상은 수식으로 간단히 모델링하기 어려운 경우가 더 많다. 이때에는 수식이 아닌 다이어그램이나 컴퓨터 알고리즘을 사용해서 모델을 만들어야 한다.

예를 들어 사람들이 매장에 들어오면서 주변을 많이 둘러볼수록 상품을 구매할 확률이 높다고 하면 이러한 모델을 이용하여 구매할 확률이 높은 사람을 찾아내고 더 친절하게 응대할 수 있을 것이다. 예를 들어 매장에 들어오는 사람이 주변을 둘러보는 횟수가 5번 이상이며 우수고객이라고 분류하는 간단한 모델을 만들 수 있을 것이다. 이 모델이 실제로 우수한 고객을 잘 분류할지는 두고 봐야겠지만 매우 유용하고 실제로 매출 증대에 도움이 될 수 있을 것이다. 이 경우는 우수고객을 찾아내기 위해 간단한 논리로 구성된 다이어그램 형태의 모델을 만든 것이다. 이 모델의 정확도를 좀 더 높이기 위해서 남성의 경우는 4회 이상, 여성의 경우는 6회 이상 둘러보아야 우수고객이라는 사실을 알아냈다면 이를 모델을 개선하는 데 사용할 수 있을 것이다.

어느 콜 센터에서는 고객의 성향을 파악하여 까다로운 고객과 원만한 성격의 고객을 구분하고 각각 적절한 콜 센터 직원에게 연결해 줌으로써 고객과 직원의 만족도가 모두 높은 사례도 있다. 이러한 서비스가 가능하려면 고객의 과거 이용 패턴 데이터를 분석하여 고객의 성격이 어떨지를 예측할 수 있는 모델을 만들어야 한다. 이러한 모델은 좀 더 복잡한 다이어그램 즉 컴퓨터 알고리즘으로 만들어야 한다.

이와 같이 모델을 이용함으로써 연구대상의 본질적인 특성을 설명하거나 미래의 어떤 값을 예측할 수 있으며, 비록 모델이 정확하지는 않더라도 실전에서 유용하게 쓰일 수 있다. 모델을 새로 들어오는 데이터를 보고 점차 정교하게 개선해나갈 수 있다.

모델이 필요한 또 다른 중요한 이유는 분석 과정에서 사람들 간의 오해를 줄이기 위해서는 객관적인 기준이 필요하기 때문이다. 예를 들어 어떤 두 학생의 영어 성적이 각각 95점과 75점이라고 할 때 이 두 학생의 영어 실력이 이 점수차만큼 차이난다고 볼 수 있는가? 만일 이들이 서로 다른 학교를 다닌다면 실력 비교는 더 어렵다. 학교마다 시험 난이도가 다르기 때문이다. 데이터 분석 결과를 객관적 설명하기 위해서는 공통으로 사용할 수 있는 모델이 필요하다.

학생의 실력을 평가하기 위해서 대부분의 학교는 국, 영, 수, 과, 사 등의 과목을 평가하고 한 학기에 두 번 평가한다. 이렇게 성적 측정 모델이 표준화되어 있어야 학생이 전학을 가거나 취업할 때 공통적으로 학생 실력을 추정할 수 있을 것이다.

모델의 특징

모델은 학습을 통해서 성능이 개선되고 일반화될 수 있어야 가치가 있다. 성능이 개선된다는 것은 예측의 정확도가 올라가는 것을 말한다. 주어진 샘플 데이터를 사용해 모델을 완성해나가는 과정을 **훈련**(training)이라고 한다. 훈련을 통해 모델을 만든 후에 예측이나 분류에 사용하는 것이다. 모델의 **일반화**(generalization)란 만들어진 모델이 앞으로 발생하는 새로운 입력 데이터에 대해서도 정확하게 잘 동작해야 하는 것을 말한다.

데이터에 기반하여 모델을 만들 때 방해가 되는 데이터를 잡음(noise)이라고 한다. 예를 들어 빨간 구두를 신은 학생이 지난 2학기 동안의 수업에서 계속 A+를 받았다고 해서 모든 빨간 구두를 신은 학생은 앞으로도 A+를 받을 것이라고 예측하는 모델은 잘못된 것이다. 잡음은 모델을 만드는데 사용하면 안 된다. 실수로 잡음 데이터를 포함하여 모델을 만들려고 노력하는 경우가 있는데, 이때 모델의 과도한 적용(overfitting)이 발생한다. 과도한 적용을 하면 모델을 일반화 할 때, 즉 임의의 데이터에 대해 모델을 적용할 때 모델이 잘 동작하지 않는다.

모델을 만드는 과정에서는 항상 가정이 필요하다. 모델이란 실제 현상을 단순하게 만든 것이므로 이 단순하게 만드는 과정에서 가정이 필요한 것이다. 예를 들어 사람의 성격 유형을 나누는 모델에는 4가지, 5가지, 16가지, 32가지 유형 등 다양한 모델이 있을 수 있으며 이렇게 사람의 성격을 한정된 수의 유형으로 분류하려면 각각 단순화하는 가정이 필요하다.

사람의 성격을 4가지나 32가지가 아니라 256가지로 나누면 더 정확한 분류가 가능하다고 할 수 있을까? 나누는 가지 수가 많으면 오히려 오류가 더 늘어날 수도 있다. 필요한 목적에 따라 적절한 수의 성격 유형을 사용해야 할 것이다.

분석에서는 적절한 모델을 선택하는 것이 매우 중요한데, 적절한 모델이란 데이터 분석의 목적에 따라 다르다. 모델이 세분화될수록 항상 좋다고 말할 수 없다. 때로는 정교한 모델이 좋을 수도 있지만 정확하지는 않더라도 분석 결과가 빨리 나오는 것이 더 필요한 경우도 있다.

모델을 만들 때 처음부터 가정을 잘 못 세우는 경우도 있다. 가정이 실제 상황과 너무 틀리면 분석 결과가 맞지 않는다. 정확한 분석을 하려면 정확한 모델을 선택해야 하고 타당한 가정을 해야 한다. 데이터 분석의 성공 여부는 어떤 모델을 사용할지, 그리고 어떤 가정을 사용할지에 크게 의존한다. 이를 위해서는 분석 대상에 대한 이해가 필요하다.

예를 들어 어떤 서비스에 대한 사람의 반응을 분석하려면 이 서비스를 이용하는 사람을 잘 알아야 한다. 중학생 이용자의 행동을 분석하려면 중학생의 심리를 잘 알아야 하고, 양로원을 짓기 위해서라면 고령자의 생활을 이해해야 한다.

한편 데이터 분석과 응용 대상은 사람과 관련이 부분이 많다. 마케팅 대상자를 고르는 고객 세분화나, 의사결정 모델, 광고 등은 모두 사람을 대상으로 하며, 따라서 사람의 생각과 행동에 대한 이해가 깊어야 분석 모델도 잘 만들 수 있다. 훌륭한 데이터 사이언티스트는 인문학적 소양과 심리학에 대한 상식도 필요하다고 하겠다.

데이터 사이언스가 수학, 물리학, 통계학과 다른 점은 현상을 설명하는 완전한 수식은 찾지 못하더라도 현상을 설명하는 모델을 찾는데 기계학습에 기반한 알고리즘을 활용한다는 것이다. 최적의 답을 얻지는 못하더라도 우선 동작하는 모델을 찾고 이를 개선하는 방법을 찾아내는 것이다.

7.3 기계학습

데이터 사이언스에서는 여러 가지 데이터 분석 기술을 사용한다. 기초통계 분석, 회귀분석, 기계학습, 데이터 시각화 기술 등을 사용하는데 그 중 가장 핵심이 되는 개념은 **기계학습**이다. 기계학습을 구성하는 내용을 크게 나누면 서술(descripntive)형과 예측(prediction)형 모델이 있다.

기계학습 유형

서술형 모델이란 데이터를 분석하여 어떤 현상을 설명하는 모델을 말한다. 즉, 주어진 데이터의 속성을 파악하게 해주는 모델이다. 예를 들어 슈퍼마켓에서 어떤 두 가지 품목이 같이 자주 판매되는지의 패턴을 찾아내는 것은 일종의 서술형 모델이다. 유사한 특성을 가진 항목들을 그루핑하는 것을 클러스터링이라고 하는데 클러스터링도 서술형 모델이다.

예측형 모델이란 미래에 발생할 데이터의 값을 예측하는 것을 말한다. 예측에는 분류(classification) 예측과 수치 예측이 있다. 분류 예측(편의상 분류 예측을 분류라고 한다)의 예는 수신한 메일이 스팸인지 아닌지를 구분하는 것, 이번 은행 대출이 부도가 날지 아닐지, 누가 우수 고객인지를 예측하는 것 등이다. 사기행위의 검출, 유전자의 이상 검출, 범죄행위의 검출 등도 분류에 해당한다.

수치 예측은 병에 걸릴 확률이 얼마일지, 다음 달 가게의 매출이 얼마일지 등 수치를 예측하는 것을 말한다. 수치 예측에는 변수들 간의 상관관계를 이용한 선형 회귀(linear regression)분석이 가장 널리 사용된다.

예측 모델은 예측하려는 변수의 정답을 나중에 알 수 있으므로 지도학습(supervised learning)이라고 한다. 즉, 예측한 결과를 나중에 맞추어보고 기계학습의 모델을 개선해나갈 수 있다. 반면 앞에서 설명한 서술형 모델은 정답이 있지 않으므로 나중에 정답을 맞추어볼 수 없다. 서술형 모델은 비지도 학습(unsupervised learning)이라고 한다.

표 7.2에 기계학습의 유형을 서술형과 예측형으로 나누었고 각각에서 주로 사용되는 알고리즘 예를 나타내었다. 기계학습에는 여기 소개한 것 이외에도 많은 알고리즘이 있으나 대표적인 방식을 우선 명확하게 이해하면 이의 파생된 알고리즘은 비교적 쉽게 이해할 수 있다.

표 7.2 기계학습 유형과 대표적인 알고리즘

기계학습 유형		알고리즘
서술형	클러스터링	k-means
	연관분석	패턴분석
예측형	분류	k-NN, 베이어스, 의사결정트리
	수치예측	선형 회귀분석, 회귀트리, SVM

클러스터링

클러스터링(clustering)이란 성격이 비슷한 항목들을 그룹으로 묶는 것을 말한다. 클러스터링이 분류와 다른 점은, 분류는 나눌 그룹의 개수와 명칭이 미리 정해진 반면 클러스터링에서는 항목들을 몇 개의 그룹으로 나눌지 미리 정해지지 않는다. 예를 들어 문구점을 이용하는 패턴을 보고 이 고객이 초등학생인지, 중학생인지, 고등학생인지를 구분하는 문제는 미리 나눌 그룹이 정의되어 있기 때문에 분류에 해당한다. 미리 나눌 클래스 개수(위에서는 3개)와 명칭(위에서는 초, 중, 고)이 정해져 있다.

반면에 문구점 이용 고객을 지출하는 비용에 따라 몇 개의 그룹으로 나누고 각 그룹에 적합한 선물을 준비하려고 한다면 이는 클러스터링의 문제가 된다. 나눌 그룹의 수가 미리 정해져 있지 않기 때문이다. 예를 들어 지난 한 달간 이 문구점에서 구매한 사람을 매출액을 기준으로 나누어 보았더니 그림 7.1과 같은 분포를 보였다면 대략 5만원 이상을 구매하는 고객, 2만원~5만원을 구매하는 고객, 2만원 이하를 구매하는 고객 등 세 개의 그룹을 나누어지는 것을 알 수 있다.

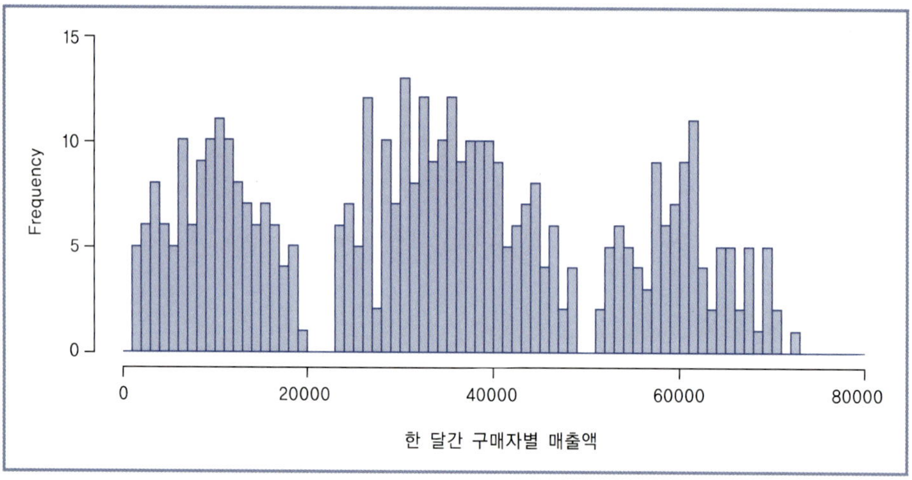

그림 7.1 한 달간 구매자별 매출액 분포

클러스터링 분석을 하는 이유는 전체적으로 고객의 유형이 몇 종류인지를 먼저 파악하기 위해서이다. 즉, 매출액수에 따라 적절한 고객 그룹의 수를 파악하고 각 그룹의 고객에게 다른 선물을 하려고 한다면 선물을 몇 종류나 준비할지를 정하기 위해서 필요하다.

클러스터링에 널리 사용되는 알고리즘으로 k-means가 있다. 이 방식은 특정 샘플의 주변에 있는 k개의 다른 샘플의 평균치를 구해서 이 샘플의 속성이 무엇일지를 정하는 방법이다.

연관분석

연관분석(association analysis)이란 어떤 사건이 다른 사건과 얼마나 자주 동시에 발생하는지를 파악하는 것을 말한다. 예를 들어 맥주를 사는 사람은 대부분 땅콩도 같이 산다면 이들의 연관성이 높다고 한다. 연관분석을 하려면 자주 발생하는 패턴을 찾아내는 작업이 필요하다.

연관분석에서는 상품간의 연관성뿐만 아니라 사람간의 연관성을 분석하기도 한다. 특정인과 취향이 비슷한 사람을 찾기 위해서 두 사람이 같이 본 영화를 분석한다든지, 같이 즐겨 듣는 음악을 분석하는 것도 연관분석이다. 연관분석은 사람들이 슈퍼마켓에서 어떤 제품을 같이 구매했는지 등을 분석하는 소위 장바구니 분석(market basket analysis)에 사용된다.

슈퍼마켓에서 동시에 잘 팔리는 물품을 알아냈다고 하자. 그러면 이 품목들을 서로 가까이 배치해야 할까? 가까이 배치하면 물건을 구매하는 사람은 편리하겠지만, 이 고객은 매장을 많이 돌아다니지 않게 되어 새로운 상품, 즉 예상치 않았던 상품을 구매할 확률이 떨어진다. 슈퍼마켓 입장에서는 함께 잘 팔리는 물건을 적당이 떨어뜨려서 배치해야 매장 전체의 매출이 올라갈 것이다. 연관분석은 상품의 진열 배치뿐만 아니라 상품 프로모션에도 널리 사용된다. 프린터를 구매한 사람은 대부분 두 달 후에 잉크를 구매한다면 새로 프린터를 구매한 고객에게 두 달이 될 때쯤에 잉크 할인권을 보내어 매출을 높일 수 있을 것이다.

분류

분류(classification)란 어떤 아이템이 어떤 클래스에 속할지를 구분하는 작업으로 예측 알고리즘에 해당한다. 예를 들어 새로 도착한 메일이 스팸 메일인지 아닌지를 구분하는 것은 분류에 속한다. 스팸 메일을 분류하는 작업은 생각보다 매우 복잡하다. 스팸 메일을 정상 메일로 처리해도 이용자를 불편하게 하고, 정상 메일을 스팸 메일로 분류해도 이용자를 곤란하게 한다. 이러한 두 가지 오류를 동시에 줄이려면 분류 작업이 그만큼 복잡해진다.

매장에 들어오는 사람을 보고 이 사람이 물건을 살 고객인지, 단순히 구경만 할 고객인지, 아니면 항의하러 들어오는 고객인지를 판단하여 적절하게 대응한다면 매장에 들어오는 고객의 유형을 분류해야 하다.

광고 안내문이나 기념품을 잠재 고객에게 보내는 경우에도 기왕이면 구매할 확률이 높은 고객을 찾아서 보내는 것이 좋을 것이다. 그러려면 과거의 구매이력 데이터 분석이 필요하고 SNS 등 고객의 다른 활동 데이터를 같이 분석하여 우수 고객을 분류하는 것이 필요하다.

분류에 사용되는 대표적인 알고리즘으로는 먼저 확률적인 모델을 이용하는 베이시안 알고리즘이 널리 사용된다. 베이시안 모델은 사건들이 서로 어떤 영향을 주는지를 분석한다. 스팸 메일을 찾는 데에 베이시안 알고리즘이 주로 사용되는데, 예를 들어 "비아그라"라는 단어가 들어 있는 메일은 스팸일 확률이 얼마인지를 미리 측정해 두고 이를 스팸 메일 필터링에 사용하는 것이다. 만일 "비아그라" 단어와 함께 "카드결재" 단어가 같이 들어 있으면 스팸일 확률이 더 올라간다고 모델을 만들 수 있다.

베이시안 확률 모델은 동영상을 분석하여 이상한 동작을 하는 사람을 찾아내어 범죄자일 가능성이 얼마인지 확률을 구하는데 사용된다. 이외에도 문장으로 된 텍스트 분석에서도 사용되고, 상품 카테고리 분류 시에도 유용하다.

분류에서 가장 널리 사용되는 방식은 의사결정 트리(decision tree) 알고리즘이다. 이 방식은 입력변수와 출력변수가 if-then의 관계로 기술되는 경우에 사용된다. 예를 들어 "나이가 30~40세이면서 여성이면 중요 고객이다"라는 분류 모델이 유용할 때 의사결정 트리를 적용하면 편리하다. 입력변수들이 AND 조건으로 조합을 이루는 조건이 많을 때 사용하면 편리하다. 의사결정 트리 모델의 장점은 모델의 동작 내용을 직관적으로 설명하기가 쉽다는 것이다.

영화를 추천하기 위해서 특정 고객과 성향이 비슷한 사람들을 분류할 때 k-NN(k-nearest neighbors) 알고리즘이 사용된다. k-NN이란 특정 고객과 유사한 사람 k명의 인접한 사람을 찾아낸다는 의미이다. 유사한 사람을 찾기 위해서는 과거의 영화 대여 기록이나 영화 평점 데이터를 사용한다.

예측

예측(prediction)이란 과거의 데이터를 보고 미래에 어떤 값이 나타날지를 예상하는 것을 말한다. 어느 고객의 과거 3년간 우리 가게에서의 월별 구매 기록을 보고 다음

달에는 얼마나 구매할지를 예상하는 것은 예측의 문제이다. 특정 광고나 프로모션을 했을 때 이것으로 인해 매출이 얼마나 증가할지를 알아보는 것도 예측이다.

예측에서 가장 널리 사용되는 알고리즘은 선형 회귀분석이다. 이는 특히 수치를 예측하는데 유용하며 통계 분석의 가장 기본적인 도구이다. 예측하려는 목적 변수(또는 종속 변수라고도 한다)의 변화에 여러 가지 독립 변수들이 각각 얼마나 기여하는지, 즉 독립 변수들의 상대적인 중요도를 파악하는데 도움이 된다. 예를 들어 오늘 가게의 매출을 날씨, 지난달 매출, 요일 등 여러 변수를 이용해 예측한다면 어떤 변수가 가장 많은 영향을 주는지를 알아낼 수 있다.

예측 모델로 신경망(neural network)도 널리 사용된다. 선형 회귀분석이 비교적 간단한 모델인데 비해 신경망 구조는 마치 뇌를 구성하는 뉴런들의 집합체를 모델링하듯이 입력 값의 가중치 합의 형태로 복잡한 그물망 구조를 가진다. 최근 신경망의 규모를 키움으로써 계산량이 늘어나는 대신 예측도가 많이 향상되었다. 그러나 신경망 모델은 선형 회귀분석과 달리 각 변수가 결과 예측에 얼마나 많은 영향을 주었는지, 그리고 변수간의 영향은 파악하기 어렵다는 단점이 있다. 회귀분석에서는 각 변수가 얼마나 기여하는지를 파악하기가 쉬웠다.

7.4 분석 모델 선택

데이터 분석에서 가장 어려운 것은 주어진 문제를 해결하기 위해서 어떤 모델을 사용할 것인지를 정하는 것이다. 주어진 문제가 분류를 통해 해결할 수 있는 문제인지, 클러스터링을 먼저 하여 그룹을 만들어봐야 하는 것인지, 예측을 해야 하는 문제인지를 파악해야 한다.

분석 알고리즘을 선택할 때에는 선택한 모델의 성능을 어떻게 평가할지도 정해야 한다. 막연히 좋은 알고리즘이란 없으며 상황에 따라 좋은 알고리즘의 조건이 달라진다. 따라서 주어진 문제를 해결하는데 어떤 알고리즘이 가장 좋은지를 판단하는 기준이 있어야 한다.

모델의 성능

성능을 객관적으로 비교 평가하려면 수치화된 기준이 있어야 한다. 분석 모델 성능의 최저 기준은 아무런 모델도 사용하지 않는 경우이다. 이를 널(null) 모델이라고 한다. 예를 들어, 분류의 경우 평균치를 그대로 적용하는 것이 널 모델이다. 전체 메일 중에 스팸 메일이 1%라고 할 때, 새로 도착한 메일이 스팸인지 아닌지를 널 모델로 분류하다면, 모든 메일이 무조건 스팸이 아니라고 분류하는 것이다. 그러면 99%의 확률로 맞추고 1%의 확률로 틀린 예측을 하게 되는데, 이것이 바로 최저 성능 기준이 된다. 만일 좀 더 지능적인 분석을 한다면 스팸 메일을 맞게 구분하는 확률이 99%보다 좋아야만 의미가 있다고 하겠다.

고려사항

분석 알고리즘은 앞에 설명한 정확도 외에도 고려할 것이 많다. 데이터 분석 문제는 수학 문제처럼 정답이 하나만 있는 것이 아니다. 같은 문제를 해결하는 데에도 여러 분석 알고리즘을 사용할 수 있으며, 각각 성능, 편리성, 해석의 용이성 측면에서 장단점이 있다. 또한 분석가가 평소에 자주 사용하는 선호도가 높은 방법도 고려해야 한다.

데이터 분석 알고리즘에서 중요한 기능 중 하나는 선택한 모델이 어떤 원리로 동작하는지를 고객에게 쉽게 설명할 수 있어야 한다. 모델의 동작이 너무 복잡하면 문제 해결을 요청한 고객이 이를 채택하지 않을 수도 있다. 예를 들어 은행 대출이 거절된 고객은 자신이 어떤 이유로 신용도가 낮게 평가되었는지 설명을 요구할 수 있다.

처음에 선택한 분석 모델만 사용하여 데이터 분석을 마치는 경우는 거의 없다. 최초의 모델을 실제 상황에 적용해 보면서 이 모델이 문제를 잘 해결하고 있는지 점검하고 이를 개선하면서 문제해결 방법을 근본적으로 변경하기도 한다. 이 과정에서 새로운 모델을 재시도하거나 다른 데이터를 분석에 추가로 활용하거나 문제 자체를 다시 정의하기도 한다.

데이터 분석 결과가 만족스럽게 나오지 않으면 분석 모델을 잘못 설정했을 가능성이 가장 높다. 또는 모델 설정 시 잘못된 가정을 세웠을 수도 있다. 빅데이터 분석에서는 가용한 데이터의 양이 많다는 것이 특징인데, 주어진 데이터를 모두 다 사용할 수 없고 데이터의 일부를 사용하게 된다. 이렇게 데이터의 일부를 선택하는 과정에서도 잘못된 선택을 할 수 있다.

때로는 "잘못된 문제 정의"에서 출발하는 경우도 있다. 처음부터 해결될 수 없는 문제를 문제로 정의하면 뭔가 열심히 작업을 하지만 답은 나오지 않을 것이다.

원하는 결과가 나오지 않으면 우선 문제가 제대로 정의되었는지를 다시 보고, 핵심 데이터를 사용하는지, 분석 모델의 가정이 틀리지 않았는지를 살펴봐야 한다.

최근 데이터 분석에 대한 수요가 많아지면서 저렴한 또는 무료 소프트웨어도 많이 소개되고 있다. 고도의 복잡한 알고리즘 구현이 아니라면 공개 소프트웨어를 사용해도 간단히 원하는 결과를 얻을 수 있다. 이제 빅데이터 분석은 특별히 데이터를 많이 가지고 있는 기업만 수행하는 작업이 아니라 누구나 해 볼 수 있는 시대로 바뀌고 있다.

알고리즘의 동작 속도

알고리즘의 성능을 나타내는 데는 모델의 정확도, 즉 모델이 얼마나 오류없이 입력 데이터를 잘 분류 또는 예측하는지가 가장 중요하다. 그런데 모델의 정확도 외에 모델을 구현한 알고리즘의 처리 속도도 중요하다. 알고리즘의 속도(즉, 시간)에는 두 가지가 있는데, 모델을 만드는 데 걸리는 시간과 모델을 만든 후에 이 모델을 사용하여 실제로 데이터를 분류 또는 예측할 때의 시간이다. 모델을 만드는데 걸리는 시간이란 훈련 데이터를 사용해서 의사결정 트리와 같은 모델을 만드는데 걸리는 시간을 말한다.

알고리즘의 속도가 얼마나 빨라야 하는지에 따라 선택할 알고리즘이 달라진다. 일반적으로 알고리즘이 정교하고 복잡할수록 정확도는 높아지지만 실행하는데 시간이 오래 걸린다.

무작위 추출 모델

데이터 분석의 구체적인 알고리즘은 아니지만 분석 방법론으로 중요한 개념이 **무작위 추출 모델**이다. 무작위 추출 모델이란 데이터를 수집하는 단계 처음부터 데이터를 랜덤하게 구분하는 방식이다. 이를 A/B 테스트라고도 한다. 예를 들어 웹 사이트에서 두 가지 서로 다른 버전의 메뉴에 대한 고객 반응을 테스트 해보려면 이용자 그룹을 둘로 나누고 각각 다른 화면을 보여주는 방법을 사용한다. 각 사용자는 서로 다른 화면을 이용하게 되며 그 결과 반응을 보고 어떤 메뉴가 더 좋은 효과를 얻었는지를 분석할 수 있다. A/B 테스트는 인터넷을 통한 온라인 서비스에서 구현하기가 쉽다. 같은 상품의 여러 가지 버전을 가지고(예를 들어 파란색 병과 붉은색 병) 소비자의 반응을 테스트할 때도 A/B 테스트를 사용한다.

A/B 테스트를 하려면 어떤 고객에게 메뉴 A를 보여주고 어떤 고객에게 메뉴 B를 보여줄지를 잘 나누어야 한다. 이때 고객을 처음부터 공정하게 분류하는 것이 필요하다. 이 분류가 잘못되면 잘못된 테스트 결과를 얻는다. 예를 들어 메뉴 A를 보여준 고객이 원래 구매 성향이 높은 고객들로 구성되어 있었다면 메뉴 A의 매출이 늘어난 결과는 메뉴 A가 좋아서가 아니라 고객 분류가 처음부터 잘못되었기 때문인 것이다.

A/B 테스트는 실험군을 랜덤하게 나눔으로써 다른 조건들을 크게 신경쓰지 않고도 두 방식의 차이점을 순수하게 비교할 수 있다는 장점이 있다. 두 가지뿐만 아니라 여러 가지 옵션을 비교할 때도 유용하다.

7.5 데이터 분석 도구

데이터 분석은 Java, C, R, 파이썬 같은 프로그래밍 언어를 사용할 수도 있고, 간단히 엑셀을 사용할 수도 있다. 통계처리 패키지인 SAS, SPSS, STATA를 사용할 수도 있고 수치해석 도구인 Matlab도 사용할 수 있다. 데이터 분석 도구의 특징을 살펴보겠다.

R

R은 통계 처리를 주목적으로 개발된 언어지만 지금은 데이터의 특성을 조사하거나, 기계학습 알고리즘을 구현하거나, 결과 그래프를 그리는 등 데이터를 다루는데 널리 사용되고 있다. R은 데이터를 다루는데 특화된 언어라고 하겠다. R은 공개 소프트웨어로서 무료로 사용할 수 있고 전 세계의 개발자들이 수많은 패키지를 개발하고 있어 다양한 기능이 계속 패키지로 제공되고 있다.

R의 특징은 문법이 매우 간단하다는 것이다. 그렇다고 R이 배우기 쉬운 것은 아니다. R 문법은 비교적 간단하지만 R이 제공하는 함수에 숨어 있는 통계적인 기본 개념을 이해하는 것이 어렵기 때문이다. R에서는 단 한 개의 함수 호출로도 많은 작업을 수행할 수 있어 편리한 반면 각 함수에 구현된 내용의 개념을 이해해야만 잘 사용할 수 있다.

이 책에서는 데이터 분석 예제를 R을 사용하여 설명한다. 데이터 사이언스에서는 데이터에 대한 전반적인 이해, 데이터 처리, 분석, 활용에 대한 전체 과정을 파악하는 것이 더 중요하므로 가능하면 세부적인 프로그래밍의 부담을 최소화하는 것이 필요하며 그러한 목적에서 R을 선택하였다.

그러나 데이터를 보다 상세하게 다루거나 복잡한 기능을 구현하려면 파이선이나 자바, C와 같은 범용 프로그래밍 언어를 사용해야 한다.

파이썬

파이썬(python)은 C, Java와 같은 범용 프로그래밍 언어이며 데이터 분석에 필요한 함수들을 제공한다. 파이썬은 C나 Java와 같이 세밀한 동작을 수행할 수 있으면서 스크립트형 언어로써 모든 코드를 한 번에 실행하지 않고 실행하고자 하는 영역만 실행하여 결과를 살펴볼 수 있어 중간 중간에 데이터를 분석 결과를 볼 수 있다는 장점이 있다.

예전에는 R이나 Matlab으로 분석에 대한 아이디어를 검증해 보고 실행 속도를 높이기 위해 C나 Java와 같은 범용 언어로 다시 알고리즘을 구현하기도 했으나 파이썬을 사용하면 R처럼 쉽게 알고리즘을 개발하고 통합할 수 있다는 장점을 가지고 있다.

파이썬은 NumPy과 Pandas, Matplotlib, IPython, SciPy 등 매우 편리한 라이브러리를 제공하는데 NumPy는 데이터 분석에 사용할 데이터 컨테이너의 역할을 한다. Pandas는 데이터를 가공할 수 있는 함수를 제공하고, Matlotlib는 데이터를 시각화하는데 사용된다. IPython은 계산용 라이브러리이며 SciPy은 계산 컴퓨팅 영역에 대한 라이브러리이다.

SAS

SAS(Statistical Analysis System)는 기업이나 대형 기관에서 가장 널리 사용되는 통계

분석 도구이다. SAS는 데이터베이스의 자료를 쉽게 접근할 수 있으며 자료의 정렬, 결합, 분류, 수정 등 자료 관리가 쉽고, 의사결정, 모델 훈련 및 예측 등의 분석과 그래프 및 통계표 작성도 쉽다.

SAS에서는 대표적인 솔루션으로 Enterprise Guide(EG)와 Enterprize Miner(EMiner)를 제공하는데 EG는 GUI를 제공하여 데이터를 쉽게 준비하고 데이터의 속성을 파악할 수 있게 해준다. EMiner에서는 기계학습 알고리즘 등 데이터 분석에 필요한 기능을 드래그앤 드롭으로 가져다가 사용할 수 있어 초보 사용자들의 편의성을 갖추고 있으며 전문가들에게는 직접 알고리즘을 개발하여 분석할 수 있는 도구를 제공하고 있다.

SPSS

SPSS(Statistical Package for the Social Sciences)는 가장 많이 사용되는 통계처리 패키지 중 하나이다. IBM에서 통계 소프트웨어 솔루션으로 제공하고 있다. 데이터 분석 전문가가 아닌 일반 사용자들도 쉽게 사용할 수 있다.

SPSS를 크게 4개의 기능으로 분리해볼 수 있다. 데이터의 입력, 데이터의 관리, 통계적 분석, 보고서 작성이 있으며, 각각의 영역이 직관적이고 이해하기 쉬운 구조로 되어 있다. 또한 그래픽 환경에서 통계분석 및 자료처리가 가능하고, 직접 프로그램을 작성할 필요없이 대화상자를 이용하여 분석할 수 있으며, 그래픽 작성이 쉽다. SPSS는 두 가지 실행방식이 있는데, 하나는 GUI 방식으로 수행하는 것과 다른 하나는 Syntax 방식이다.

GUI 방식은 메뉴를 활용하여 분석을 수행하는 것이고, Syntax 방식은 직접 명령문을 모두 입력하여 데이터를 처리하고 분석하는 방식을 말한다. 즉 일반 분석가들이 사용하기 쉬운(GUI) 분석 방법과 전문 분석가들이 사용하기 좋은(Syntax) 분석 방법 모두를 제공한다고 볼 수 있다.

Matlab

Matlab(Matrix Laboratory)은 수치해석, 행렬 연산, 신호처리의 수치계산을 편리하게 수행하고 다양한 그래픽 기능을 제공한다. Matlab은 주로 공학분야에서 널리 사용되는데 수치 데이터를 다루기가 편리하다. 데이터 수집은 파일이나 다른 응용프로그램이나 데이터베이스 및 외부장치에서 데이터를 가져올 수 있으며 다양한 형식의 데이터를 가져올 수 있다. 데이터 관리, 필터링, 사전 처리를 할 수 있으며 자료 분석을 통하여 가설을 테스트하는 모델을 제작할 수 있다. 플롯 갤러리를 통해서 데이터 분석 결과를 시각화할 수 있는 라이브러리를 제공하고 있다.

마이크로소프트 엑셀

엑셀을 사용하면 간단하게 수식 계산, 기초통계 분석을 할 수 있으며, 그래픽과 차트, 데이터베이스, 응용프로그램도 작성할 수 있다. 데이터 분석 기능으로는 회귀분석, 민감도분석, 분산분석, 상관분석, 히스토그램 등을 사용할 수 있으며, 추가로 설치할 수 있는 데이터 마이닝 도구로 XLMiner, DataMinerrXL, 11Ants 등이 있다. 엑셀은 친근하고 쉽게 사용할 수 있는 도구로서 데이터의 전체적인 내용을 빠르게 파악하기에 편리하고 이미 엑셀을 사용할 수 있는 사용자가 데이터 분석 기능을 테스트해 볼 수 있는 편리한 도구이다. 마이크로소프트 엑셀에는 추가 도구로 Solver를 Add-in으로 설치할 수 있다.

C113

CHAPTER

8

클러스터링

08 클러스터링

CHAPTER

클러스터링은 주어진 항목들을 성격이 비슷한 것들끼리 모으는 작업을 말한다. 분류도 성격이 비슷한 항목들을 구분하는 작업인데, 클러스터링과 분류가 다른 점은 분류에서는 나눌 카테고리가 미리 정해진 반면 클러스터링에서는 나눌 카테고리가 미리 정해져 있지 않다는 것이다. 기계학습은 크게 지도학습과 비지도 학습으로 나눌 수 있다. **지도학습**은 정답을 알고 학습하는 것을 말하고(즉, 나중에 정답과 비교하는 것이 가능한), **비지도 학습**은 정답이 없이 분석하는 경우를 말한다. 분류와 클러스터링이 각각 대표적인 지도학습과 비지도 학습의 예이다.

8.1 클러스터링 개념

예를 들어 어떤 가게의 매출액을 고객의 나이 연령대 별로 기록해 보니 그림 8.1과 같이 분포했다고 하자.

그림 8.1을 보면 10대는 대략 2만원대, 40대는 5만원대, 60대는 6만원대를 지출했고, 30대와 50대는 이 가게에서 거의 물건을 사지 않는 것을 알 수 있다. 이와 같은 데이터를 보면 연령대별 매출액이 유사한 그룹을 몇 개로 나누는 것이 타당할까? 아마 3개가 적절하다고 대부분 생각할 것이다. 이렇게 나누어야 할 집단의 개수나 그 경계치가 미

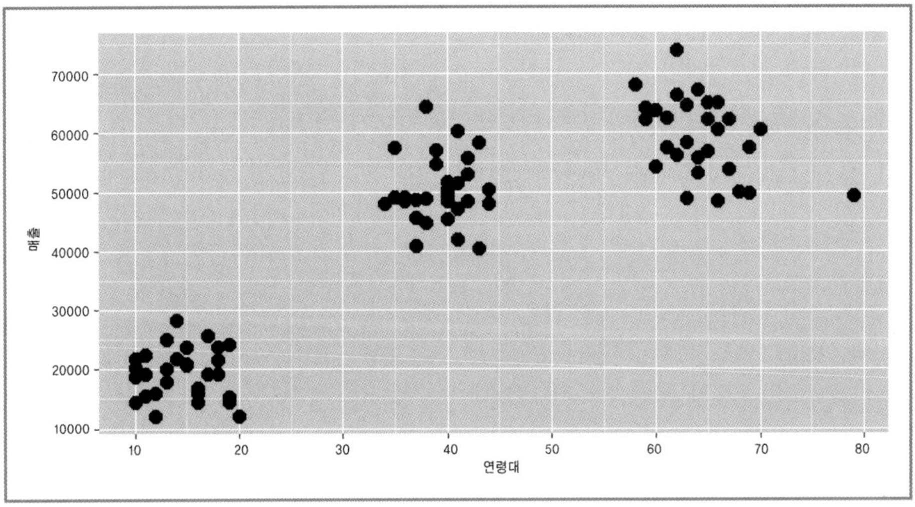

그림 8.1 연령대별 매출액 분포

리 정해져 있지 않지만 전체 그룹을 적절한 수의 그룹으로 나누는 작업을 클러스터링이라고 한다. 클러스터링은 마케팅이나 추천 시스템에서 널리 사용된다. 전체 고객을 성향이 비슷한 그룹으로 나눌 때(이를 세그멘테이션이라고 한다) 클러스터링을 먼저 수행한다.

클러스터 수

클러스터링에서는 나눌 **집단의 수**(이를 k라고 하자)를 미리 정해주는 경우와 미리 정해주지 않고 적절한 집단의 수를 찾아내는 방법이 있다. 앞에서 소개한 가게 매출액의 경우는 k=3으로 잡는 것이 적절한데 이는 사람이 눈으로 보고 쉽게 판단하여 얻은 것이고, 컴퓨터는 몇 개의 클러스터로 나누는 것이 적절한지 미리 모른다. 따라서 클러스터링에서는 적절한 k값을 먼저 찾아내는 단계가 필요하다.

예를 들어 그림 8.2와 같이 2차원 공간상에 A~H의 위치에 있는 항목을 서로 가까이 있는 항목들로 그루핑하려고 한다. 몇 개의 그룹으로 나누는 것이 적절할까?

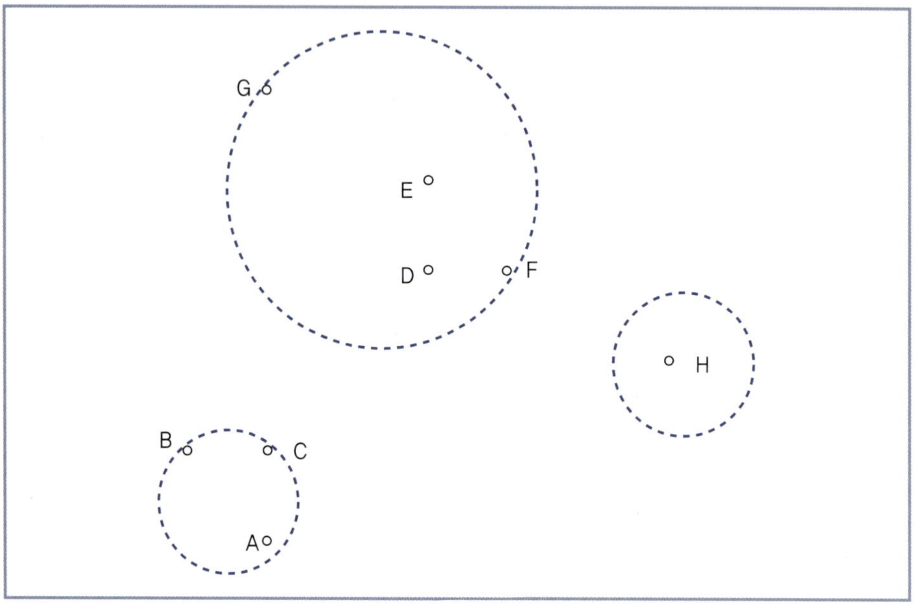

그림 8.2 8개 점의 클러스터링 예(K=3일 때)

사람이 눈으로 판단한다면 아마 3개 또는 4개의 그룹으로 나누는 것이 적절할 것이다. 이와 같은 경우에 클러스터 수를 2개 이하나 5개 이상으로 나누는 것은 적절해 보이지 않는다. 컴퓨터가 적절한 수의 k를 찾아내려면 항목들 간의 거리에 따라 그림 8.3과 같이 가까이 있는 것들을 차례로 묶어나가는 방법이 가능하다. 예를 들어 클러스터를 구분하는 원의 반경을 0에서 시작하여 조금씩 키우면서 둘 이상의 항목이 들어오는 원을 그려보면 A, B, C 그리고 D, E, F가 두 개가 먼저 같이 묶일 것이다. 원을 점점 더 키우면 D, E, F 그룹에 G가 속하는 조금 큰 원이 하나의 그룹을 형성하게 될 것이다. 그림 8.3은 k=4인 때의 클러스터링을 나타냈다.

위에서 설명한 과정, 즉 그루핑을 하는 원을 점점 크게 그려나가는 과정을 그림 8.4에 나타냈다. 그림 8.4에서 y축은 원의 반경을 나타내며, y축 위로 올라갈수록 항목들 간의 거리를 점차 키워가는 과정을 나타냈다. 원의 반경이 0보다 조금 큰 초기 단계에서는 클러스터 개수가 전체 항목의 수인 N(위에서는 N=8)일 것이다. 왜냐하면 원의 크기가 작으므로 각 그룹에는 하나씩만 항목이 들어가기 때문이다. 원의 크기를 점점 늘려서 반경을 무한대로 키우면 클러스터 개수는 1이 될 것이다. 즉, 모든 항목을 담는 하나의 클러스터만 남게 될 것이다. 하나의 클러스터(k=1)는 의미가 없다. 전체를 포함

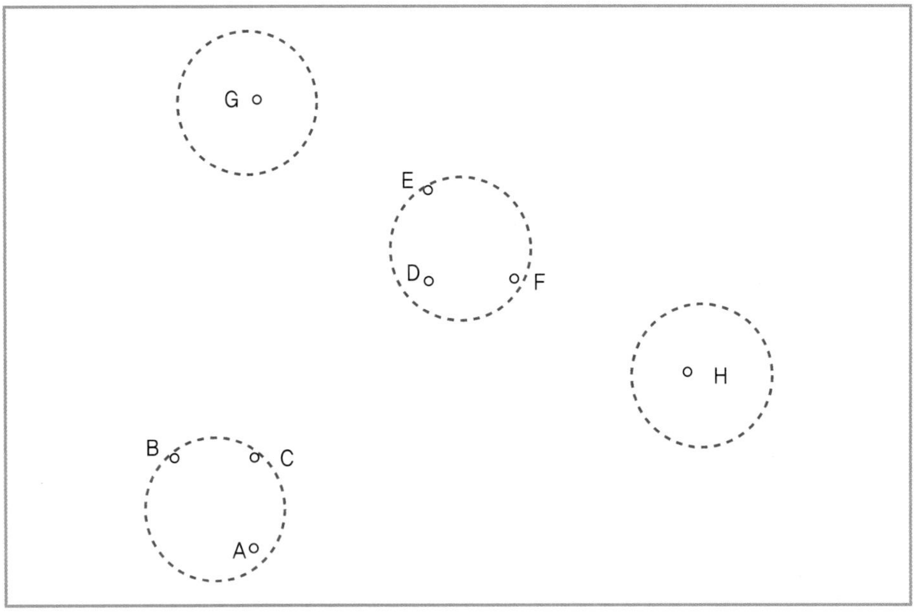

그림 8.3 K=4일 때의 클러스터링

한다는 것은 아무것도 나누지 않은 것과 같기 때문이다. 그림 8.4와 같이 항목간의 거리를 2차원 공간상에 표현한 그림을 **덴드로그램**(dendrogram)이라고 한다.

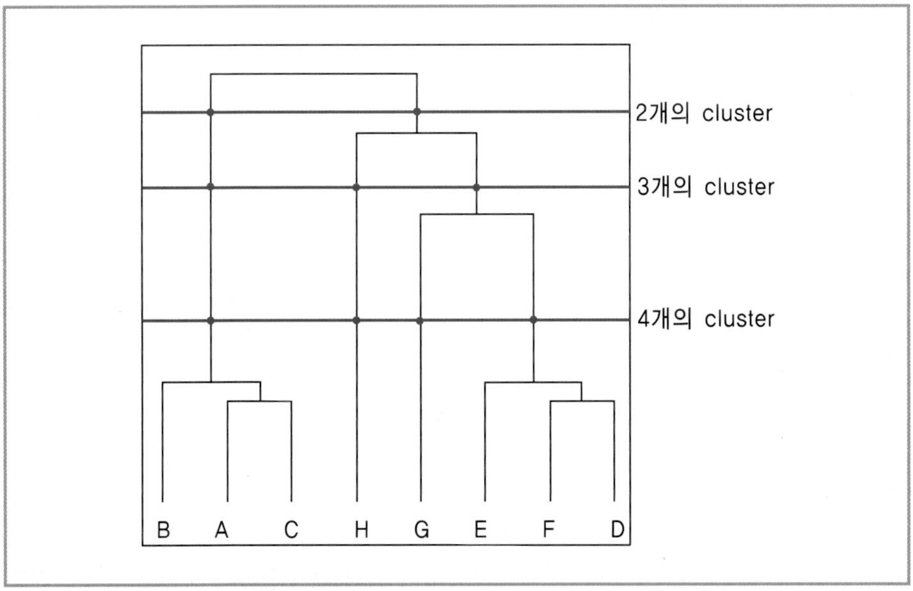

그림 8.4 클러스터링 결과의 덴드로그램

그림 8.4를 활용하여 최적의 k값을 찾는 방법이 있는데 y축 위로 올라가면서 클러스터의 수가 줄어드는 과정에서 y축으로 가장 긴 거리를 유지하는 k값이 최적의 k라고 할 수 있다. 그림 8.4에서는 k=4인 구간이 y축 상에서 가장 길이가 길다. 이것은 k=4에서 k=3으로 바뀌기 위해서 원의 반경을 가장 크게 증가시켜야 한다는 것을 나타내고 가장 변화가 많은 구간이라고 할 수 있다.

클러스터링 활용

클러스터링에서는 주어진 항목 샘플들을 가장 자연스럽게 나누어야 한다. 여기서 자연스러운 그루핑의 조건이란, 같은 그룹 내의 항목들은 서로 속성이 비슷해야 하고 다른 그룹에 속한 항목들 간에는 가능한 속성이 서로 많이 달라야 한다.

클러스터링을 활용하는 예는 구매 패턴이 비슷한 사람들을 구분하여 마케팅 대상을 나누는 것, 즉 고객 세분화를 할 때 사용한다. 고객을 구매 유형 기준으로 나눈다고 할 때 어떤 유형이 많을지 미리 알지 못하므로 클러스터링이 필요한 것이다. TV를 보는 취향이 비슷한 사람들을 찾아 그루핑할 때나 영화 취향이 비슷한 사람, 음식 선호도를 구분할 때에도 클러스터링이 필요하다.

클러스터링은 비정상적인 패턴을 찾는데도 사용된다. 예를 들어 컴퓨터 시스템에 침입한 해커의 행동이 항상 어떤 특징을 가지고 있다면 이를 새로운 그룹으로 만들어 다음 검출에 사용할 수 있다.

8.2 유사도

클러스터링을 하려면 항목들이 서로 얼마나 유사한지를 측정해야 한다. 위의 예에서는 공간상의 거리를 가지고 유사도를 구했다. **유사도**는 클러스터링에서만 필요한 것이 아니라 분류나 예측에서도 필요하다. 예를 들어 새로 도착한 메일이 스팸 메일인지 정상 메일인지를 구분하려면 이 메일이 스팸에 가까운지 아니면 정상 메일에 가까운지를 측정해야 한다. 또는 친구를 추천하거나 좋아하는 음악을 추천하거나 책을 추천하려면 두 아이템 또는 두 사람이 서로 얼마나 가까운지를 나타내는 값을 정의해야 한다. 이렇게 항목간의 유사한 정도를 수치로 나타낸 것을 유사도(similarity)라고 한다.

유사도 예

앞에서 소개한 상품 구매 액수를 보고 고객을 분류하는 경우는 단순히 구매 액수를 기준으로 고객의 유사도를 측정할 수 있다. 예를 들어 평균 4만원을 지출하는 사람은 평균 2만원을 지출하는 그룹보다 평균 5만원을 지출하는 사람들과 가깝다고 하겠다. 이렇게 한 가지 숫자만 사용하는 경우는 유사도를 정하기가 쉽다. 그런데 다음과 같은 예를 보자. 아래 세 명 중에 어느 두 명이 더 가까운 사람이라고 할 수 있을까?

A: 키 = 174cm, 몸무게 = 70kg, 나이 = 21세
B: 키 = 170cm, 몸무게 = 61kg, 나이 = 27세
C: 키 = 162cm, 몸무게 = 73kg, 나이 = 29세

키만 보면 A와 B가 가깝고, 몸무게만 보면 A와 C가 가깝고, 나이만 보면 B와 C가 가깝다. 따라서 위의 정보만으로는 어느 두 명이 가장 가깝다고 말하기가 어려워 보인다. 각 항목(여기서는 사람)의 특성(feature)으로 키, 몸무게, 나이 세 가지를 사용했는데 이들의 성격이 달라서 이 수치를 그대로 비교해서는 유사도를 측정하기가 어렵다.

통계적인 관점으로는 키, 몸무게, 나이 각각의 표준 편차를 구해서 표준 편차를 기준으로 볼 때 상대적으로 이 값들이 얼마나 차이가 나는지를 비교하는 방법을 널리 사용한다(앞에서 설명한 z 변환 참조).

유사한 사람을 찾는데 키는 별로 중요하지 않다면 키 정보를 제외해야 할 것이다. 비슷한 사람을 찾으려면 좋아하는 색을 알아보는 것이 더 필요할 것이다. 데이터 분석 결과가 가장 많이 달라질 수 있는 부분이 바로 유사도를 정의하는 단계이고 여기에는 많은 분석 경험과 문제 도메인에 대한 이해가 필요하다. 또한 분석을 반복 수행하면서 유사도를 다르게 정의하는 것도 필요하다. 처음에 한 번 정한 유사도를 끝까지 고집할 필요는 없으며 분석 결과가 잘 나오도록 유사도를 변경하는 것이 필요하다.

유사도(s)는 보통 0 =〈 s =〈 1 사이의 값을 갖도록 정의한다. 유사도가 1에 가까울수록

서로 가까운 것이고 0에 가까울수록 유사성이 없다고 정의한다.

유사도의 상대 개념으로 거리(distance)를 사용한다. 보통 유사도와 거리의 관계를 다음과 같이 정의한다.

```
d=1-s
```

거리(d)도 0 =〈 d =〈 1 사이의 값을 가지며, s=0일 때, 즉 유사성이 없을 때 거리는 d=1이 되고 s가 1에 가까울수록 거리는 d=0에 수렴한다.

데이터 분석에서는 계산의 편의를 위해서 거리를 먼저 계산하고 유사도를 구하기도 하고, 유사도를 먼저 계산하고 거리를 구하기도 한다.

자카드 유사도

데이터 분석에서 널리 사용되는 유사도로 **자카드**(Jaccard) **유사도**가 있다. 이는 영화, 책, 음악을 추천하려고 할 때 비슷한 취향의 사람들을 찾을 때 많이 사용된다. 예를 들어 영화 추천 사이트에서는 특정 고객에게 영화를 추천하기 위해서 그 사람과 영화 보는 취향이 비슷한 사람들을 먼저 파악해야 한다. 예를 들어 D라는 사람과 영화 보는 취향이 가장 비슷한 사람으로 A, B, C 세 명을 찾았다고 하자. 어느 날 D가 영화 추천을 요청하면 A, B, C가 이미 보고 재미있었다고 추천한 영화들 중에서 D가 아직 보지 않은 영화를 추천해주면 된다.

이러한 영화 추천 시스템을 운영하려면 사람들 간의 "영화 보는 취향에 따른" 유사도를 측정해야 한다. 이를 위해서 같은 영화를 본 것이 얼마나 많이 겹치는지를 보고 유사도를 측정할 수 있다. 예를 들어 지난 1년 동안 국내에 개봉된 영화가 500편이라 하고 이중에 A와 B가 각각 본 영화 중에서 겹치는 영화가 5편이라고 하자. A와 B가 같은 영화를 본 비율은 전체 개봉영화 수 대비 5/500=0.01이 된다. 한편 A와 C가 본 영화 중 겹치는 영화가 10편이라고 하면 전체 개봉영화 대비 A와 C가 같이 본 영화 비율은 10/500=0.02가 된다.

두 사람이 같이 영화를 본 비율을 두 사람의 영화에 대한 유사도로 사용한다면 0.01

〈 0.02이므로 A와 B 사이보다 A와 C가 영화에 대한 취향이 더 가깝다고 할 수 있을 것이다. 그런데 이렇게 유사도를 정의하는 것은 좋은 선택이 아니다. 두 사람이 같이 본 영화의 수만 측정해서는 안 되고 각자 영화를 얼마나 봤는지 절대량을 함께 고려해야 보다 정확한 유사도를 나타낼 수 있다. 예를 들어 A, B, C가 각각 지난해 본 영화의 총 개수가 20편, 50편, 200편이라고 하자, 그러면 A와 B는 C에 비해 영화를 거의 안보는 사람들이다. 그 점을 고려하면 A와 B가 5편이나 같은 영화를 봤다는 것은 A와 B의 취향이 상대적으로 더 비슷하다고 해야 할 것이다. 영화를 거의 안 본다는 상황을 고려해야 한다.

이러한 점을 고려해서 정의한 유사도가 자카드 유사도이며 자카드 유사도는 다음와 같이 정의한다. 즉, 어떤 두 항목이 겹치는 부분의 절대량만을 보지 않고, 두 항목의 공통부분이 얼마나 많은지를 고려하여 이에 대한 상대적인 값을 유사도로 사용하는 것이다.

$$S_{Jaccard}(X, Y) = \frac{|X \cap Y|}{|X \cup Y|}$$

위에서 정의한 자카드 유사도 정의에 따라 A와 B, 그리고 A와 C 사이의 유사도를 구하면 다음과 같다.

```
J(A,B) = 5/ (20+50) = 0.07
J(A,C) = 10/ (50+200) = 0.04
```

이를 보면 A와 B 사이의 유사도가 A와 C 사이보다 더 큰 것을 알 수 있다. 그 이유는 같이 본 영화의 절대량 수는 A와 C 사이가 10편으로 A와 B 사이의 5편보다 더 많지만 A와 B가 지난해에 본 영화의 전체 수가 20편과 50편으로 C의 200편에 비해 워낙 적으므로 이를 고려하면 A와 B가 더 취향이 비슷하다고 보는 것이 타당하기 때문이다.

자카드 거리는 $d_{Jaccard} = 1 - s$로 다음과 같이 구한다.

$$d_{jaccard} = 1 - \frac{|X \cap Y|}{|X \cup Y|}$$

해밍 거리

두 개의 벡터에 동일한 패턴이 얼마나 겹치는지를 비교할 때 **해밍 거리**(Hamming distance)를 자주 사용한다. 예를 들어 DNA 시퀀스에서 일정 구간 내에 동일한 패턴이 얼마나 있는지를 비교할 때 사용된다. 예를 들어 다음과 같은 세 가지 코드의 해밍 거리와 유사도를 구해보자.

```
코드 A:  a c d t c d s
코드 B:  a c f r s d c
코드 C:  d s f r v x w
```

각 코드는 총 7개의 변수가 있는데 코드 A와 코드 B는 같은 변수가 겹치는 곳이 3개이므로(a, c, d) 해밍 유사도는 3/7이고 거리는 4/7이다. 코드 B와 코드 C는 겹치는 변수가 2개이므로(f, r) 해밍 유사도는 2/7이고 거리는 5/7이다.

공간 거리

전통적으로 기하학에서 널리 사용하는 거리 개념으로 **공간**(space) **상의 거리**가 있다. 예를 들어, 2차원 평면상의 두 점 A, B 사이의 거리는 피타고라스의 정리로 그림 8.5와 같이 구할 수 있다.

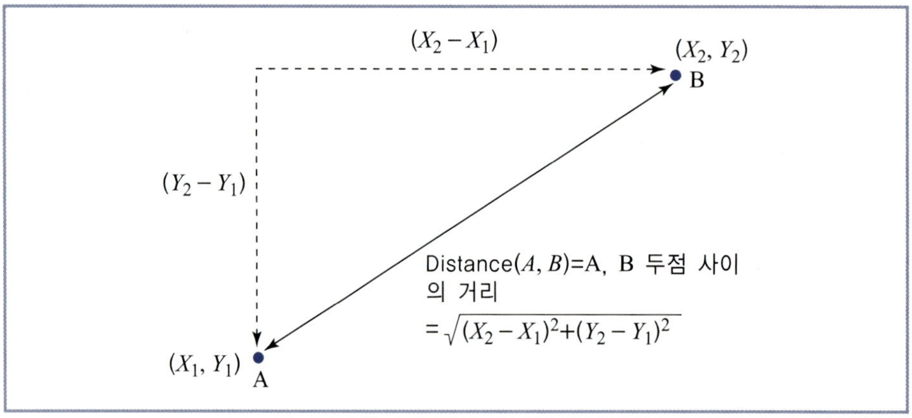

그림 8.5 공간거리를 구하는 방법

공간상의 거리는 기하학자 유클리드의 이름을 따서 **유클리디언**(Euclidian) **거리**라고도 한다. 공간은 2차원이므로 비교할 특성이 2개만 있는 항목간의 거리는 그림 8.5와 같이 구할 수 있지만 특성이 3개 이상이 경우도 다차원 공간상의 가상 점으로 보고 유클리디안 거리 공식을 확장해서 사용할 수 있다. 예를 들어 고려할 변수가 n개이면 n차원 공간상의 두 점 사이의 유클리디언 거리는 다음과 같이 구한다.

$$\sqrt{(p_1-q_1)^2+(p_2-q_2)^2+\ldots+(p_n-q_n)^2}=\sqrt{\sum_{i=1}^{n}(p_i-q_i)^2}$$

위의 정의에서 p_i와 q_i는 두점 P, Q의 n차원 값(즉 n개의 특성값)을 나타낸다.

앞에서 소개한 3명의 거리를 유클리디안 거리를 적용해서 계산해 보자.

A 키 = 174cm, 몸무게 = 70kg, 나이 = 21세
B 키 = 170cm, 몸무게 = 61kg, 나이 = 27세
C 키 = 162cm, 몸무게 = 73kg, 나이 = 29세

먼저 키, 몸무게, 나이 숫자를 그대로 사용해서 A, B, C 세 사람 사이의 거리를 구하면 각각 다음과 같다.

$$d_{(a,b)}=\sqrt{(174-170)^2+(70-61)^2+(21-27)^2}=\sqrt{133}$$

$$d_{(a,c)}=\sqrt{(174-162)^2+(70-73)^2+(21-29)^2}=\sqrt{217}$$

$$d_{(b,c)}=\sqrt{(170-162)^2+(61-73)^2+(27-29)^2}=\sqrt{292}$$

위의 결과를 보면 B와 C 사이가 가장 멀고 A와 B가 가장 가까운 것을 알 수 있다. 그런데 이러한 결과는 의미가 없다. 우선 키의 차이와 몸무게 차이를 같은 수치로 비교한다는 것 자체가 의미가 없다. 키에서 10cm 차이난 것과 몸무게 10kg 차이를 같은 차이로 봐야 하나? 또한 키를 cm 대신 m로 표시하면 0.1m 차이가 되어 키 차이는 두 사람을 구분하는데 거의 기여를 못하게 된다. 이렇게 단위가 다른 cm와 kg을 비교하는 것도 문제이고 단위가 m와 cm로 바뀔 때도 영향이 크게 달라지는 것도 문제이다. 즉, 유클리디안 거리를 사용할 때에는 이러한 차원(dimension)이 다른 것, 그리고 단위가 다른 것을 고려하지 않으면 의미 없는 결과를 얻게 된다.

앞에서 예로 들은, 키, 몸무게, 나이 등 성격이 다른 특성을 가지 다차원 항목간의 비교는 어려운 일이다. 이를 피하는 한 방법으로 절대값을 사용하는 대신 모든 변수를 각각의 표준 편차로 나누어(정규화하여) 비교하는 방법이 있다.

현재 관심이 있는 비교 대상 그룹 사람들의 키, 몸무게, 나이의 표준 편차가 각각 4cm, 3kg, 2세라고 하자. 실제 키, 몸무게, 나이의 차이를 이 표준 편차로 나누어서(즉, 정규화해서) 계산한 공간상의 거리는 다음과 같이 달라진다.

$$d_{(a,b)} = \sqrt{((174-170)/4)^2 + ((70-61)/3)^2 + ((21-27)/2)^2} = \sqrt{19}$$

$$d_{(a,c)} = \sqrt{((174-162)/4)^2 + ((70-73)/3)^2 + ((21-29)/2)^2} = \sqrt{26}$$

$$d_{(b,c)} = \sqrt{((170\text{-}162)/4)^2 + ((61-73)/3)^2 + ((27-29)/2)^2} = \sqrt{21}$$

위의 결과를 보면 A와 C가 가장 멀고 A와 B가 가장 가까운 것을 알 수 있다.

그러나 이러한 신체적인 수치를 가지고 비교하는 것이 두 사람이 얼마나 "유사한가"에 대한 정확한 정의인지는 알 수 없다. 유사도를 구하려면 먼저 문제가 요구하는 의미 있는 정확한 유사도에 대한 정의가 필요하다.

항목간의 유사도는 어디에 관심을 두는가에 따라 다르게 정의할 수 있다. 신체조건이 비슷한 것을 중점적으로 볼 것인지, 어떤 영화나 음식을 좋아하는지 취향을 볼 것인지, 아니면 둘 다 고려할 것인지에 따라 달라진다. 신체조건을 볼 때에도 키에 더 비중을 둘 것인지 몸무게에 비중을 더 둘 것인지에 따라 달라진다.

유사도를 정의하는 것은 데이터 사이언스에서 가장 어려운 부분이다. 유사도를 다르게 정의하며 분석 결과는 전혀 다르게 나올 것이다. 비만도를 따져야 한다면 키와 몸무게를 각각 고려해서는 안 되고 키에 비해 몸무게가 얼마인지를 나타내는 새로운 변수를 정의해서 유사도를 구해야 할 것이다.

코사인 유사도

앞에서 설명한 공간상(유클리디안) 거리는 가상공간 상에 두 점의 절대적인 거리를 이용하였다. 이러한 "거리" 대신 공간상의 두 점이 만드는 각도가 적을수록 서로 가깝다고 볼 수도 있을 것이다. 즉, 공간상에 두 점의 물리적인 거리가 멀더라도 두 점이 가리키는 방향이 같으면 서로 비슷하다고 보는 것이다. 예를 들어, 그림 8.6에서 A와 B 사이의 절대적인 거리는 B와 C 사이보다 가깝지만, B와 C 사이의 각도가 A와 B 사이의 각도보다 작으므로 B와 C가 더 가깝다고 정의하는 것이 **코사인**(cosine) **유사도**이다.

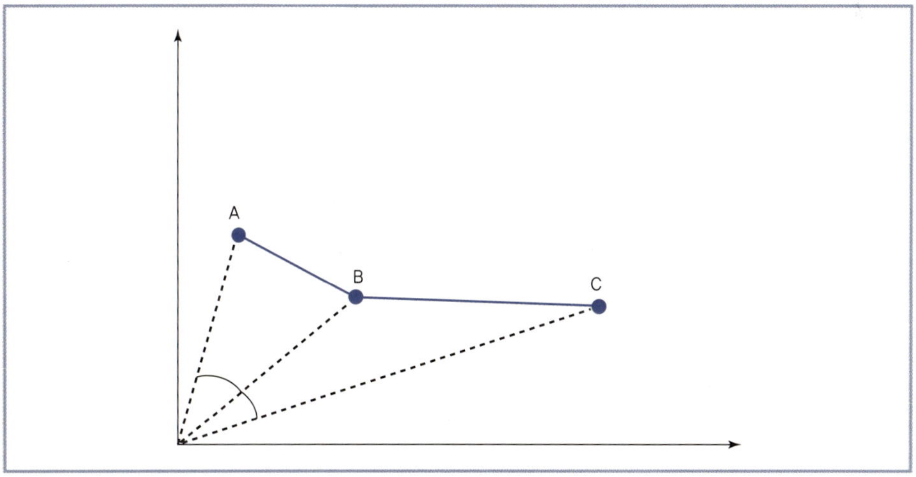

그림 8.6 코사인 유사도에 따르면 A와 B보다 B와 C가 가깝다

코사인 유사도는 아래와 같이 정의하는데 이는 두 점 사이의 각도의 cos()을 구하는 식이다.

$$s_{\cos}(x,y) = \frac{X \bullet Y}{\|X\| \bullet \|Y\|}$$

유사도로 두 점 사이의 각도의 cos()을 택한 이유는 다음과 같다. 두 점이 정확히 같은 방향을 가리키면 둘 사이의 각도가 0이 되고 cos(0)=1이므로 유사도가 1이 되어 우리가 원하는 유사도로 사용하기가 적합하다. 또한 두 점이 서로 직각 방향이면 둘 사이의 각도는 90도이고 cos(90)=0이 된다.

한편 두 점이 공간상에 서로 반대 방향을 이루고 있으면 두 점 사이의 각도는 180도이고, 이때 cos(180)=−1이다. 코사인 유사도는 0~1 사이의 값을 갖는 것이 아니라 −1~1 사이의 값을 가지게 된다는 특징이 있다. 코사인 유사도는 1이면 같은 방향, −1이면 정반대의 방향을 가리킨다. 0이면 두 아이템의 방향이 직각을 이루고 있어 서로 아무런 동질성이 없는, 즉 독립적인 성격을 갖는다고 볼 수 있다.

코사인 유사도는 텍스트 분석을 할 때 하나의 글에서 같은 단어가 얼마나 같이 자주 등장하는지 또는 반대 성향의 단어가 얼마나 자주 등장하는지를 가지고 유사도를 측정할 때 사용된다.

8.3 k-means 알고리즘

클러스터링을 수행하는데 k-measn 알고리즘이 널리 사용된다. **k-means 알고리즘** 동작 원리는 매우 간단하다. 전체 항목을 k개의 그룹으로 나누되 각 그룹 내에 들어 있는 항목들 간의 거리는 가능한 작고, 서로 다른 그룹에 들어 있는 항목들 간의 거리는 가능한 멀게 나눈다는 것이 기본 개념이다.

동작 원리

k-means 알고리즘의 동작 순서는 다음과 같다. 먼저 나눌 클러스터의 개수인 k값을 정해주어야 한다. 다음에 특성 변수 공간상에 임의의 k개의 초기 지점을 정한다. 이를 클러스터 중점(cluster center)이라고 하는데, 클러스터 중점은 공간상 임의의 위치 좌표로 설정할 수도 있고, 주어진 데이터 항목 중에 임의의 k개의 샘플을 클러스터 중점으로 선택해도 된다. 그림 8.7은 총 6개의 항목 중에 임의의 두 개의 항목을 클러스터 중점으로 선택한 것을 나타내었다(k는 2로 지정했다고 가정함).

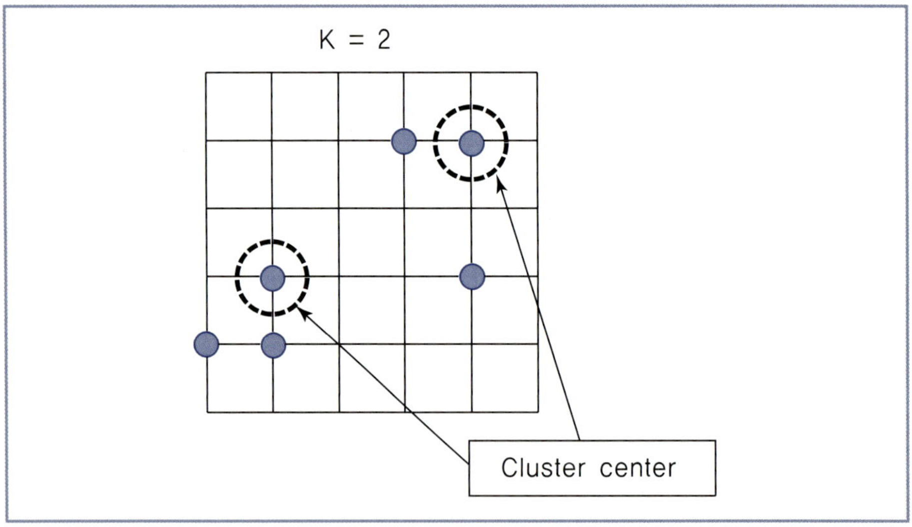

그림 8.7 클러스터링의 시작으로 클러스터 중점을 설정

초기 클러스터 중점을 선택한 다음에는 전체 항목들이 각각 어느 중점에 더 가까운지

를 보고 클러스터를 새로 구성한다. 즉, 각 중점을 중심으로 가까이 있는 항목들로 구성된 새로운 클러스터를 만드는 것이다. 그림 8.8은 두 개 초기 클러스터 중점에 가까운 항목들을 표시한 것이다.

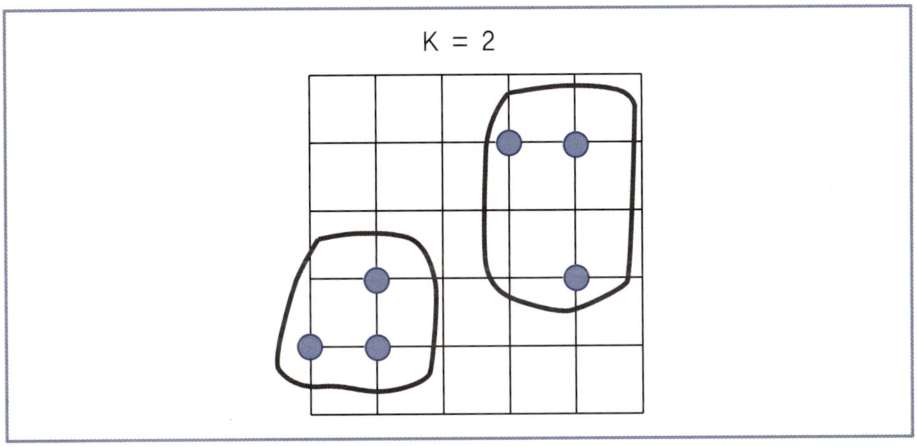

그림 8.8 두 개의 클러스터 중점에 가까운 항목들을 모은 새로운 클러스터

다음에는 현재 각 클러스터에 포함된 항목의 위치들의 평균을 구해서 이를 새로운 클러스터 중점으로 변경한다. 즉 클러스터의 무게 중심을 현재 구성항목들로부터 새로 구하는 것이다. 이때 새로 정해진 클러스터 중심을 센트로이드(centroid)라고 한다. 새로 설정된 센트로이드를 중심으로 하여 클러스트의 경계를 다시 그릴 수 있고 이제 전체 항목들과 센트로이드와의 거리를 다시 계산하여 소속된 클러스터가 바뀌게 된다. 이제 소속이 변경된 항목들을 가지고 클러스트 중심을 다시 계산할 수 있다. 이러한 클러스터의 무게 중심을 바꾸는 작업을 계속 진행하여 더 이상 클러스터의 모양이 바뀌지 않을 때까지 수행하면 클러스터링이 완료된다.

적절한 k값 선택

클러스터링에서 가장 어려운 부분이 적절한 클러스터 수인 k값을 정하는 것이다. 이를 위해서는 데이터의 특성을 미리 알고 있어야 한다. 또는 주어진 문제에 따라서 미리 몇 개의 그룹으로 나눌지가 정해지기도 한다. 예를 들어 고객 집단을 단골, 보통집단, 불만집단 등 세 개로 나누기로 미리 정해졌다면 이에 따라 k값이 3으로 정해져야 한다.

k값은 최소치인 1부터 최대치인 N을 가질 수 있다. 여기서 N은 전체 샘플의 수이다. 적절한 클러스트의 수를 구할 때 각 클러스터에 속한 샘플들의 동질성(homogeniety)을 이야기한다. 즉, 나누어서 비슷한 것들이 잘 모여 있다면 동질성이 높다고 하겠다. 극단적이지만 k=N으로 설정했다면, 즉 항목수만큼 클러스터를 만들면 각 그룹에 항목이 한 개씩만 들어 있으므로 동질성은 최고이다. 반면에 다른 극단의 예로, k=1로 설정하여 클러스터를 하나만 만들면 모든 항목이 하나의 클러스터에 모여 있으므로 동질성은 최악이다. k값을 1에서 2, 3, 4등으로 올리면 동질성이 점차 좋아질 것이며 궁극적으로는 최고의 동질성을 얻을 것이다. 이를 그래프로 그리면 그림 8.9와 같다.

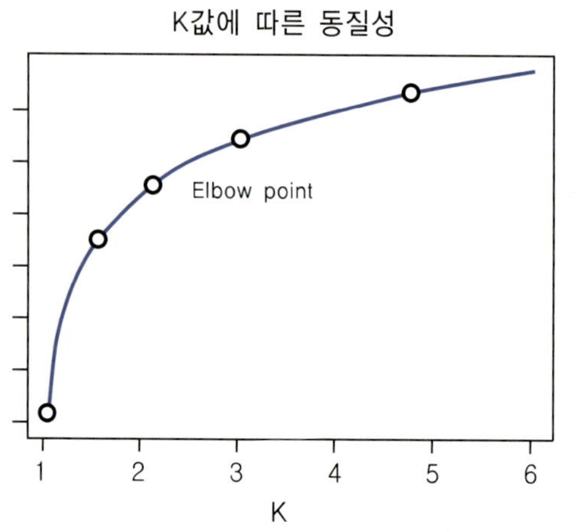

그림 8.9 K값에 따른 동질성의 변화와 변곡점

여기서 클러스터 수 k가 너무 작으면 여러 가지 성격을 가진 항목들이 너무 섞여 있는 현상이 발생하고, k를 너무 크게 하면 항목들을 세밀하게 구분할 수 있으나 그룹 수가 너무 많아져서 클러스터링을 하는 의미가 없어진다. 따라서 적절한 클러스터 수를 택해야 하는데 선택의 한 방법으로 동질성이 충분히 만족되는 적절히 큰 k값을 택해야 한다. 이때 그림의 변곡점 위치를 택하는 방법이 있다. 이 지점을 elbow point라고 한다.

그런데 위와 같이 변곡점을 찾는 방법에서도 동질성을 어떻게 정의하는지도 정답이 있는 것은 아니다. 단순히 거리를 따져볼 수도 있지만 거리가 동질성을 모두 다 표현할 수는 없다. 따라서 수치에 근거하여 기계적으로 최적의 k를 찾는 것은 어렵다. 계산에 의한 최적치를 찾으려는 것보다 클러스터링의 궁극적인 목적을 생각해 보고 몇 개의 그룹으로 나누는 것이 적절한 지를 기준으로 k값을 주관적으로 지정하는 경우가 많다.

R 코드 예제

클러스터링을 만드는 예제를 소개하겠다. 앞에서 소개한 A~H 항목을 나타내는 2차원 공간의 점들의 좌표를 포함하는 데이터를 sample2d.csv에 저장했다.

표 8.1 sample2d의 데이터

	x	y	name
1	4	3.5	A
2	3.5	4	B
3	4	4	C
4	5	5	D
5	5	5.5	E
6	5.5	5	F
7	4	6	G
8	6.5	4.5	H

먼저 덴드로그램(dendrogram)을 그리기 위해서 계층적 클러스터링(hierachical clustering)을 실행해야 하는데, 이때 hclust() 함수를 사용한다. 표 8.1에 나타낸 8개의 점으로 구성된 샘플 데이터로부터 다음과 같이 kSample 벡터를 만들었다.

```
> idx <- sample(1:dim(sample2d)[1], 8)
> kSample <- sample2d[idx, ]
> kSample$name <- NULL
```

sample2d 데이터에 dim()을 적용하면 순서대로 레코드와 속성의 수를 반환한다. 그중 레코드의 수를 사용하여 1부터 8까지의 숫자 8개를 랜덤하게 배열한 것을 변수 idx에 저장한다. 랜덤하게 나열된 인덱스의 값들을 Ksample라는 벡터에 저장하였다.

항목긴의 기리를 측정하기 위해서 dist()를 사용한다. 이 함수의 두 번째 인자로 거리 기준을 설정할 수 있는데 유클리디안 거리를 사용하려면 다음과 같이 지정한다. d에는 각 항목간의 거리를 나타내는 행렬이 만들어진다.

```
> d <- dist(kSample, method = "euclidean")
```

다음은 거리 행렬 d를 사용하여 계층적 클러스터링을 작성하고 그 결과를 그래프로 그리는 코드이다. 계층적 클러스터링을 구하기 위해서 hclust()를 사용하는데 이 함수에 위에서 구한 거리를 넣어주면 된다.

```
> hc <- hclust(d)
> plot(hc, hang =-1,labels=ksample$name[idx], xlim=c(0,10))
```

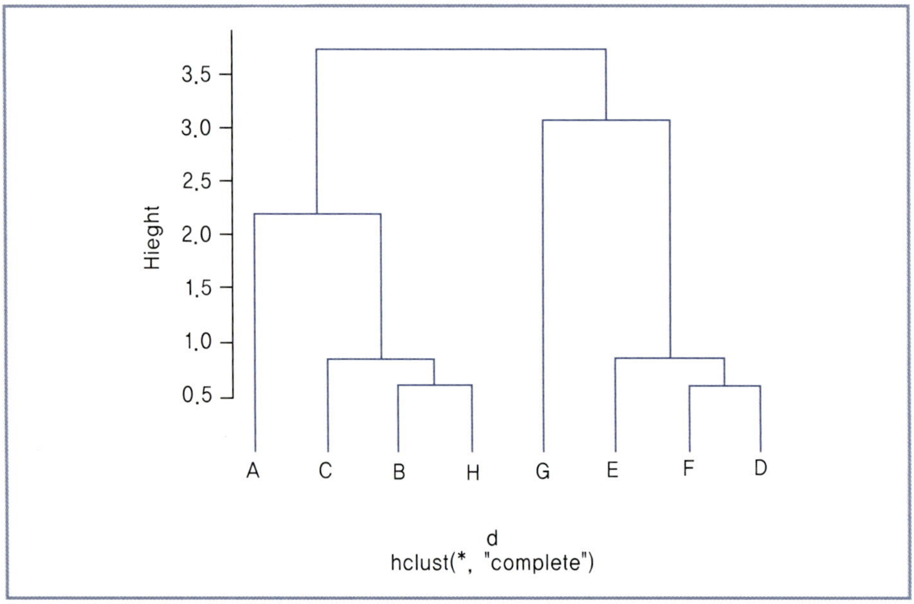

그림 8.10 hclust() 함수를 이용한 덴드로그램 그리기

다음은 k-means 클러스터링을 수행하는 코드인데 R에서 제공하는 함수로 kmeans()를 사용한다. kmans(data, k=n) 형식으로 사용하며 첫 번째 인자에 데이터를 넣고 두 번째 인자에 k값을 입력하면 된다. 다음에서는 k=4로 지정하였다. ksample$name을 없애준 이유는 kmeans() 함수로 클러스터링할 때 필요없는 변수이기 때문이다.

```
> ksample$name <- NULL
> k <- kmeans(kSample,4)
> plot(kSample[c("x","y")], pch = k$cluster)
```

위 코드의 실행결과는 다음과 같으며 4개의 클러스터가 +, ○, △ 등으로 구분되어 있다.

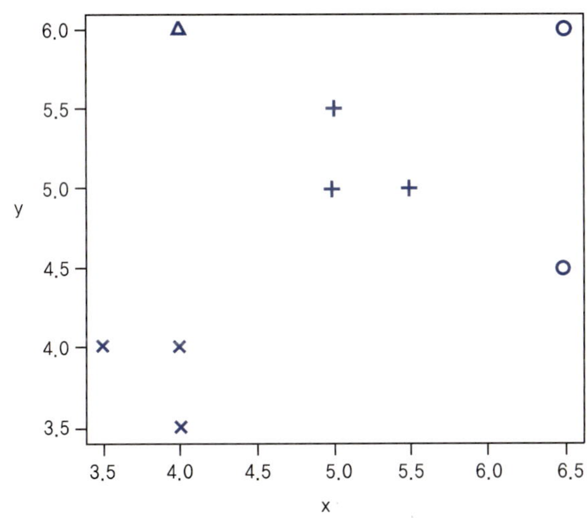

그림 8.11 k=4일 때 클러스터링 결과

운동선수 구분

클러스터링의 예를 소개하겠다. 어떤 학교의 운동선수 36명의 키와 몸무게 데이터 heightweight가 다음과 같이 주어졌다고 하자.

```
> str(heightweight)
'data.frame':   36 obs. of  2 variables:
 $ Height: int  170 150 181 143 170 156 192 160 145 157 ...
 $ Weight: int  71 46 64 43 76 60 80 45 40 49 ...
```

이 학교 운동선수 집단에는 농구, 육상, 레슬링 그리고 역도선수가 섞여 있다고 하자. 일반적으로 농구선수는 키가 크고 몸무게는 키에 비례할 것이다. 육상선수는 키는 보통이고 몸무게도 보통일 것이다. 역도선수는 키는 작지만 몸무게는 많이 나갈 것이다. 다음의 데이터 요약을 보자.

```
> summary(heightweight)
    Height          Weight
 Min.   :143.0   Min.   :40.00
 1st Qu.:160.0   1st Qu.:58.50
 Median :170.0   Median :67.50
 Mean   :171.4   Mean   :67.36
 3rd Qu.:178.0   3rd Qu.:78.00
 Max.   :203.0   Max.   :92.00
```

키와 몸무게의 값의 범위가 매우 다른 것을 알 수 있다. 여기서는 키와 몸무게를 같은 조건의 수치처럼 비교하기 위해서 정규화할 필요가 있으며, 다음에 z-score 정규화를 하는 코드를 보였다. 정규화를 한 이후의 분포가 바뀐 것을 summary()로 확인할 수 있다.

```
> heightweight_z <- as.data.frame(lapply(heightweight, scale))
> summary(heightweight_z)
     Height             Weight
 Min.   :-1.87400   Min.   :-1.848735
 1st Qu.:-0.75070   1st Qu.:-0.598727
 Median :-0.08994   Median : 0.009384
 Mean   : 0.00000   Mean   : 0.000000
 3rd Qu.: 0.43867   3rd Qu.: 0.718848
 Max.   : 2.09059   Max.   : 1.664800
```

이제 k-means 알고리즘으로 클러스터링하고 결과를 그래프로 그리는 코드를 다음에 나타내었다.

```
> cluster1 <- kmeans(heightweight_z,4)
> cluster1
K-means clustering with 4 clusters of sizes 7, 8, 9, 12

Cluster means:
```

```
      Height       Weight
1 -0.23152988    1.2014767
2  1.48763850    0.7104023
3 -1.18387024   -1.3682517
4  0.03120278   -0.1482742

Clustering vector:
 [1] 4 3 4 3 1 3 2 3 3 3 4 2 2 2 2 4 3 3 4 4 4 4 4 4 4 4 3 2 2 2 1
[32] 1 1 1 1 1

Within cluster sum of squares by cluster:
[1] 1.742405 1.496713 2.656697 2.143742
 (between_SS / total_SS =  88.5 %)
```

클러스터링의 결과를 보면 클러스터 평균 수치와 각 클러스터에 항목이 몇 개씩 들어 있는지를 알 수 있다. 각 k값에 따른 클러스터의 분포를 그래프로 나타내었다.

```
> plot(heightweight$weight, heightweight$Height, pch=cluster1$cluster)
```

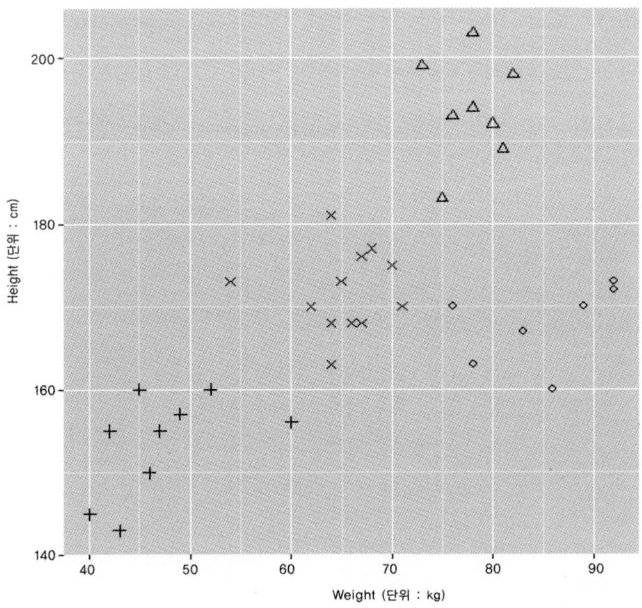

그림 8.12 K=4일 때의 클러스터링 결과

그림 8.12에서 각 운동선수가 ○, ×, +, △ 등 어디에 해당할지는 각자 판단해 보기 바란다. 실제로 각 종목별 운동선수가 4개의 클러스터와 일 대 일로 잘 나누어질지는 미지수이다. 아래 클러스터링 수행결과는 단지 키와 몸무게 두 개의 특성 변수만 고려하여 서로 구분이 잘 되는 4개의 그룹을 나누었을 뿐이다.

자동차 클러스터링

자동차를 연비, 중량, 배기량, 실린더 수를 기준으로 클러스터링하는 예를 소개하겠다. 자동차에 관한 데이터는 아이오와 대학 http://www.biz.uiowa.edu/faculty/jledolter/datamining/ 사이트에서 제공하는 FuelEfficiency.csv 데이터를 사용했다. 이 데이터를 다운로드 받은 위치가 만약 내문서라고 한다면, 다음과 같은 방식으로 read.csv() 함수를 사용하여 데이터를 읽을 수 있다.

```
> fuel <- read.csv("C:/Users/Administrator/Documents/FuelEff
+ iciency.csv")
```

자동차 데이터 fuel에는 다음과 같은 데이터들이 들어 있다. MPG(mile per gallon)는 1갤런으로 달릴 수 있는 마일 수를 나타내고, GPM(gallon per 100 mile)은 100마일을 가는데 몇 갤런이 필요한지를 나타내며, WT는 차의 무게(1,000파운드 단위), DIS는 배기량, NC는 실린더 수, HP는 마력 수, ACC는 가속도, ET는 엔진 유형을 나타낸다.

```
> head(fuel,10)
    MPG   GPM    WT   DIS NC HP   ACC  ET
1  16.9 5.917 4.360 350 8 155 14.9 1
2  15.5 6.452 4.054 351 8 142 14.3 1
3  19.2 5.208 3.605 267 8 125 15.0 1
4  18.5 5.405 3.940 360 8 150 13.0 1
5  30.0 3.333 2.155  98 4  68 16.5 0
6  27.5 3.636 2.560 134 4  95 14.2 0
7  27.2 3.676 2.300 119 4  97 14.7 0
8  30.9 3.236 2.230 105 4  75 14.5 0
9  20.3 4.926 2.830 131 5 103 15.9 0
10 17.0 5.882 3.140 163 6 125 13.6 0
```

데이터를 가져온 후에 각 변수의 속성을 확인하기 위해서 str() 함수를 사용하였다.

```
> str(fuel)
'data.frame':   38 obs. of  8 variables:
 $ MPG: num  16.9 15.5 19.2 18.5 30 27.5 27.2 30.9 20.3 17 ...
 $ GPM: num  5.92 6.45 5.21 5.41 3.33 ...
 $ WT : num  4.36 4.05 3.6 3.94 2.15 ...
 $ DIS: int  350 351 267 360 98 134 119 105 131 163 ...
 $ NC : int  8 8 8 8 4 4 4 4 5 6 ...
 $ HP : int  155 142 125 150 68 95 97 75 103 125 ...
 $ ACC: num  14.9 14.3 15 13 16.5 14.2 14.7 14.5 15.9 13.6 ...
 $ ET : int  1 1 1 1 0 0 0 0 0 0 ...
```

데이터는 모두 수치 타입인 num, int형인 것을 확인할 수 있다. num은 일반 소수점이 있는 실수이고 int는 정수를 나타낸다. 차의 종류를 나누는 데는 연비도 중요하지만 실린더 수 NC도 중요한 역할을 한다. NC의 속성을 살펴보기 위해서 table() 함수를 사용하여 실린더 수의 분포를 확인하였다. 다음을 보면 fuel 데이터에는 4기통 차는 19대, 5기통은 1대, 6기통은 10대가 있는 것을 알 수 있다.

```
> table(fuel$NC)
 4  5  6  8
19  1 10  8
```

k-means 모델을 만들기 전에 확인해야 할 것이 있다. 각 특성 변수의 분포를 확인해야 한다. 특성 변수의 분포 차이가 크면 모델이 잘 동작하지 않는다. 이러한 문제를 해결하기 위해서 보통 정규화 방식을 사용한다. 다음은 정규화를 하기 전 데이터 분포가 얼마나 차이나는지 확인하기 위해서 summary()를 사용하여 분포를 살펴본 것이다.

```
> summary(fuel)
      MPG              GPM               WT
 Min.   :15.50   Min.   :2.681   Min.   :1.915
 1st Qu.:18.52   1st Qu.:3.292   1st Qu.:2.208
 Median :24.25   Median :4.160   Median :2.685
```

```
Mean   :24.76  Mean   :4.331  Mean   :2.863
3rd Qu.:30.38  3rd Qu.:5.398  3rd Qu.:3.410
Max.   :37.30  Max.   :6.452  Max.   :4.360
     DIS             NC              HP
Min.   : 85.0  Min.   :4.000  Min.   : 65.0
1st Qu.:105.0  1st Qu.:4.000  1st Qu.: 78.5
Median :148.5  Median :4.500  Median :100.0
Mean   :177.3  Mean   :5.395  Mean   :101.7
3rd Qu.:229.5  3rd Qu.:6.000  3rd Qu.:123.8
Max.   :360.0  Max.   :8.000  Max.   :155.0
     ACC             ET
Min.   :11.30  Min.   :0.0000
1st Qu.:14.03  1st Qu.:0.0000
Median :14.80  Median :0.0000
Mean   :14.86  Mean   :0.2895
3rd Qu.:15.78  3rd Qu.:1.0000
Max.   :19.20  Max.   :1.0000
```

각 속성별 값의 분포가 차이가 매우 큰 것을 알 수 있다. 이제 정규화를 수행하기 위해서 정규화를 하며 일반적으로 z-score 정규화를 수행한다.

```
> fuel_z <- as.data.frame(lapply(fuel, scale))
```

이제 클러스터 수를 k=3으로 하여 kmeans()를 수행하는 코드를 다음에 나타내었다. 아마도 3개의 클러스터는 대형, 중형, 경차를 구분할 것으로 기대할 수 있겠다.

```
> fuel_clusters <- kmeans(fuel_z,3)
> fuel_clusters
K-means clustering with 3 clusters of sizes 8, 13, 17
Cluster means:
         MPG        GPM        WT         DIS         NC
1 -1.1203872  1.2388779  1.4864539  1.66759621  1.6252130
2 -0.5602631  0.4552251  0.2238870 -0.02489459  0.1376443
3  0.9556775 -0.9311147 -0.8707154 -0.76571412 -0.8700635
         HP        ACC         ET
1  1.3712707 -0.3573285  1.5459470
```

```
2  0.3473723   0.1107251  -0.1277278
3 -0.9109415   0.0834824  -0.6298303

Clustering vector:
 [1] 1 1 1 1 3 3 3 3 2 2 2 2 2 2 2 2 1 1 1 1 3 2 3 3 3 3 3 3 2 2 3
[32] 3 3 3 3 2 2 3

Within cluster sum of squares by cluster:
[1]  6.555062 49.807378 24.499009
 (between_SS / total_SS =  72.7 %)
```

위에서 3개의 클러스터를 1, 2, 3으로 구분하고 있다. 그림 8.13은 차량 무게인 WT와 배기량 DIS 두 변수를 기준으로 클러스터가 어떻게 구성되는지를 나타냈다.

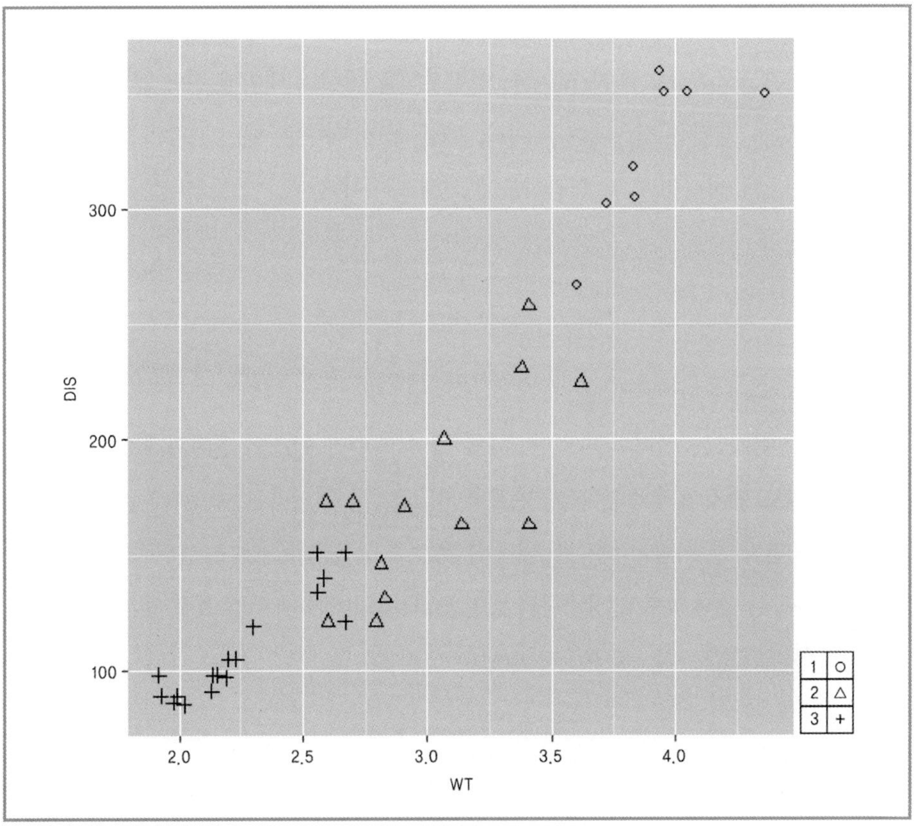

그림 8.13 K = 3일 때 자동차 클러스터의 무게와 배기량 관계

8.4 연관분석

연관분석이란 둘 또는 둘 이상의 사건이 얼마나 연관성 있게 발생하는지를 분석하는 것을 말한다. 연관분석의 예는 슈퍼마켓에서 동시에 어떤 물건들이 같이 자주 팔리는지를 파악하는 것이다. 연관분석은 어떤 두 사건의 발생하는 패턴을 분석하는 것이므로 이를 패턴분석이라고도 한다.

연관분석 정의

연관분석을 하는 이유는 상식적으로는 쉽게 예측하지 못했던 연관관계를 알아내기 위해서이다. 예를 들어 비가 올 때 우산이 잘 팔린다는 것은 상식이다. 이러한 것은 연관분석의 대상이 아니다. 비가 오는 정도에 따라 우산이 몇 개나 팔릴지는 분석할 수는 있는데 이는 예측에 관한 문제이다. 강수량에 따른 우산 판매량을 예측하는 것은 예측 문제이며 연관분석이라고 하지 않는다. 연관분석은 대량의 데이터 속에 묻혀있던 사실 중에 의미 있는 패턴을 찾아내는 것이다. 예를 들어 맥주를 사는 사람이 혹시 치즈도 많이 사는지 궁금하다면 이의 연관성을 분석해 보아야 한다. 이 둘의 연관성을 다음과 같이 표현한다.

```
{맥주}  -> {치즈}
```

연관분석은 예측과는 성격이 다르다. 예를 들어 맥주와 치즈의 연관관계가 높다고 판명이 나더라도 이것이 맥주를 샀기 때문에 치즈를 산 것이라고 예측해주는 것은 아니다. 치즈를 먼저 산 사람이 맥주를 나중에 추가로 샀을 수도 있다. 연관관계는 다음과 같이 두 품목이 결과적으로 장바구니에 담겼다는 의미이지 어떤 항목이 다른 항목을 구매하도록 유도했는지는 알려주지 않는다.

```
{맥주, 치즈}
```

위의 {맥주, 치즈}과 같은 항목들의 집합을 아이템셋(itemset)이라고 한다. 연관분석은 비지도 학습에 해당하므로, 즉 미리 정답이 주어진 것이 아니므로 모델을 만들거나 훈련하는 과정이 필요 없다. 데이터들을 보고 어떤 연관성이 들어 있는지를 알아내면 된다.

연관분석은 특정 암 발생이나 DNA 염기 서열의 관계를 분석하거나, 신용카드 사용 패턴을 보고 도난 카드 사용인지를 찾아내거나, 부당한 보험금 청구 패턴을 찾아내는데 사용된다. 소비자가 거래처를 바꾸는 등의 특이한 행동 패턴을 찾아내는데도 사용된다.

연관분석 자체는 비교적 단순한 작업이다. 모든 연관성이 있을 것 같은 항목들에 대해서 이들이 동시에 발생하는 경우의 수를 세어보면 된다. 그러나 조사할 품목이 많아지면 모든 가능한 항목의 조합을 일일이 점검하기는 어렵고 시간도 오래 걸린다. 지금까지는 연관성이 있을 것 같은 품목을 사람이 선택하는 경우가 많았다. 오랜 경험을 통해서 특이한 패턴이 발생하는 것을 보고 사람이 연관분석 대상품을 제시하였다. 그러나 점차 데이터의 양이 많아지고 더 정확하고 빠른 연관분석을 하려면 컴퓨터의 도움을 받아야 한다.

기본 개념

연관관계를 나타내는 것을 **룰**(rule)이라고 한다. 연관분석을 통해서 관심을 끌만한, 의미 있는 룰을 찾아내야 한다. 그러나 항목들의 모든 가능한 조합, 예를 들면 맥주와 향수, 맥주와 비누, 맥주와 사과 등 임의의 조합의 경우에 모두 관심을 가지고 분석하는 것은 어렵고 어느 정도 발생 빈도가 높은 룰을 대상으로 분석해야 한다. 이렇게 의미를 갖는 룰을 정의하기 위해 지지도(support)와 신뢰도(confidence) 두 가지 수치를 사용한다.

지지도

지지도는 전체 트랜잭션 수에서 특정 아이템셋이 발생한 확률을 나타낸다. 트랜잭션이란 하나의 장바구니 정보, 한 번의 은행거래처럼 한 번 발생한 데이터 처리 기록을 말한다. 관심의 대상인 전체 트랜잭션 수가 N이라고 하자. 예를 들어 어떤 슈퍼마켓에서 하루 동안 발생한 총 매출기록이 N회 발생했다고 하자. 이중에 특정 아이템셋 X의 발생 횟수를 count(X)라고 표현하면 이 아이템셋 X의 지지도는 다음과 같이 정의된다.

```
support(X) = count(X)/N
```

예를 들어 어느 가게의 장바구니 데이터 아이템셋이 경우를 보자. 아래에서 N=5, 즉 트랜잭션 수가 5라고 가정하자.

```
{꽃, 건강카드, 아이스크림}
{곰인형, 꽃, 풍선, 사탕}
{건강카드, 사탕, 꽃}
{곰인형, 풍선, 아이스크림}
{꽃, 건강카드, 아이스크림}
```

아이템셋 {건강카드}의 지지도(support)는 3/5=0.6이 된다. 이것의 의미는 건강카드와 꽃을 함께 구매한 사람이 이 가게 전체 트랜잭션의 60%가 된다는 것을 나타낸다. 이 지지도를 다음과 같이 룰로서 표현할 수도 있다.

```
support for {건강카드} -> {꽃} = 0.6
```

위의 룰에서 주의할 것은 이 룰이 건강카드를 사면 꽃을 산다는 인과관계를 나타내는 것은 아니라는 것이다. 단지 두 항목이 같은 장바구니에 담겨있을 뿐이지 어느 항목을 먼저 구매했는지는 알 수 없다. 즉, 연관관계가 인과관계를 나타내는 것은 아니다. 뒤에서 설명하겠지만 상관관계도 인과관계를 나타내는 것이 아니다.

지지도는 단일 항목에 대해서도 표시할 수 있는데 예를 들어 {사탕}의 지지도는 2/5=0.4가 된다. 이 가게의 총 5개 매출 중에 40% 경우에 사탕을 구매했다.

신뢰도

신뢰도란 한 아이템의 발생이 다른 아이템의 발생을 얼마나 믿을만하게 설명해 주는지를 나타낸다. 신뢰도의 정의는 다음과 같다.

```
confidence(X → Y)= support(X,Y)/support ( X )
```

아이템 X의 발생으로부터 유추할 수 있는 아이템 Y의 발생의 신뢰도는 두 아이템이 동시에 발생하는 지지도를 아이템 X의 지지도로 나누어 주면 된다. 마치 조건부 확률을 구하는 것과 개념이 유사하다. 앞의 예를 사용하면, {꽃} -> {건강카드}의 지지도는 0.6 / 0.8 = 0.75가 되는데, 이것의 의미는 꽃을 산 사람의 75%는 건강카드도 같이 구매했다는 것을 나타낸다. 한편 {건강카드} -> {꽃}의 지지도는 0.6 / 0.6 = 1.0이 되며 이것의 의미는 건강카드를 산 사람은 모두 꽃도 샀다는 것을 나타낸다. 이 연관관계 분석을 마케팅에 적용한다면 꽃을 홍보하는 것보다 건강카드를 홍보하는 것이 더 유리하다고 하겠다.

지지도와 신뢰도 값이 큰 경우를 강한 연관관계 룰(strong rule)이라고 한다. 위의 예는 매우 간단한 예이며 트랜잭션 수가 5개 밖에 안 되지만, 실제로 트랜잭션 수가 수백만 개가 되면 대부분 아이템셋의 지지도와 신뢰도 값은 매우 작게 되고 별 차이가 없어 강한 룰을 보이는 예는 매우 적다.

참고로 어떤 아이템셋의 지지도는 그 아이템셋을 구성하는 모든 항목이 동시에 발생할 확률과 같고 어떤 아이템셋의 신뢰도는 그 아이템셋을 구성하는 항목간의 조건부 확률과 의미가 같다. 예를 들어 아이템 A, B에 대해서 support(A, B)의 의미는 $P(A \cap B)$라고 하겠고 confidence(A → B)는 $P(B|A)$와 의미가 같다.

알고리즘

연관분석을 수행하는 데는 생각보다 많은 시간이 든다. 분석대상이 되는 항목 수가 많으면 일일이 비교해야 할 경우의 수가 매우 많기 때문이다. 예를 들어 슈퍼마켓에서 취급하는 품목이 1,000가지라면 두 개씩 비교하는 경우의 수가 1백만 개나 된다. 이 전체 조합 중에서 어떤 것이 자주 발생하는지를 일일이 찾아야 한다. 연관분석을 두 항목간이 아니라 세 항목간에 비교하려면, 예를 들어 {맥주, 땅콩, 오징어} 훨씬 더 많은 경우의 수를 비교해야 한다.

이렇세 천문학적인 연관관계 경우의 수를 다 확인해보는 것은 현실적으로 불가능하며 관련이 있을 것으로 추정되는 아이템셋을 미리 찾아서 계산량을 줄여야 한다. 자주 발생하는 아이템셋(frequent itemset)을 찾는 알고리즘으로 apriori 알고리즘이 널리 사용된다. 이 알고리즘의 기본 원리는 자주 발생하는(frequent) 아이템셋은 그 부분집합도 당연히 자주 발생한다는 것이다.

예를 들어 어느 슈퍼마켓의 매출을 보니 {맥주, 치즈, 땅콩} 아이템셋이 자주 발생하였다면, 이의 부분집합인 {맥주, 치즈} 또는 {맥주, 땅콩}의 아이템셋도 각각 발생 빈도도 높았어야 한다는 것이다. 이는 당연한 성질이다. 맥주와 땅콩 각각의 매출이 적으면 이 두 항목이 같이 팔리는 경우도 당연히 적을 수밖에 없기 때문이다. 이러한 기본적인 원리를 적용하여 조사할 경우의 수를 줄일 수 있다.

이 원리를 정리하면 다음과 같다.

```
{A, B} 아이템셋이 자주 발생하려면 {A}와 {B}가 각각 자주 발생해 한다
```

위의 원리에 따르면, 만일 {A}가 자주 발생하지 않는다면 {A, B} 아이템셋이 자주 발생할 것인지는 조사해볼 필요도 없다는 것을 알 수 있다. 즉, {A}가 포함된 임의의 아이템셋은 자주 발생할 수 없다. 이 원리를 사용하여 조사해야 할 아이템셋 대상을 줄여나갈 수 있다.

여기서 조사할 대상 항목, 즉 관심 있는 대상이란 지지도가 어느 수준 이상이 되는 아이템셋이면서 동시에 신뢰도도 어느 수준 이상 되는 항목을 말한다. 먼저 지지도가 높은 아이템셋을 찾을 때는 항목의 개수가 하나인 것을 찾고, 다음에 항목의 수가 2개인 것, 다음에는 항목의 수가 3개인 것 순으로 점차 항목의 수를 늘여서 아이템셋을 찾아야 한다. 예를 들어 {강원도, 겨울, 여행, 스키}로 구성된 아이템셋의 지지도가 높은지를 처음부터 찾으려고 하면 4단어로 된 유사한 아이템셋의 가지수가 너무 많아 연관분석을 조사하기가 어렵다. 먼저 {강원도}, {겨울}, {여행}, {스키} 각각에 대해 자주 발생하는 것이 무엇인지를 찾아야 한다. 만일 {강원도}와 {스키} 두 항목만 자주 발생한다면 다음에는 {강원도, 스키} 두 단어로 구성된 아이템셋이 자주 발생하는지를 검사해야 한다. {겨울}이나 {여행}이 자주 발생하지 않는다면 {강원도, 겨울}이나 {강원도, 여행}은 이미 자주 발생할 가능성이 없으므로 조사 대상에서 제외할 수 있다.

이렇게 지지도가 높은 아이템셋을 찾아낸 후에는 신뢰도를 조사해야 한다. 위의 경우

는 {강원도 -> 스키}의 신뢰도가 높은지 아니면 {스키 -> 강원도}의 신뢰도가 더 높은지를 구해봐야 한다. 이 중에 미리 정해진 기준치 이상의 신뢰도를 갖는 룰이 관심있는 대상의 연관이 있다고 할 수 있다.

이 알고리즘의 장점은 대량의 데이터에 대해서도 연관분석이 가능하며, 기존의 경험에 의존해서는 예상하지 못했던 연관성을 찾아내는데도 탁월하다는 것이다.

장바구니 예제

다음은 식료품점의 장바구니 분석 예이다. arulesViz 패키지에서 제공하는 Groceries에는 169가지 물품에 대해 총 9,835개의 장바구니 데이터가 들어 있다. Groceries 데이터의 기본 특성을 summary()로 알아보면 다음과 같다.


```
> library("arulesViz")
> data("Groceries")
> summary(Groceries)
transactions as itemMatrix in sparse format with
9835 rows (elements/itemsets/transactions) and
169 columns (items) and a density of 0.02609146
most frequent items:
whole milk other vegetables          rolls/buns    soda
2513                    1903               1809    1715
yogurt   (Other)
1372     34055
```

연관분석은 기본적으로 지지도와 신뢰도를 구하게 되는데, apriori() 함수로 간단히 구할 수 있다. 다음에 나타낸 것과 같이 원하는 최소 지지도와 최소 신뢰도를 기준으로 해당하는 룰을 구한다. 아래서는 지지도는 0.001 이상, 신뢰도는 0.5 이상인 것들을 찾아내었으며 분석 결과를 보면 총 5,668개의 룰이 이 조건을 만족하는 것을 알 수 있다.

```
> rule <- apriori(Groceries, parameter=list(support=0.001,
  confidence=0.5))
> rule
set of 5668 rules
```

inspect() 함수를 활용하여 처음 세 개의 결과를 살펴보면 다음과 같다. insepect()는 장바구니 데이터나 연관 데이터 셋을 하나의 인자로 넣어서 룰의 정보를 보여주는 것이다. 정렬 함수인 sort()를 사용하여 lift(향상도)의 순서가 높은 것부터 rule을 정렬하고 head()로 정렬된 순서 중 처음 3개의 룰을 보여주도록 한 것이다.

```
> inspect(head(sort(rule, by ="lift"),3))
lhs          rhs            support     confidence  lift
1 {Instant food products,
soda} => {hamburger meat} 0.001220132 0.6315789 18.99565
2 {soda,
popcorn} => {salty snack} 0.001220132 0.6315789 16.69779
3 {flour,
baking powder} => {sugar} 0.001016777 0.5555556 16.40807
```

lift(향상도)는 성능을 측정하는 한 방법인데, 무작위 추측에 비해 우리가 예측한 규칙들이 얼마나 더 우수한지를 나타내는 수치이다. 즉, lift 순서란 연관성이 높은 순서를 말한다.

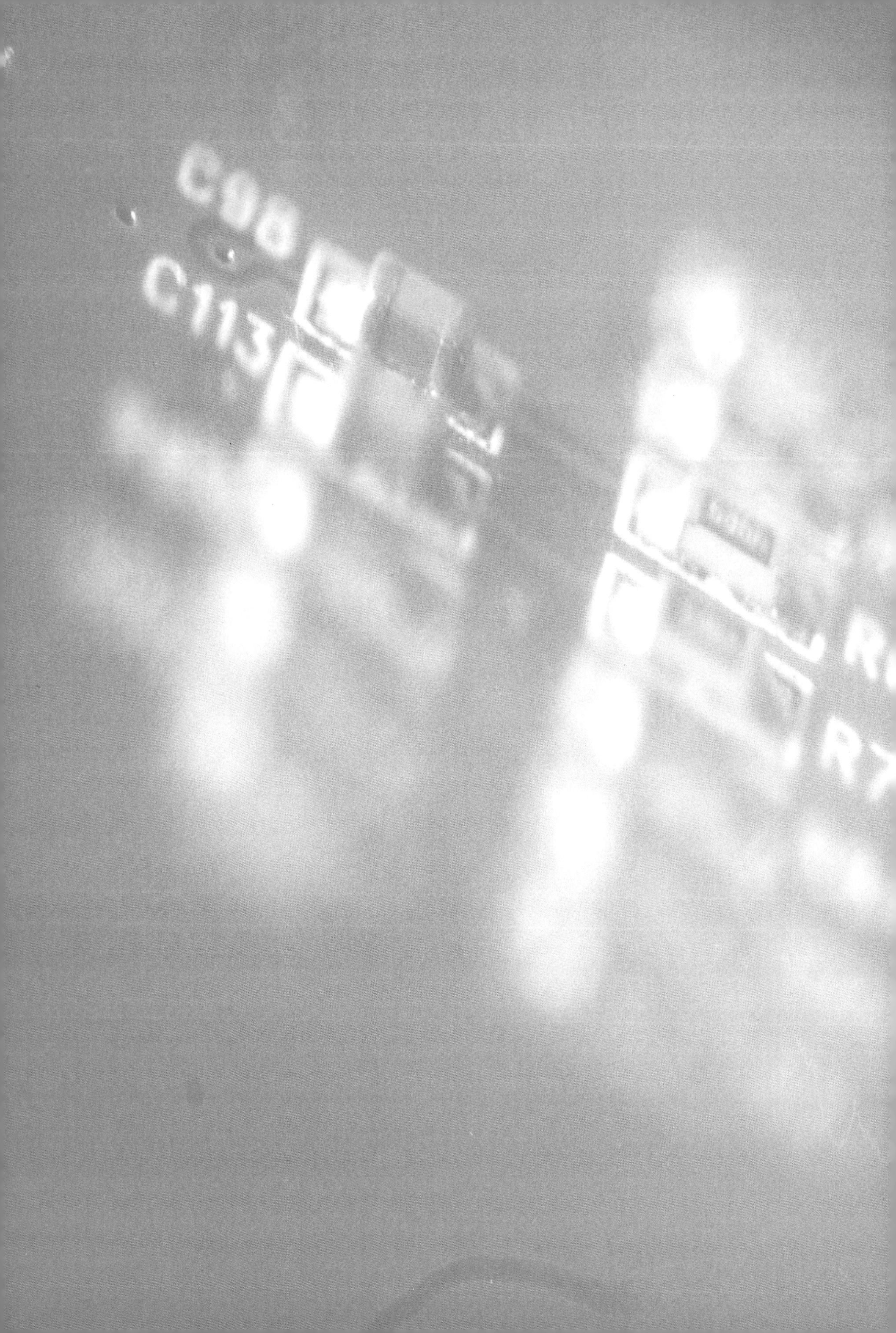
C98
C113

CHAPTER **9**

분류

09 분류

CHAPTER

분류(classification)란 어떤 항목(item)이 어느 그룹에 속하는지를 판별하는 기능을 말한다. 예를 들어 새로 도착한 메일이 스팸인지 아닌지를 판별하는 것 등을 말한다. 분류는 데이터 분석의 기본이며 응용 분야도 가장 넓다. 우수 고객을 찾아내거나, 신입사원을 선발하거나, 투자할 좋은 회사를 찾을 때 등 의사결정을 돕는데 분류가 널리 사용된다.

9.1 기본 개념

분류에서 가장 자주 사용되는 모델은 주어진 샘플 항목의 몇 가지 특성 변수를 보고 이 샘플이 어떤 그룹에 속하는지를 판단하는 것이다. 여기서는 먼저 분류의 기본 개념을 소개하겠다.

분류 예제

다음과 같은 예를 생각해 보자. 주로 중국인과 일본이 오는 어떤 대형 매장에서 상점 주인은 손님이 걸어 들어오는 것을 보고 중국인인지 아니면 일본인인지를 미리 알고 싶다. 그 이유는 손님에게 하는 첫 인사말을 중국어나 일본어로 바로 하고 싶은 것이다. 중국인에게 일본말로 인사를 하거나 반대로 일본인에게 중국어로 인사를 하면 매출이 떨어진 경험이 있기 때문이다.

손님 얼굴만 봐서는 국적이 구분이 잘 안되어 몇 가지 데이터를 조사해보니 건물 입구부터 매장 상담원이 있는 곳까지 약 50m를 걸어오는 시간이 중국인과 일본인이 대체로 다른 것을 알 수 있었다. 중국인은 평균 25초였고, 일본인은 평균 40초였다. 또 다른 특징이 있었는데, 손님이 걸어 들어오면서 주변에 진열된 상품을 몇 번이나 둘러보는지를 세어봤다. 중국인은 평균 7회 일본인은 평균 10회였다.

이 두 가지 변수를 보고 손님의 국적을 구분하는 것은 분류에 해당한다. 이 두 가지 변수 외에도 여러 가지 변수를 생각해 볼 수 있을 텐데, 예를 들어 남녀 성별을 추가로 고려할 수도 있다. 예를 들어 중국인 여성은 걸음이 빠르고 일본인 여성은 걸음이 느린 반면, 중국인 남성은 걸음이 느리고 일본인 남성은 걸음이 빠를 수도 있다. 이러한 남녀 간의 특성이 국가별로 다르다면 이를 국적 구분에 추가로 활용할 수 있을 것이다.

표 9.1에 상점 주인이 측정한 데이터 샘플을 나타내었다. 예를 들어 표 첫 번째 항목을 보면 걷는 시간이 17초이고 5회 둘러보았으며 남성이었는데 국적은 중국인이었던 샘플을 보여주고, 두 번째 항목에서는 걷는 시간이 32초이고 12회 둘러보았으며 남성이었는데 국적이 중국인인 샘플을 보여주고 있다. 이러한 실제 데이터를 활용하여 분류 모델을 만들고 이 모델을 사용하여 임의의 고객(예를 들어 아래 표의 맨 아래에 있는 301번째 고객)의 국적이 무엇인지를 분류하려고 한다.

특성 변수 (walk, view, sex) / 목적 변수 (country)

id	walk	view	sex	country
1	17	5	M	C
2	12	5	M	C
3	32	12	F	C
4	47	15	F	J
5	30	9	F	C
6	37	10	M	J
...	...	...	...	...
300	28	8	F	J
301	41	13	F	?

그림 9.1 매장 국적 분류에 사용된 속성 변수과 목적 변수

이 분석 문제에서 알고자 하는 목적 변수(target variable)는 중국인(C), 일본인(J) 또는 기타(E) 국적이 된다. 분류를 하는데 사용한 변수를 특성 변수(feature) 또는 속성 변수(attribute)라고 한다.

위의 매장 샘플 데이터 중 20개를 걷는 시간(walk)과 둘러보기(view) 두 변수에 대하여 2차원 평면에 그린 그림을 아래에 나타냈다. 그림 9.2를 보면 대체로 우측 상단에 일본인이 많이 몰려있는 것을 알 수 있다. 이는 일본인이 걷는데 오래 걸리고 많이 둘러보는 것을 나타낸다.

이러한 특성 변수의 분포로부터 국적을 분류하는 작업을 소개하겠다.

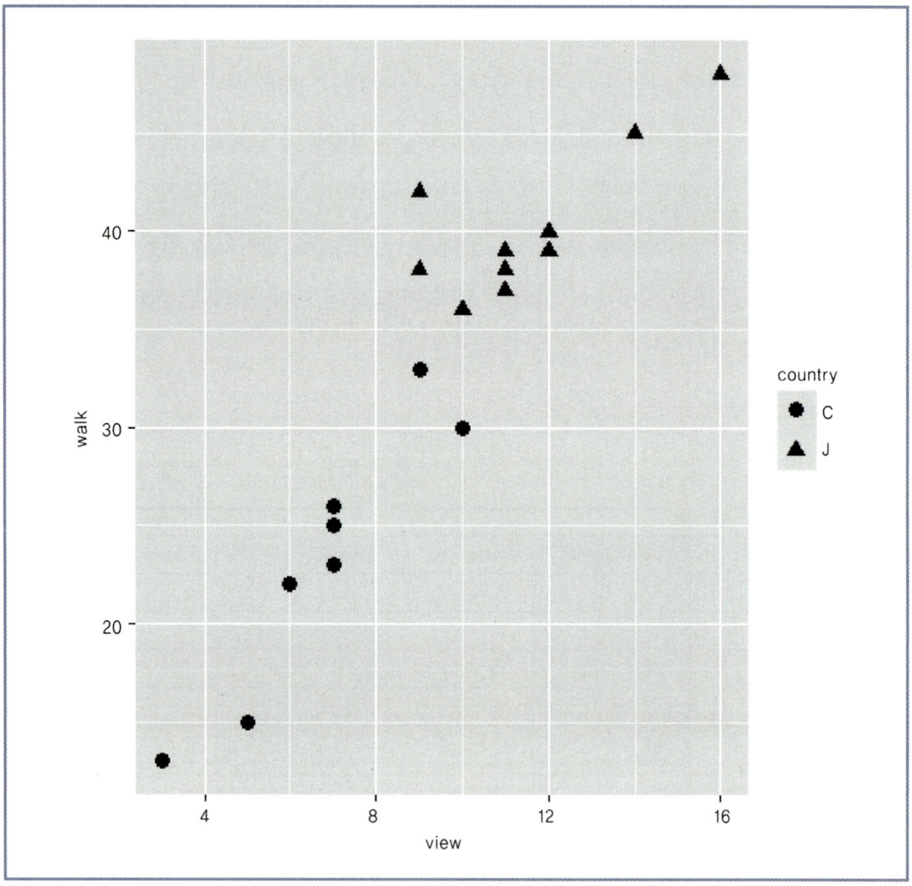

그림 9.2 매장 데이터 20명의 특성 변수 분포 예시

9.2 의사결정 트리

분류를 처리하는데 가장 많이 사용되는 방법이 **의사결정 트리**(decision tree)이다. 의사결정 트리는 분류 작업을 수행하기 위해서 한 번에 한 특성 변수씩 따져보는 방법이다.

의사결정 트리 모델은 동작 내용을 설명하기가 쉽다는 것이 가장 큰 장점이다. 고객에게 이유를 납득시켜야 할 때 유용하다. 예를 들어 왜 대출을 해주지 않았는지, 당신의 신용도가 왜 낮은지, 왜 합격시키지 않았는지 등 이유를 설명해야 할 때 유용하다.

매장 적용 예

앞에서 소개한 매장에 들어오는 사람의 국적을 분류하는 방법을 의사결정 트리로 구현한 예를 그림 9.3에 나타내었다. 여기서는 걷는 시간(walk)과 둘러보는 횟수(view) 두 변수만 사용해서 의사결정 트리를 만들었다.

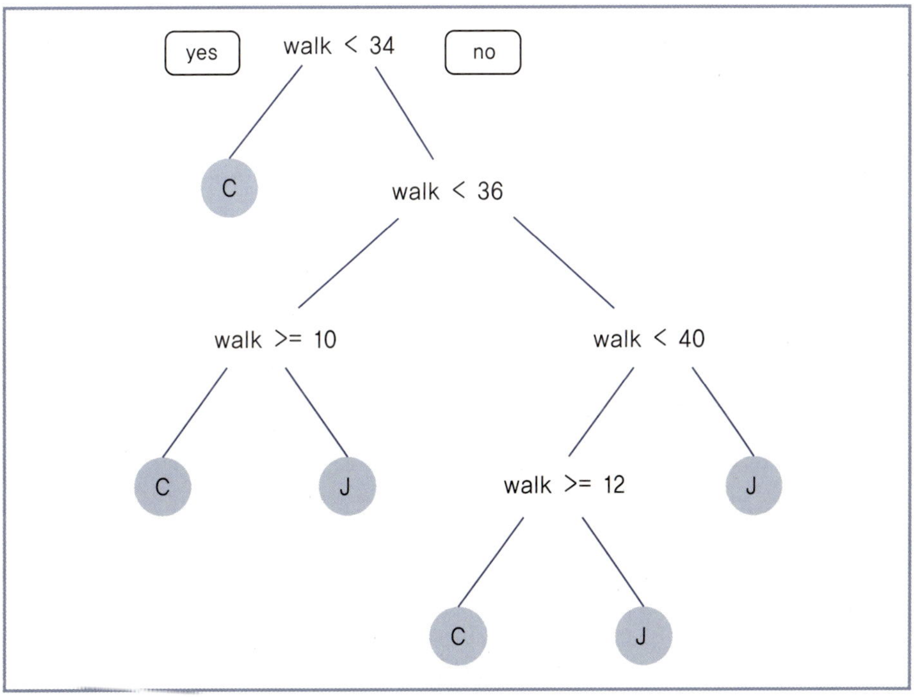

그림 9.3 매장의 국적 분류에 의사결정 트리를 사용한 결과

위의 의사결정 트리의 동작은 다음과 같다. 먼저 손님이 걸어 들어오는 시간 walk 값이 34초보다 작은지를 확인하고 작으면 중국인(C)로 분류한다. 만일 34초보다 길면 다시 36초보다 짧은지를 보고 36초보다 짧으면서 둘러보는 횟수 view가 10보다 크면 중국인, 10보다 작으면 일본인으로 분류한다. walk가 36초보다 긴 경우는 다시 40초보다 긴 지를 확인하고 40초보다 길면 일본인, 짧으면 다시 view를 확인해서 12번보다 많으면 중국인, 적으면 일본인으로 분류한다.

위와 같은 의사결정 트리는 동작을 직관적으로 이해하기 쉽고 구현도 간단해서 널리 사용되며 대부분의 통계처리 패키지나 데이터 마이닝 도구에서 제공하고 있다.

동작 원리

의사결정 트리에서 가장 중요한 부분은 어떤 변수를 가지고 판별을 시작하는가이다. 걷는 시간으로 먼저 분류를 시작할지 아니면 둘러보는 횟수로 먼저 **분류작업**을 시작해야 할지를 판단해야 한다. 그리고 두 번째 단계에서는 어떤 변수를 가지고 계속 판단하는 것이 그룹을 잘 나누는지를 정해야 한다.

여기서 그룹을 "잘 나눈다"는 것의 기준은 그룹을 나눈 후에 생성되는 하위 그룹들에 가능하면 같은 종류의 아이템들이 끼리끼리 모이도록 하는 것을 기준으로 삼는다. 한 그룹에 같은 종류의 아이템이 많이 모여 있는 정도를 순수(pure)하다고 표현하는데, 만일 나누어진 하위 그룹이 100% 같은 항목들로만 구성되면, 즉 완벽하게 나누어지며 순수도(purity)가 100%라고 한다.

의사결정 트리의 동작은 데이터의 순도가 가장 빨리 높아지도록 그룹을 나누는 작업이라고 할 수 있다. 그러면 데이터의 순수도를 어떤 수치로 표현하는 것이 가장 적절할까? 같은 항목의 개수를 단순히 세어서 순도를 나타내면 어떨까? 개수를 세어 비교하는 방법은 가장 쉬운 방법이지만 실제의 "순도" 성격을 잘 표현하지 못하는 문제가 있다. 어떤 항목의 분포 상태로부터 순도를 나타내는 방법으로 정보량 개념이 주로 사용된다.

정보량

정보량이란 어떤 데이터가 포함하고 있는 정보의 총 기대치(가치)를 나타낸다. 같은 정보라도 그 가치는 사람마다 다르게 느끼는 주관적인 양인데 어떻게 이를 객관적으로 측정할 수 있을까? 이에 대해 수학자들이 오래 고민한 끝에 정보량을 표현하기 위해 그 사건이 발생할 확률을 사용하는 방법을 생각했다.

예를 들어 내일 해가 동쪽에서 뜬다는 사건은 정보량이 얼마나 될까? 내일도 해는 분명히 동쪽에서 뜰 것이며 이렇게 확실하게 일어날 사건, 즉 발생할 확률이 1인 사건은 아무런 정보가 없는 것과 같다. 너무나 당연하고 아무도 관심이 없기 때문에 이 정보가 주는 가치, 즉 정보량은 없다고 보는 것이다. 반면에 내일 전혀 예기치 않은 사건, 예를 들어 해가 서쪽에서 뜬다면? 이는 발생한다면 엄청난 사건이고 정보량은 거의 무한대라고 하겠다. 즉, 정보량은 일어날 확률의 역수에 비례한다고 가정할 수 있겠다. 그래서 수학자들은 어떤 사건이 발생할 확률이 p이면 그 사건의 정보량을 다음과 같이 정의하였다.

$$\log(1/p)$$

정보량이 확률에 반비례한다는 것, 즉 1/p로 표현되는 것은 앞의 설명으로 이해가 되는데 이 값에 왜 로그를 붙였을까? 그 이유를 이해하려면 잠시 로그 함수를 도입한 배경을 알아야 한다.

로그의 도입

로그함수는 사람이 어떤 현상에 대해 실제로 느끼는 체감 수치를 나타내는데 자주 등장한다. 예를 들어 내가 현재 10만원이 있는데 갑자기 용돈 2만원을 받았다고 하자. 이때 2만원의 증가로 인해 느끼는 기쁨의 증가량을 상상해 보라. 이제 내가 100만원을 이미 가지고 있다고 가정해 보자. 이때 누가 나에게 용돈 2만원을 준다고 할 때 느끼는 기쁨의 증가분이 앞의 경우와 같을까? 아마 상대적으로 더 적게 느낄 것이다. 그 이유는 내가 앞의 경우보다 10배 많은 돈을 이미 가지고 있기 때문이다. 이 상황에서 같은 기쁨을 느끼려면 아마도 2만원이 아니라 20만원 정도는 받아야 될 것이다. 실제로 사람은 그렇게 느낀다. 즉, 같은 감정의 변화를 느끼려면 나에게 주어지는 절대량이 같아서는 안 되고 현재 내가 보유한 양에 비례하는 변화가 주어져야 한다(위의 예에서는 10%의 재산 증가이다). 이러한 현상은 사람이 자연적으로 느끼는 느낌의 양을 수학적 모델로 설명할 때 자주 등장한다. 이를 생물학에서는 역치라고 하며, 소리, 빛, 냄새에 대한 사람의 반응 등에서도 비슷하게 나타나는 현상이다. 즉, 생물학적인 반응은 절대값에 비례하는 것이 아니라 현재 이미 보유한 양에 반비례하며, 같은 자극을 느끼려면 현재 보유한 양이 많을수록 이에 비례한 더 강한 자극이 필요하다는 것이다. 이를 수학적으로 표현하면 로그함수가 된다(이를 수식으로 설명하면, 현재 보유한 양을 x라고 할 때 변화량, 즉 미분값은 1/x에 비례한다고 가정한 것이다. 수학에서 log(x) 함수를 미분하면 1/x을 얻는다).

위에서 설명한 내용을 그래프로 그리면 그림 9.4와 같으며 이 그래프가 바로 로그함수이다.

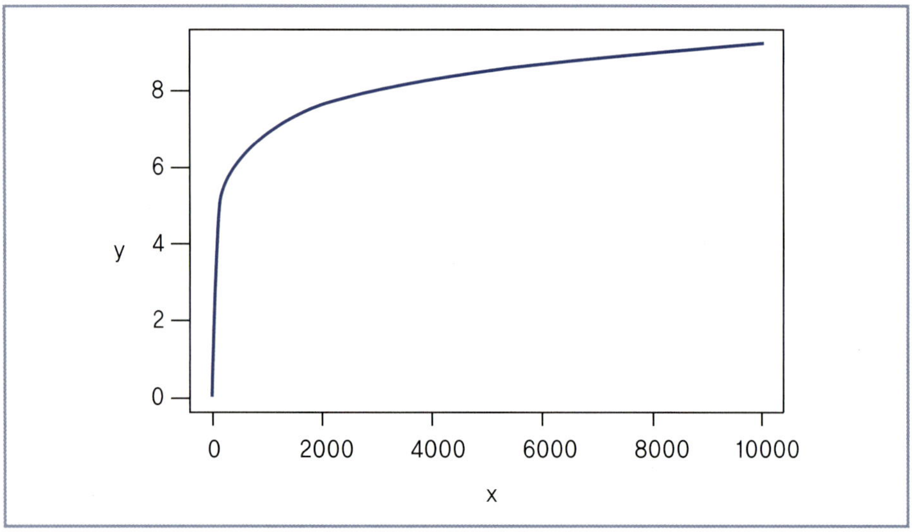

그림 9.4 입력의 크기에 따른 반응 그래프(로그함수)

위에서 x축은 현재 보유한 값(위의 예에서는 금전적 수입)이다. y축은 사람이 느끼는 양(위의 예에서는 수입에 따른 기쁨의 양)이다. 내가 가진 돈이 많을수록 같은 기쁨을 얻기 위해서는 현재 가진 양에 비례하는 많은 돈을 가져야 하며 이를 수식으로 표현하면 바로 로그함수가 된다. 이는 입력이 지수함수로 증가해야 이에 대한 반응이 선형적으로 효과가 나타난다는 것을 표현한다. 예를 들어 우리가 스피커의 소리를 두 배 더 크게 들리게 볼륨을 높이면 실제 소리의 크기는 2배가 아니라 4배 정도 커져야 하고, 3배 더 크게 들으려면 실제 소리는 8배 정도 커져야 한다.

정보량과 엔트로피

앞에서 어떤 사건이 발생할 확률이 p이면 그 사건의 정보량은 1/p의 함수라고 가정하였고, 이를 사람이 느끼는 양으로 환산하기 위해 log()를 붙여야 한다고 설명하였다. 즉, 정보량을 log(1/p)라고 정의하였다.

이제 지금까지 설명한 정보량의 기대치를 구해보자. 기대치란 어떤 사건이 갖는 가치에 그 사건이 발생할 확률을 곱해서 얻는다. 예를 들어 어떤 복권의 가치가 1억원이고 그 복권에 당첨될 확률이 1,000만 분의 1이라면 그 복권의 기대치는 1억×1/1000만=10원이다.

따라서 어떤 사건의 "정보량의 기대치"를 구하려면 그 사건의 정보량 log(1/p)에 그 사건이 발생할 확률(p)을 곱해주어야 하며 이를 식으로 표현하면 다음과 같다.

$$p\log(1/p) = -p\log(p)$$

위와 같이 정의한, 어떤 사건이 갖는 정보량 기대치를 **엔트로피**(entropy)라고 한다.

위 식의 의미를 생각해보자. 어떤 사건이 발생할 확률이 거의 없으면, 즉 p~=0이면 1/p값은 매우 커지지만 이 사건이 발생할 확률 p가 거의 0이 되어 엔트로피는 0이 된다. 반면에 p가 1에 가까우면, 즉 발생이 거의 확실하면 1/p이 1이 되고 log(1)=0이므로 엔트로피 값은 거의 0이 된다. 즉, 엔트로피는 p가 너무 작아도 0으로 수렴하고 p가 너무 커서 1이 되어도 0으로 수렴한다. 엔트로피는 p가 0과 1의 중간 값, 즉 p=0.5일 때가 가장 높다. 그림 9.5에 어떤 단일 사건의 발생확률 p에 대한 엔트로피를 나타냈다. 엔트로피는 p=0.5일 때 가장 큰 것을 알 수 있다.

어떤 단일 사건의 엔트로피가 발생 확률 p=0.5일 때 가장 크다는 것의 의미는 불확실성이 가장 높을 때 엔트로피가 가장 높다는 의미를 가진다. 우리는 게임의 승률이 비슷한 팀끼리 경기를 할 때가 가장 흥미롭다. 한 팀의 승리가 거의 100% 확실하다면 아무런 흥미가 없다. 엔트로피는 승패가 가장 불분명한 상태가 가장 높다고 하겠다. 페널티킥을 막는 골키퍼의 입장에서는 키커가 왼쪽으로 공을 찰지, 오른쪽으로 공을 찰지 확률이 같을 때가 가장 막기 어려운 상태이다. 어떤 키커가 항상 공을 오른쪽으로만 찬다면 또는 80% 오른쪽으로 찬다면 골키퍼는 별로 고민할 것이 없을 것이다.

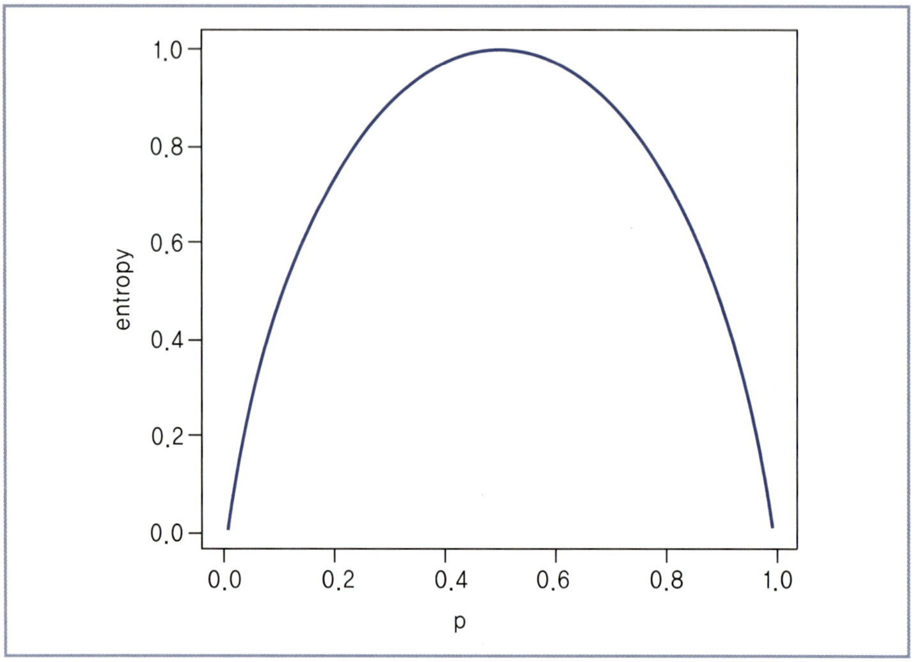

그림 9.5 사건의 발생 확률과 엔트로피

이제 한 사건이 여러 개의 작은 사건으로 구성된 경우를 생각해보자. 전체 사건의 기대치는 각 사건의 기대치의 합으로 구한다(예를 들어, 1, 2, 3 등이 있는 복권 전체의 기대치는 각 등수의 기대치의 합인 것과 같다). 즉, 전체 사건의 엔트로피는 각 사건의 엔트로피의 합이 되며 다음과 같이 구한다.

$$Entropy(S) = -p_1\log(p_1) - p_2\log(p_2) - \ldots\!. - p_n\log(p_n)$$

예를 들어 흰 공과 검은 공이 섞여 있는 자루에서 눈을 감고 공을 고를 때를 생각해보자. 모두 같은 색의 공이 있으면 p=1이므로 엔트로피는 0이 된다. 공을 고르는 작업이 별 의미가 없이 항상 같은 결과를 얻는다. 반면에 흰 공과 검은 공이 골고루 섞여 있으면(예를 들어 p=0.5이면) 어떤 색의 공이 나올지 가장 불분명한 상태이고 이때는 엔트로피가 높다.

우리가 의사결정 트리 알고리즘을 만들 때에는 이와 같이 여러 개의 사건이 섞여 있는 경우를 다룬다. 위의 예에서는 중국인과 일본인이라는 두 개의 항목으로 구성된 경우의 엔트로피를 구해서 이를 순도를 측정하는데 사용한다.

의사결정 트리에 적용

지금까지 설명한 어떤 사건의 엔트로피와 의사결정 트리에서 순도의 관계를 살펴보자. 의사결정 트리에서 의사결정의 판단은 그룹을 어떤 변수를 기준을 나누었을 때 나누어진 각 하위 그룹이 얼마나 동질성 있게 잘 나누어지는 가이다.

한편 앞에서 정의한 엔트로피는 이 사건이 얼마나 불확실한지를 나타내는 척도였다. 그런데 한 그룹에 여러 사건이 균일하게 섞여 있을 때는 엔트로피가 가장 높고(p=0.5인 때와 같이), 모두 같은 사건만 모여 있을 때 엔트로피가 가장 낮다는 성질을 이용해서 어느 그룹의 순도(같은 항목으로 구성된 정도)를 엔트로피로 측정할 수 있다.

이를 달리 표현하며 한 그룹의 동질성(순도)이 낮으면 엔트로피가 높고, 한 그룹의 동질성이 높으면 엔트로피가 낮다고 하겠다.

이제 의사결정 트리 알고리즘에서 각 단계별로 어떻게 나누는 것이 가장 좋은지는 가장 엔트로피가 작아지는 방향으로, 즉 순도가 높아지는 방향으로 정하면 된다.

가장 우수한 구분 변수 찾기

우리가 찾아야 할 것은 매 의사결정 단계마다 그룹을 가장 잘 나누는 변수이다. 여기서 잘 나눈다는 기준은 같은 것끼리 한곳에 모으는 것, 즉 순도를 높이는 것이다. 순도의 변화를 나타내기 위해서 그룹을 나누기 전후의 엔트로피의 변화량을 계산하는데 이를 정보 이득(IG: Information Gain)이라고 한다.

트리 구조를 만드는 작업을 멈추는 조건은 모든 항목의 분류가 완성되어 각 그룹에는 같은 클래스의 항목이 배정되거나, 트리의 크기가 미리 정해진 최대 크기에 도달했을 때이다. 트리 크기가 너무 커지는 것을 방지하기 위해서 보통 최대 트리 크기를 지정한다.

의사결정 트리 예제

R에서 제공하는 rpart() 함수를 사용하면 의사결정 트리를 구할 수 있다. 의사결정 트리를 사용하려면 rpart library를 사용해야 한다. 다음은 walk와 view를 분석 대상 변수로 사용하여 국적(country)을 분류하라는 rpart() 사용 예이다. 모델을 만드는데 사용할 훈

련 데이터는 mydata에 들어있다.

```
> library(rpart)
> fit <- rpart(country ~ walk+view, method="class", data=mydata)
```

의사결정 트리 수행 결과를 그림으로 그리려면 rpart.plot 패키지가 제공하는 plot() 함수를 다음과 같이 사용하면 된다. uniform이라는 인자에 TRUE를 설정하면 다음과 같은 모양의 의사결정 트리 모형을 얻을 수 있다. 또한 text() 함수를 사용하면 각각 분할되는 지점에 walk나 view를 표시해 준다.

```
> library(rpart.plot)
> plot(fit, uniform=TRUE, main="매장데이터를 의사결정 트리로 분류")
> text(fit, use.n=TRUE, all=TRUE, cex=0.7)
```

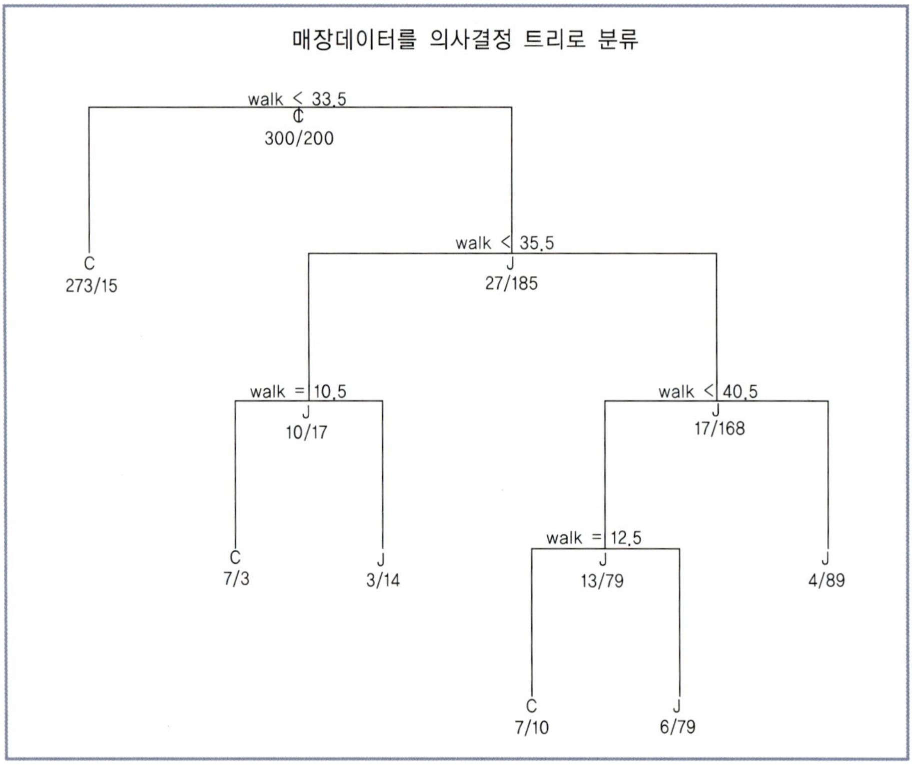

그림 9.6 매장데이터 국적 분류 의사결정 트리 모형

plot() 함수를 사용하는 대신 prp() 함수를 사용하면 다음과 같이 다른 모양으로 그림을 그려준다.

```
> prp(fit)
```

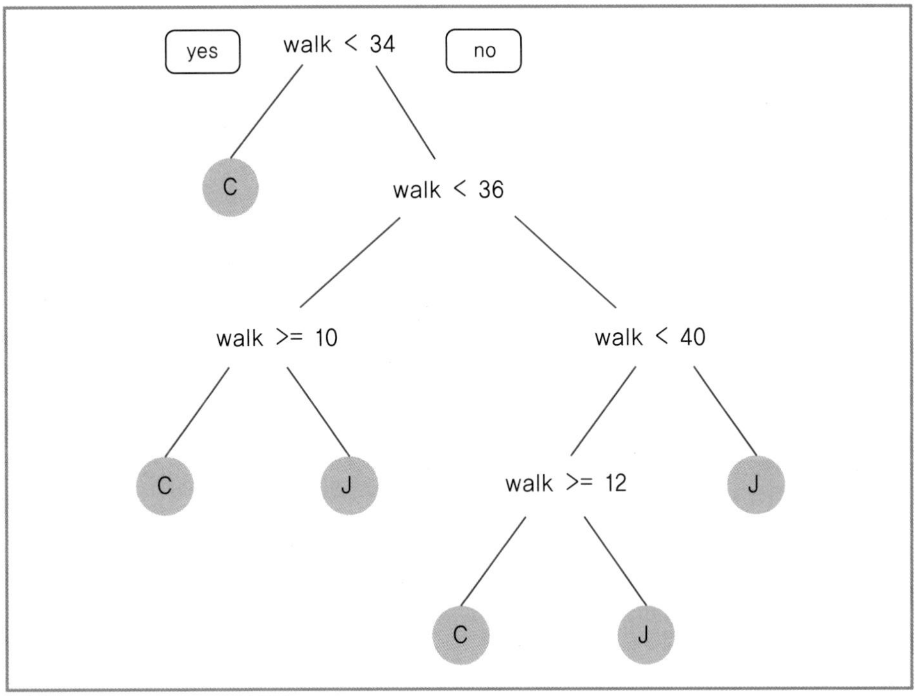

그림 9.7 매장데이터 국적 분류 의사결정 트리, prp() 사용 예

앞에서 설명한 의사결정 트리의 동작 단계를 특성 변수를 기준으로 설명하면 다음과 같다. 2차원 평면에 각 샘플의 walk와 view 특성 변수를 각각 x와 y축으로 그리면 그림 9.8과 같은 분포를 갖는 그림을 얻는다. 앞에서 얻은 의사결정 트리의 첫 단계는 walk=34를 기준으로 나누었는데 이를 그림으로 표현하면 아래에서 x=34인 수직선으로 샘플들을 좌우로 나누는 것에 해당된다. 그림에서 walk 〈 34인 영역, 즉 수직선의 좌측에는 중국인이 많은 것을 알 수 있고, walk 〉 34인 영역, 즉 수직선의 우측에는 일본인이 많은 것을 알 수 있다.

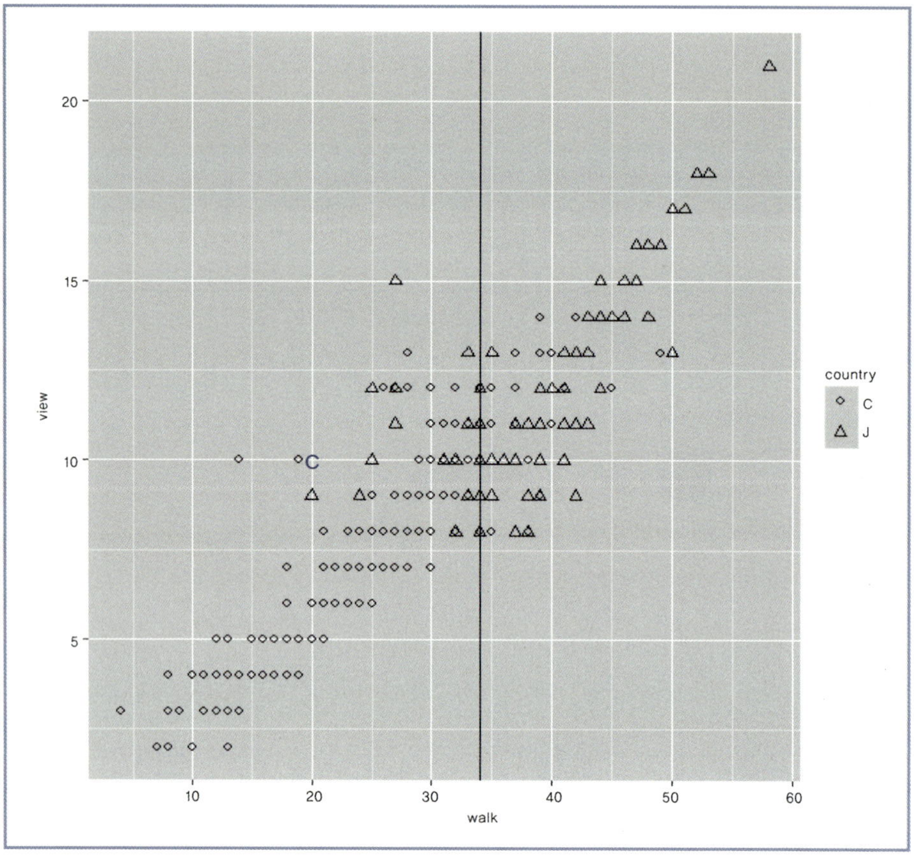

그림 9.8 매장데이터 국적 분류의 첫 단계 분류기준(walk = 34)

그림 9.9는 계속해서 walk=36, view=10, walk=40, view=12 등을 기준으로 샘플 공간을 나눈 결과를 나타내었는데, 이렇게 수직과 수평선으로 나누어진 직사각형 범위 내에는 중국인과 일본인이 비교적 순도가 높게 모여 있는 것을 알 수 있다. 그림 9.9에서 각 박스에 C, J로 표시한 것은 그 박스에 들어있으면 중국인 또는 일본인으로 판정하겠다는 것을 의미한다.

그런데 그림 9.9를 보면 C나 J로 표시된 박스 안에 100% 중국인이나 일본인만 들어있지 않은 것을 알 수 있다. 아직 분류가 덜된 것이다. 만일 의사결정 트리 분류를 계속 진행하면 각 박스의 크기는 점점 작아지고 모든 중국인과 일본인을 완벽하게 구분하는 C와 J 박스를 만들 수 있을 것이다. 그러나 이러한 너무 세분화된 박스를 만드는 것은 바람직하지 않다.

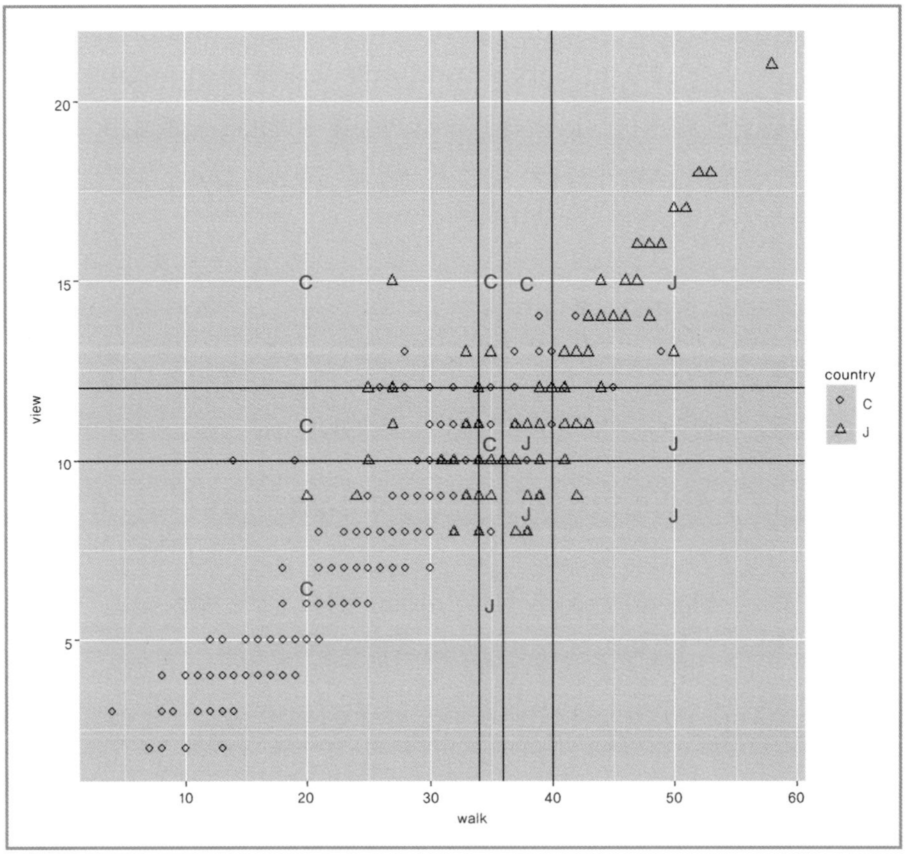

그림 9.9 매장데이터 국적분류 의사결정 트리 진행 예

이렇게 계속 하위 단계를 만들어 가면 모든 하위 그룹의 순도를 100%로 만들 수 있다. 즉, 각 그룹에는 모두 한 가지 항목들로만 들어 있게 만드는 것이 가능하나 이렇게 100% 분류가 될 때까지 트리 구조를 만들면 트리가 너무 복잡해지고 과도한 분류(overfitting)가 되어 이 주어진 데이터에 대해서는 잘 구분하겠지만 일반적인 다른 데이터에 대해서는 오히려 성능이 떨어지게 된다. 즉, 트리의 크기를 적당한 크기에서 멈춰야 한다.

컨퓨전 매트릭스

컨퓨전 매트릭스(confusion matrix)란 분류의 결과가 잘 맞았는지를 평가하는데 자주 사용되는 도구이다. 앞에서 의사결정 트리를 사용하여 국적(country)을 예측하는 모델을 만들었다. 국적 예측을 얼마나 잘 수행했는지를 판단하기 위해 컨퓨전 매트릭스를 만드는 방법을 소개하겠다. 먼저 데이터 프레임 df를 생성하는데 이 데이터 프레임의 첫 번째 열은 원본 데이터인 mydata의 country 변수를 입력하고(즉, 원래값), 두 번째 열은 예측의 결과를 표시하기 위해서 predict() 함수를 사용하여 앞에서 구한 모델 fit으로 예측한 값을 입력한다.

```
> df <- data.frame(country=mydata$country, pred=predict(fit
+ ,type="class"))
> df
```

생성된 데이터 프레임 df의 내용은 표 9.1과 같이 구성되어 있다.

표 9.1 원본 파일의 country 변수와 predict() 함수로 생성한 예측치 비교

	country	pred
1	C	C
2	C	C
...	...	...
32	C	J
33	J	J
...	...	...
320	J	C
321	J	J

위 데이터 프레임의 첫 번째 행의 의미는 첫 번째 샘플의 실제 국적은 중국인(C)이고, 모델에 의한 예측치도 중국인(C)인 것을 나타낸다. 32번째 행의 경우 실제는 중국인(C)이나 모델에 의한 예측치는 일본인(J)인 것을 나타낸다. 데이터 프레임 df에 대해서 table() 함수를 수행하면 다음과 같은 결과를 얻는다.

```
> t <- table(df)
> t
       pred
country  C  J
```

```
  C 287  13
  J  18 182
```

위 table() 실행결과의 첫 번째 행의 의미는 실제 중국인을 중국인으로 제대로 예측한 경우의 수가 287회이고, 실제 중국인을 일본인으로 잘못 예측한 경우의 수는 13회인 것을 나타낸다. 위 테이블의 두 번째 행의 의미는 실제 일본인을 일본인으로 제대로 예측한 경우의 수가 182회이고, 실제 일본인을 중국인으로 잘못 예측한 경우의 수는 18회인 것을 나타낸다.

원래 국적을 제대로 맞춘 비율, 즉 전체 예측 중에 중국인을 중국인으로, 일본인을 일본인으로 맞춘 비율을 정확도(accuracy)라고 하는데 위 모델의 정확도는 다음과 같이 구할 수 있다.

```
accuracy = (맞춘 경우의 수) / (전체 예측 수)
         = (287+182) / (287+13+18+182) = 0.938
```

이를 R 코드를 이용하여 다음과 같이 구할 수 있다.

```
> sum(diag(t))/sum(t)
[1] 0.938
```

중국인이라고 예측한 것 중에서 실제로 중국인이 맞는 경우의 확률을 precision이라고 하는데 이는 다음과 같이 구할 수 있다. 다음에서 중국인이라고 분류한 수가 (287+18)명이다.

```
precesion = (287) / (287+18) = 0.9409836
```

이를 R 코드를 이용하여 다음과 같이 구할 수 있다.

```
> sum(t[1,1])/sum(t[,1])
[1] 0.9409836
```

한편 전체 중국인 중에서 중국인을 실제로 얼마나 찾아내는지를 파악하는 것이 필요한 경우가 있다. 즉, 관심 있는 대상(여기서는 중국인이라고 가정하자)을 얼마나 찾아냈는지를 나타내는 비율을 recall이라고 한다. 위의 경우 recall은 다음과 같이 구할 수 있다. 아래에서 실제 중국인의 수가 (287+13)명이다.

```
recall= (287) / (287+13) = 0.9566667
```

이를 R 코드를 이용하여 다음과 같이 구할 수 있다.

```
> sum(t[1,1])/sum(t[1,])
[1] 0.9566667
```

이외에도 컨퓨전 매트릭스를 이용하면 분류의 성능을 여러 가지 면에서 측정할 수 있는데 이에 대해서는 12장에서 자세히 다루겠다.

과도한 분류

의사결정 트리를 주어진 훈련 데이터에 너무 잘 맞추는 것은 오히려 실제 상황에서는 잘 맞지 않게 된다. 이를 **과도한 분류**(overfitting)라고 한다. 훈련 데이터에 대해서는 잘 동작하도록 모델을 만들면 이는 일종의 정해진 테이블 찾기(table lookup)처럼 되어 훈련 데이터에 대해서는 100% 분류를 잘 하는 것처럼 보이지만 일반 데이터를 대상으로 하는 실제 상황에서는 잘 동작하지 않는다.

주어진 데이터의 일부를 훈련 데이터로 사용하지 않고 남겨두었다가 나중에 모델의 성능을 검증(test)하기 위해 사용하는 데이터를 hold out 데이터라고 한다. 테스트 데이터를 남겨두는 방법으로 주어진 데이터를 돌아가면서 사용하는 방법이 있다. 예를 들어 주어진 데이터를 5개의 그룹으로 나누고 그 중 네 파트, 즉 80%는 훈련용으로 사용하고 나머지 한 파트(20%)를 테스트용으로 사용하여 모델을 만들고 검증을 해본다. 다음에는 훈련용으로 사용했던 네 파트 중 하나를 테스트용으로 사용하고 처음에 테스트용으로 사용한 20%를 훈련용으로 포함시켜 사용하는 것이다. 이런 방식으로 테스트용 데이터를 돌아가면서 총 5번을 다르게 지정할 수 있다. 이렇게 하는 이유는 주어진 데이터 전체를 골고루 테스트용으로 사용하여 모델을 보다 정교하게 잘 만들기 위해서이다. 이렇게 훈련용 데이터와 테스트 데이터를 순차적으로 섞어서 사용하는 hold out 방식을 **cross validation** 방법이라고 한다. cross-validation 방식에서는 데이터셋을 5~10개로 나누는 것이 일반적이다

cross-validation 방식의 극단적인 예로 leave-one-out 방식이 있는데, 테스트용으로 단 한 개의 샘플 데이터만 사용하는 것이다. 예를 들어 주어진 샘플이 10,000개이면 9,999개로 훈련을 하고 나머지 한 샘플을 대상으로 테스트하는데, 이것을 돌아가면서 총 10,000번 수행해 보는 것이다.

의사결정 트리 알고리즘은 과도한 분류를 피하기 위해서 내부적으로 가지치기(pruning)를 수행한다. 가지치기란 너무 세세하게 트리가 만들어지지 않게 나무의 잔가지 치듯이 트리의 크기를 줄인다는 뜻을 가진다.

가지치기에는 크게 방법에는 두 가지가 있다. 미리 정한 조건에 다다르면 분류를 멈추는 방법(pre-pruning)과 일단 자세하게 트리를 만든 후에 트리의 크기를 줄이는 post-pruning 방식이 있다. 앞의 방법이 단순하기는 하나 미세한 경우를 노칠 가능성이 있다. 두 번째 방법은 가능한 전체 상세 모델을 만들어봐야 하므로 시간은 더 걸리지만 중요한 요소를 찾아낼 가능성이 있다는 장점이 있다. 실제로는 post-pruning 방법이 주로 사용된다.

반면에 트리 구조를 너무 단순하게 만들어 동작이 제대로 되지 않는 것을 underfitting이라고 한다.

의사결정 트리의 특징

의사결정 트리는 거의 모든 종류의 분류에서 사용할 수 있는 범용 모델이다. **의사결정 트리**의 가장 큰 장점은 일반인에게 알고리즘의 동작을 상식적으로 쉽게 설명할 수 있다는 것이다. 그러나 고려해야 할 변수의 종류가 너무 많으면 트리 구조가 복잡해지므로 의사결정 트리를 사용하기에 적합하지 않다.

분류 알고리즘의 정확도와 분류 속도를 높이려면 분석에서 사용할 특징 변수(feature)를 잘 선택하는 것이 무엇보다 중요하다. 예를 들어 앞의 국적 분류 예에서는 걷는 속도와 둘러보기를 특징 변수로 사용했는데 이러한 특징 변수 선택이 잘 되어야 모델의 정확도도 높아지고, 동작속도도 빨라질 수 있다. 분석에 적합한 적절한 특징변수를 찾아내려면 해결하려는 문제 도메인을 잘 이해해야 한다.

의사결정 트리는 범주형 데이터와 수치형 데이터를 모두 사용할 수 있다. 의사결정 트리를 중국인, 일본인처럼 범주형 변수만 사용하는 것은 앞에서 설명했다. 그런데 구분할 기준이 범주형이 아니고 수치일 경우, 예를 들어 10만원 이상을 구매하는 사람인지, 5만원 이상을 구매하는 사람인지 등을 판별하는 경우이다. 이럴 때에는 숫자로 된 값의 구간을 정하고 이를 범주형 변수로 매핑해서 의사결정 트리를 적용해야 한다.

의사결정 알고리즘에는 세부적으로 차이가 있는 몇 가지 버전이 있는데 CHAID(1980), CART(Classification and Regression Trees, 1984), C4.5(1993), C5.0 등 여러 종류가 소개되어 있다. 이중 가장 많이 사용되는 알고리즘이 C5.0이다. C5.0에서는 분류를 하는 기준인 순도를 나타내기 위해서 앞에서 소개한 엔트로피 개념을 사용한다. C5.0에서는 엔트로피의 감소, 즉 정보이득을 기준으로 알고리즘을 만든 것이다.

Random Forest

의사결정 트리의 성능을 개선한 방법으로 **랜덤 포레스트**(Random Forest) 방식이 있다. 이 방식은 여러 모델의 평균치를 구하는 앙상블(ensemble) 모델인데, 주어진 훈련 데이터 전체를 사용해서 하나의 트리 모델을 만드는 것이 아니라, 데이터의 일부만 사용하여 의사결정 트리 자체를 여러 가지를 만들어 보고 그중 가장 나은 모델을 선택하는 방식이다. 즉, 좋은 모델 하나를 만드는 것이 아니라, 여러 개의 모델을 만들어 보고 가장 좋은 모델을 고르는 방식이다. 나무(tree)가 많이 모였다는 의미로 숲(forest)이라는 용어를 사용했다.

이 방식은 모델을 만들 때 모든 변수를 사용하지 않고 영향력이 큰 특징 변수들을 찾아서 사용한다. 따라서 특징 변수가 많은 경우에도 사용하기에 적합하다. 그러나 랜덤 포레스트 방식은 의사결정 트리와 달리 모델의 동작을 직관적으로 설명하기가 어려우며 최적의 모델을 찾기 위해서 계산량이 많아진다는 단점이 있다.

9.3 협업 필터링

의사결정 트리와 함께 분류에 널리 사용되는 방법이 **협업 필터링**(collaborative filtering)이다. 협업 필터링은 추천 시스템에서 많이 사용되는데 적절한 추천을 하기 위해서는 사람의 성향을 미리 분류하고 같은 성향의 사람들이 좋아하는 품목을 추천하는 방식을 사용한다. 여기서 사람의 성향을 미리 분류하기 위해서 협업 필터링이 사용된다.

기본 개념

협업 필터링의 기본 원리를 소개하겠다. 예를 들어 서점에서 어떤 사람(A)에게 도서를 추천한다고 하자. 서점에서는 그 사람과 독서 취향이 비슷한 사람들 그룹을 먼저 찾는다. 서점에서는 평소 고객들이 어떤 책들을 사서 보는지, 그리고 책에 대한 평가들은 어땠었는지를 보고 취향이 비슷한 사람들을 구분해 낼 수 있다. 이제 추천할 사람(A)과 취향이 비슷한 사람들 사이에서 평이 가장 좋은 책 중에 아직 A가 보지 않은 책을 추천하면 된다.

여기서 협업이라는 말을 쓰는 이유는 여러 사람의 협력을 받기 때문이다. 위와 같이 취향이 비슷한 '사람'을 기반으로 하는 협업 필터링을 사용자-기반 협업 필터링(user-based collaborative filtering)이라고 한다.

협업 필터링에는 앞에서 설명한 사용자-기반 방식 외에 상품을 기반으로 하는 방법이 있다. 예를 들어 a라는 상품을 좋아하는 사람들은 대부분 b나 c 상품도 같이 좋아한다고 하자. 그러면 상품 입장에서 유사한 상품 그룹을 만들 수 있을 것이다. 무협지를 좋아하는 사람은 다른 무협지를 항상 좋아하고 연애 소설도 좋아한다는 식으로 책이라는 상품을 기준으로 비슷한 상품 그룹을 만들어 두고, 어떤 사람이 새로운 상품 추천을 원하면 성격이 비슷한 상품 중에 그 사람이 아직 구매하지 않은 것을 추천하면 된다. 이러한 방식을 아이템-기반 협업 필터링(item-based collaborative filtering)이라고 한다.

이론적으로는 위의 두 방법의 성능이 유사하다. 그러나 실제 운영 시에는 아이템-기반 협업 필터링이 더 구현하기가 쉽다. 왜냐하면 사용자-기반 협업 필터링에서는 한 사람의 데이터 변화(예를 들면 도서를 구매하거나 영화평을 올리거나)에 대해, 그 사람이 관련된 전체 데이터베이스를 모두 업데이트해야 하는 번거로움이 있지만 아이템-기반 협업 필터링에서는 상품의 특성값만 간단히 업데이트할 수 있기 때문이다. 아마존에서는 아이템-기반 협업 필터링 방식으로 도서 추천을 하고 있다.

k-NN 알고리즘

협업 필터링을 다른 표현으로 **k-NN**(k-nearest neighbor) **알고리즘**이라고 한다. k-NN이라는 이름의 의미는 어떤 사람(또는 아이템)과 가장 가까운 특성을 가지는 이웃(neighbor)을 k개 선택하고 이들의 평균치를 보고 분류를 결정하기 때문이다.

예를 들어, 그림 9.10에 두 가지 그룹 A와 B를 각각 세모와 원으로 표시했는데, 만일 q 위치의 테스트 데이터는 그룹 A와 B 중 어느 그룹이라고 판단해야 할까? q 바로 옆에 A샘플(세모)이 있으니 q는 A일 거라고 판단한다면 이 경우는 k-NN에서 k값을 1로 정한 셈이다.

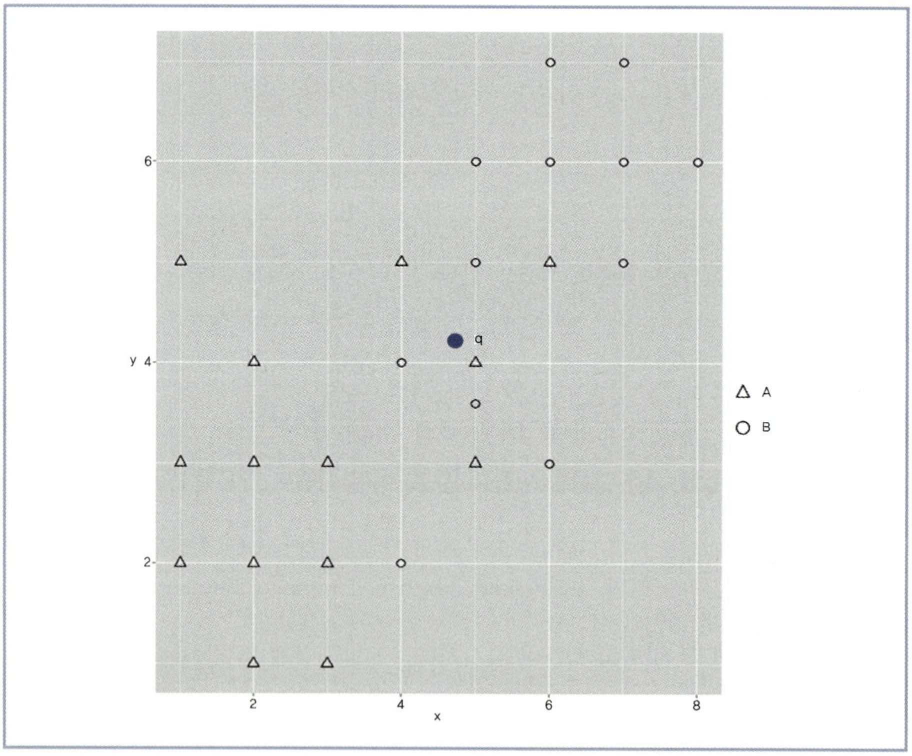

그림 9.10 그룹 A와 B의 분포와 새로운 샘플 q의 분류 문제

그러나 주변의 샘플 하나만 고려하는 것보다는 몇 개 샘플의 평균을 사용하는 것이 타당할 것이다. 그림 9.11에 여러 가지 k값에 대한 경우를 나타내었다. 만일 k=4로 설정하면 이때의 점선 원 내에는 그룹 B인 점(즉, 원)이 3개이고, 그룹 A인 점(세모)이 한 개이므로 q는 그룹 B로 판정될 것이다. k=7로 선택하면 이 원 안에는 그룹 A가 4개 그룹 B가 3개이므로 이때는 다시 q가 그룹 A로 분류되어야 한다. 이렇게 k값을 어떻게 선택하는가에 따라 q가 어느 그룹에 속하는지가 달라진다.

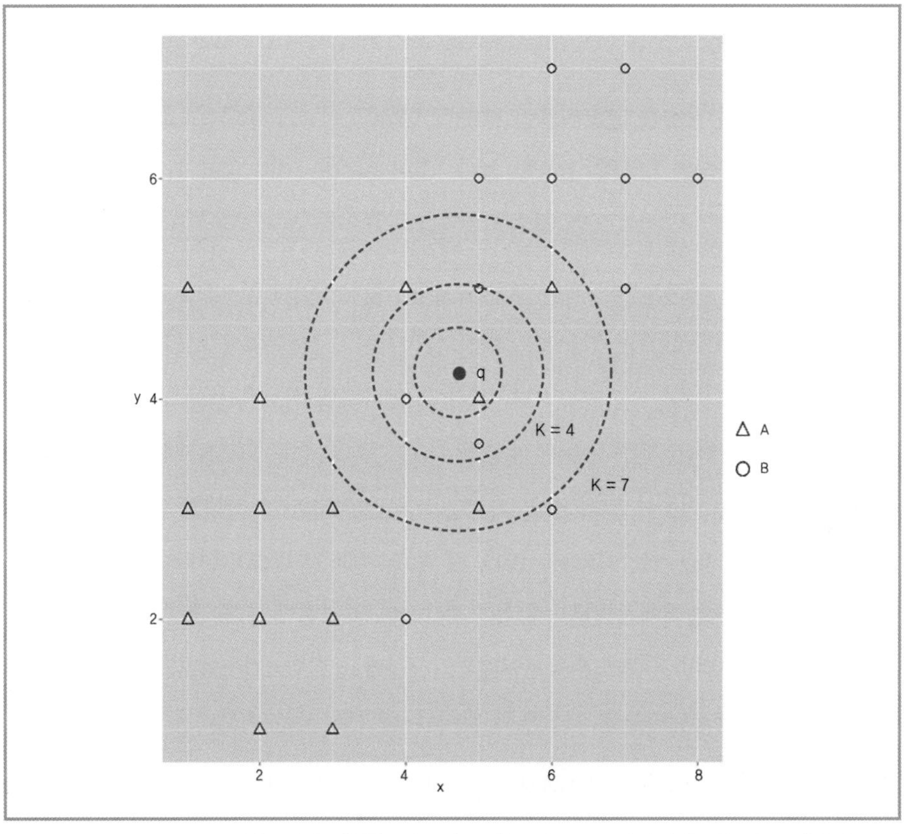

그림 9.11 k-NN에서 k값을 달리 정했을 때 q가 그룹 A와 B 중 어디에 속하는지가 달라지는 예

k-NN 알고리즘에서 **최적의 k값**을 선택하려면 원하는 분류 동작이 어떤 k값에 대해 가장 잘 이루어지는지를 비교해봐야 한다. k값을 너무 작게 잡으면 참고할 주변 데이터가 적어서 오차가 발생하고 k값을 너무 크게 잡으면 주변에 너무 많은 데이터의 평균치를 사용하므로 분류가 불명확해진다. 극단적으로 k=N(전체 샘플수)로 잡으면 항상 전

체 데이터의 평균치 값을 예측하게 된다. 영화 추천에서 k=N으로 한다면 이는 평균적으로 가장 많은 사람들이 본 영화, 즉 베스트셀러를 추천하는 것과 같다.

적절한 k값의 선택은 원하는 목적에 얼마나 적합한지를 보고 판단해야 한다. k를 크게 잡을수록 노이지에 강한 장점이 있으나 세밀한 분류, 즉 분류의 정확도는 떨어지고 k값을 작게 잡으면 노이지에 민감하나 정확도는 올라간다. 보통 k값은 3~9 사이를 선택한다. 최적의 k값을 찾기 위해서 사람이 일일이 k를 바꾸어가면서 결과를 비교할 수도 있으나 대부분의 데이터 분석 패키지에는 최적의 k값을 자동으로 찾아주는 기능을 가지고 있다.

k-NN 알고리즘의 장점은 알고리즘이 매우 간단하고 성능도 좋다는 것이다. 모델링을 하기 위한 파라미터를 정의할 필요도 없다. 훈련 시간도 거의 없고 특성 변수들만 잘 선정하면 된다.

k-NN 알고리즘의 단점은 명시적인 분류 모델을 가지고 있지 않으므로 어떤 변수가 더 중요한지 파악하기 어렵다는 것이다. 훈련시간이 거의 없는 것에 비해 분류를 처리하는 시간, 즉 알고리즘을 수행하는 시간이 길다. 왜냐하면 확보한 샘플들을 모두 비교해서 어떤 그룹에 가까운지를 새롭게 계산해야 하기 때문이다. 새로운 샘플이 계속 추가될 때마다 가까운 이웃이 달라진다. 가까운 이웃을 찾는다는 간단한 모델만 가질 뿐 실제로 누구와 가까운지를 미리 계산해둘 수 없고 비교할 샘플이 나타나야만 그때부터 계산한다. 따라서 분류에 시간도 걸리고 계산량이 많아진다. 이렇게 나중에 계산량이 많은 종류의 알고리즘을 게으른(lazy) 알고리즘이라고 한다. 이웃에 대한 정보를 계속 업데이트하고 가까운 이웃을 계산으로 찾아야 하므로 많은 메모리를 필요로 한다.

지금까지 설명한 k-NN 알고리즘에서는 단지 k개 이웃의 샘플들을 동일한 조건으로 고려하였다. 즉, k개 샘플에 대해 종류별로 개수만 세어서 평균을 구했으며 샘플 간의 거리는 고려하지 않았다. 이렇게 k 샘플의 개수만 세는 방법을 개선하여 가까이 있는 항목에 대해서는 가중치를 더 주는 방법도 있다.

범주형 데이터 처리

범주형 변수에 대해서는 유클리디언 거리를 구할 수가 없다. 예를 들어 남녀를 구분하는 변수를 알고리즘에서 반영하려면 **더미 코딩**(dummy coding)을 사용한다. 예를 들어 M이라는 더미 변수를 정의하고 남자면 M=1, 여성이면 M=0으로 코딩하여 일반 수치형 변수와 같이 처리할 수 있다.

범주형 변수가 택할 수 있는 상태 값이 두 개인 경우는 위와 같이 하나의 더미 변수만 사용하면 된다. 그런데 택할 수 있는 레벨이 3개 이상으로 n개이면 (n−1)개의 더미 변수가 필요하다. 예를 들어 대형, 중형, 소형 세 가지 상태를 나타내려면 (3−1)인 2개의 변수가 필요하다. 이때 예를 들면, 다음과 같이 L과 M 두 개의 더미 코드를 사용할 수 있다.

```
L=1이면 대형, 0이면 대형 아님
M=1이면 중형, 0이면 중형 아님
소형은 L과 M이 모두 0으로 설정
```

더미 코딩의 의미는 범주형 특성을 숫자 0과 1로 매핑하고 이를 특성간의 거리 계산에 반영한다는 것이다. 즉, 더미 코드 사이의 거리는 0이거나 1이 된다.

매장 국적 분류 예

앞에서 소개한 매장에 들어오는 사람을 중국인과 일본인으로 분류하는 문제를 k-NN 알고리즘으로 구현한 예를 소개하겠다. 먼저 매장에 들어오는 사람의 샘플 데이터 mydata 내용을 보면 다음과 같다.

```
> str(mydata)
'data.frame':   500 obs. of  4 variables:
 $ walk   : int  17 12 32 25 23 24 22 32 30 13 ...
 $ view   : int  5 5 12 9 8 8 6 11 10 2 ...
 $ payment: int  176 194 384 329 290 246 235 353 324 93 ...
 $ country: Factor w/ 2 levels "C","J": 1 1 1 1 1 1 1 1 1 1 ...
```

위의 데이터를 보면 country, 즉 국적이 이미 팩터로 설정되어 있는 것을 알 수 있다. 팩터 변수는 분류를 나타내는 R 데이터 타입이다(자세한 내용은 2장 참조). 이 데이터에서 중국인과 일본인의 총 인원수를 table()로 살펴보면 다음과 같이 중국인인 300명, 일본인이 200명인 것을 알 수 있다.

```
> table(mydata$country)
  C   J
300 200
```

한편 **목적 변수**인 country를 제외한 모든 데이터는 numeric형인 것을 알 수 있다. 걷는 속도, 둘러보기, 소득 등 각 변수의 범위가 서로 다르므로 이들을 다음과 같이 정규화하였다. 여기서는 z-score 정규화, 즉 표준 편차로 **정규화**하지 않고, 주어진 수치 값의 최대치와 최소치의 차이값으로 정규화하는 방법을 적용하였다.

```
> normalize <- function(x) {
+   return ((x - min(x)) / (max(x) - min(x)))
+ }
> mydata_n <- as.data.frame(lapply(mydata[1:3], normalize))
```

정규화는 4번째 열인 country를 제외하고 수행했다. 정규화가 끝났으면 테스트 데이터와 훈련 데이터로 나누어서 모델링 준비를 해야 한다. 데이터를 나누는 방법을 설명하겠다.

현재 주어진 샘플 데이터 mydata에는 300명의 중국인, 그리고 200명의 일본인 데이터가 들어 있다. 먼저 전체 데이터 중에 약 75%의 데이터를 훈련 데이터로 선택하는 것을 설명하겠다.

```
> smp_size <- floor(0.75*nrow(mydata))
```

mydata의 행의 수를 얻기 위해서 nrow()를 호출하고 이의 약 75% 값을 얻어서 smp_size 변수에 저장했다. floor() 함수는 소수점 이하를 버리고 정수를 얻는 함수이다. 랜덤한 인덱스를 가진 벡터 train_ind를 생성하기 위해서 다음과 같이 실행한다.

```
> train_ind <- sample(seq_len(nrow(mydata)), size = smp_size)
```

위에서 sample() 함수는 벡터를 랜덤하게 섞어주는 작업을 하며, 크기는 smp_size로 정하였다. 이제 훈련 데이터와 테스트 데이터를 다음과 같이 만들 수 있다.

```
> mydata_train <- mydata_n[train_ind,]
> mydata_test <- mydata_n[-train_ind,]
> mydata_train_labels <- mydata[train_ind,4]
> mydata_test_labels <- mydata[-train_ind,4]
```

위에서 train_ind 벡터 앞에 "-"를 넣으면 해당 항목은 삭제한다. _labels가 붙은 이름의 변수에는 k-NN 알고리즘 수행 결과를 확인하기 위해서 따로 만든 벡터이며 이는 country 열에서 얻은 데이터로서 C 또는 J 값을 가진다. 다음은 k-NN 알고리즘을 수행하기 위해서 class 패키지를 로드하고 knn() 함수를 사용하는 것을 나타내었다. k값으로는 17을 택하였다.

```
> library(class)
> mydata_test_pred <-
+ knn(train=mydata_train,test=mydata_test,cl=mydata_train_labels,
+ k=17)
```

분류가 잘 이루어졌는지 검증을 하기 위해 **Crosstable() 함수**를 다음과 같이 사용하는데 이 함수는 gmodels라는 패키지에 들어 있다.

```
> library(gmodels)
> CrossTable(x = mydata_test_labels, y = mydata_test_pred,
  prop.chisq=FALSE)
   Cell Contents
|-------------------------|
|                       N |
|           N / Row Total |
|           N / Col Total |
```

```
|          N / Table Total |
|-------------------------|
Total Observations in Table:  125
                    | mydata_test_pred
mydata_test_labels  |         C |         J | Row Total |
--------------------|-----------|-----------|-----------|
                C   |        66 |        11 |        77 |
                    |     0.857 |     0.143 |     0.616|
                    |     0.985 |     0.190 |           |
                    |     0.528 |     0.088 |           |
--------------------|-----------|-----------|-----------|
                 J  |         1 |        47 |        48 |
                    |     0.021 |     0.979 |     0.384 |
                    |     0.015 |     0.810 |           |
                    |     0.008 |     0.376 |           |
--------------------|-----------|-----------|-----------|
       Column Total |        67 |        58 |       125 |
                    |     0.536 |    0.464  |           |
```

위 실행결과인 Cell Contents 표를 보면 모든 항목의 개수, 각 행의 비율, 열의 비율이 나타나 있다. 첫 번째 행, 첫 번째 열을 보면 실제로 중국인(C)인 경우는 총 77개이며, 이중 C로 예측한 경우는 값이 66개이며, 따라서 리콜은 (66/77=) 85.7%인 것을 나타낸다. 한편 중국인이라고 예측한 경우는 총 67개이므로 정밀도는 (66/67=) 98.5%이다. 그 아래 0.528의 의미는 전체 125개 항목 중에 66개의 비율을 나타낸다.

C98
C113

CHAPTER

10

텍스트 분석

10 텍스트 분석

CHAPTER

최근 빅데이터가 많은 관심을 끈 것은 소셜 네트워크 서비스(SNS) 데이터 분석에서 흥미로운 결과를 얻기 시작하면서부터이다. 트위터, 블로그, 페이스북 등 SNS에 올라온 사람들의 글을 분석하여 소비자들의 생각을 파악하기 시작했고 이것이 마케팅이나 상품 피드백을 분석하는데 효과를 보인 것이다. 또한 SNS 데이터는 누구나 접근할 수 있는 공개된 데이터였기 때문에 분석 데이터 확보가 쉬웠다. 텍스트 분석의 대상은 SNS 데이터뿐만 아니라 이메일, 웹 사이트의 댓글, 신문기사, 콜센터 상담기록, 책 등 텍스트로 된 내용은 무엇이든 가능하다. 전자책이 늘어나면서 분석할 대상 텍스트는 앞으로 계속 늘어날 것이다. 9장에서는 텍스트 분석의 기본 개념과 스팸 메일을 찾아내는 예를 소개하겠다.

10.1 기초 개념

텍스트 분석의 목적은 텍스트의 의미를 알아내는 것이다. 글의 목적을 알아내거나, 글쓴이의 성향이 찬성인지 반대인지, 글쓴이의 기분이 기쁨, 슬픔, 우울함 등 어떤지를 알아내려는 것이다. 여기서는 텍스트 분석의 기본 개념과 베이어스 알고리즘을 소개하겠다.

텍스트 분석 예

텍스트 자체는 대표적인 **비정형 데이터**이다. 텍스트에서 의미를 추출하려면 정형화된 정보를 먼저 얻어야 한다. 예를 들어 어떤 블로그 댓글의 성격이 찬성이 70%, 반대가 30%라고 한다면 70이나 30 숫자를 얻어야 다음 단계에서 의미 있는 분석을 할 수 있다. 텍스트 분석에서는 우선 이 블로그 댓글의 내용에 등장하는 단어와 구문을 보고 찬성글인지, 반대글인지를 알아내야 하며 어떤 단어들이 찬성의 의미를 주는지 또는 어떤 단어의 조합이 반대의 의미로 사용되었는지를 알아야 한다. 사람이 단어나 문장을 인식하듯이 컴퓨터가 단어 자체 의미를 파악하는 것은 아직 매우 어렵다. 따라서 특정 단어나 문장이 나타나면 이를 기호화하고 이의 찬성 또는 반대의 정도를 숫자로 표시할 수 있어야 한다.

스팸 메일이나 스팸 SMS 문자를 찾아낼 때 텍스트 분석이 사용된다. 스팸 메일에 어떤 단어들이 자주 등장했는지를 보고 스팸 메일을 찾아낸다. 예를 들어 "비아그라" 다른 단어가 있을 때는 95%가 스팸이었다는 사실을 이용한다. 만일 동시에 "구매"라는 단어가 있으며 스팸의 확률은 더 올라갈 것이다. "즉시입금"이라는 단어까지 있으며 스팸일 확률이 더 올라갈 수 있다. 스팸 메일을 찾는 텍스트 분석에서는 이렇게 새로운 증거가 추가되면 어떤 사건의 확률을 점차 올라가거나 또는 내려가는 모델을 자주 사용한다.

베이어스 알고리즘

베이어스(Bayes) **알고리즘**은 조건부 확률 이론을 이용하여 새로운 사건의 확률을 예측하는 알고리즘이다. 먼저 베이어스 이론을 잠시 살펴보겠다.

베이어스 이론

독립적인 두 사건 A와 B가 있을 때 사건 A가 발생했다는 조건에서 사건 B가 발생할 확률은 다음과 같이 정의된다.

$$P(B|A) = \frac{P(A|B)P(A)}{P(A)} = \frac{P(A,B)}{P(A)}$$

이번에는 사건 B가 발생했다는 조건하에서 사건 A가 발생할 확률은 다음과 같이 정의된다.

$$P(A|B) = \frac{P(B|A)P(A)}{P(B)} = \frac{P(A,B)}{P(B)}$$

앞의 두 식에서 P(A, B)가 공통으로 들어 있으므로 이들을 서로 같게 두면 다음의 식을 얻는다.

$$P(B|A)P(A) = P(A|B)P(B)$$

위의 식에는 4개의 확률이 등장하는데 여기서 세 개의 확률을 알면 나머지 한 가지 확률을 구할 수 있다는 것이 베이어스 이론이다. 예를 들어 위에서 사건 A는 어느 학교에서 남학생일 확률을 나타내고 사건 B는 이 학교 학생이 안경을 쓰고 있을 확률이라고 하자. 그리고 다음과 같은 확률을 평소의 측정을 통해서 이미 알고 있다고 가정하자.

```
남학생일 확률 P(A) = 0.4
안경을 쓸 확률 P(B) = 0.7
남학생중에 안경을 쓴 확률 P(B|A) = 0.5
```

위 식의 의미는 이 학교에는 남학생이 40%이고, 안경 쓴 학생이 70%인 것을 말한다. 이렇게 세 가지 값을 알고 있는 상황에서 어떤 학생을 멀리서 봤는데 안경을 끼고 있었다면 이 학생이 남학생일 확률은 얼마일까? 확률을 구하는 문제는 다음과 같다.

```
P(A|B) : 안경을 쓰고 있다는 조건에서 남학생일 확률
```

이는 앞에서 설명한 베이어스 이론에 의해 간단하게 구할 수 있다.

```
P(A|B)  = P(B|A)P(A) / P(B) = (0.5)x (0.4) / 0.7 = 2/7
```

즉, 이 학교에서 어떤 학생이 안경을 쓰고 있었다면 이 학생이 남학생일 확률이 2/7인 것이다. 이는 수치로 간단히 확인할 수 있다. 위 확률이 나오는 예로 다음과 같은 수치를 가정해 보자. 앞에 주어진 3개 식의 의미는, 이 학교 학생이 총 100명인데 남학생 수는 40명이고 안경 쓴 학생이 70명이며, 남학생 중에 반인 20명이 안경을 쓰고 있는 것을 나타낸다.

그러면 여학생은 60명이고 여학생 중에 안경을 쓴 학생은 50명인 것을 알 수 있다(안경을 쓴 총 학생 수가 70명이므로). 따라서 임의의 안경을 쓴 70명 중에 남학생은 20명

여학생은 50명이므로 확률적으로 안경을 쓴 학생의 뒷모습만 보고 성별을 추정한다면 남학생일 확률은 20/70, 여학생일 확률은 50/70가 될 것이다.

베이어스 알고리즘은 베이어스 이론을 적용한 기계학습 알고리즘이다. 베이어스 알고리즘은 미리 파악한 확률을 기초로 어떤 새로운 사건의 성격을 예측하는 것이 가능하며 복잡한 알고리즘을 실행하지 않아도 단순히 계산으로 확률을 구할 수 있다는 장점이 있다. 예를 들어 어떤 질병이 걸렸을 때 나타나는 증상을 보고 특정 질병에 걸렸을 확률을 구하는데 사용된다.

데이터 분석의 궁극적인 목적은 대부분 의사결정을 돕기 위해서이다. 스팸 메일인지 아닌지, 우수고객인지 아닌지, 마케팅 대상인지 아닌지를 분류하는 목적은 이에 대한 다음 행동에 도움을 주기 위해서이다. 예측 분석의 경우도, 내일 A회사 주가가 얼마일지, 내일 비가 올 확률이 얼마인지 등은 모두 나의 다음 행동 의사결정에 도움을 받기 위해서이다.

이러한 데이터 분석의 궁극적인 목적을 생각해보면, 데이터 분석 결과는 매우 단순한 수치로 나와도 상관이 없다. 복잡한 알고리즘을 사용하든, 다양한 파라미터를 사용하든 이용자에게 중요한 것은 분류나 예측의 결과 수치인 것이다. 이 수치를 보고 각자 의사결정에 어떻게 활용할지는 판단의 문제이다. 이렇게 분석 결과로 의미 있는 수치를 얻는 것이 중요하다는 측면에서 베이시안 알고릴즘은 매우 편리하고 처리 속도도 빠른 방법으로서 널리 사용된다.

예를 들어 페널티킥을 막아야 하는 골키퍼 입장에서 생각해보자. 골키퍼는 짧은 순간에 키커가 공을 왼쪽으로 찰지, 오른쪽을 찰지를 판단해야 한다. 이때 너무 많은 요소를 생각할 시간도 없고 복잡한 알고리즘을 머릿속에서 돌릴 수도 없다. 오늘의 날씨, 햇빛과 바람의 방향, 키커가 서 있는 위치 등 고려할 수 있는 요소는 많지만 이들을 분석하고 의사결정(어디로 뛸지 판단)하는 것은 어렵다. 아마도 골키퍼는 몇 가지 중요한 요소만 가지고 순간 판단할 것이다. 예를 들어 키커가 과거에 어느 방향으로 슈팅을 많이 했는지와 지금 달려오는 방향만 보고 판단할 수 있을 것이다. 베이시안 알고리즘은 이와 같이 몇 가지 요인의 발생 확률, 그리고 조건부 확률 등을 고려하여 원하는 사건의 확률값 예측 결과를 바로 계산할 수 있는 방법이다.

10.2 스팸 메일 분류

앞에서 소개한 베이시언 알고리즘을 이용하여 수신한 메일이 스팸 메일인지 아닌지를 분류하는 예를 소개하겠다.

베이시언 알고리즘 적용

어떤 사람이 수신하는 메일 중에 스팸 메일이 10%라고 하자. 전체 메일 중 90%는 정상이고 10%는 스팸이다. 스팸 메일이 발생하는 사건을 s라고 하면 다음과 같은 확률을 미리 알고 있는 셈이다.

```
P(스팸) = 0.9
P(정상) = 1- P(s) = 0.1
```

먼저 스팸 메일에는 "쿠폰"이라는 단어가 많이 들어 있다는 특성을 이용하여 스팸 메일을 찾아낸다고 해보자. 과거의 통계 데이터로부터 "쿠폰"이라는 단어가 들어 있는 메일은 전체적으로 1%라고 하자. 즉, 모든 메일에서 "쿠폰" 단어가 들어 있을 확률 P(쿠폰)는 다음과 같다.

```
P(쿠폰) = 0.01
```

위에서 스팸 발생 확률과 쿠폰 단어 발생 확률인 P(스팸)과 P(쿠폰) 등은 사전 확률(priori probability)이라고 한다. 사전 확률이라고 부르는 이유는 이러한 값은 평소 다수의 데이터를 관찰하여 얻는 사전 지식이라는 뜻이다.

이제 베이시언 이론에 등장하는 4개의 확률 중에 두 개를 알고 있는 셈이다. 추가로 실제 스팸 메일 중에 "쿠폰"이라는 단어가 들어 있는 확률을 조사를 통해서 알고 있다고 가정하자. 예를 들어 조사한 전체 스팸 중에 쿠폰을 포함한 메일이 8%였다고 하면 이는 다음과 같이 표현된다.

```
P(쿠폰|스팸) = 0.08
```

이제 새로운 메일이 하나 도착했는데 여기에 "쿠폰"이 포함되어 있다면 이 메일이 스팸일 확률은 얼마일까? 스팸 메일을 나타내는 증거들이 여러 가지 있겠지만 여기서는 우선 "쿠폰" 단어 하나만 고려해보자. 이제 베이어스 이론에 따라 다음과 같이 구할 수 있다.

```
P(스팸|쿠폰) = P(쿠폰|스팸) P(스팸) / P(쿠폰)
            = (0.08)(0.1)/(0.01)
            = 0.8
```

즉, 어떤 메일에 "쿠폰"이 포함되어 있다면 이 메일이 스팸일 확률은 0.8로 매우 높다. 위에서 P(스팸|쿠폰)는 우리가 얻고자 하는 조건부 확률로서 이를 사후 확률(posteriori probability)이라고 한다. 한편 P(쿠폰|스팸)는 스팸 메일이 "쿠폰" 단어를 포함하고 있는 확률로서 이를 likelihood라고 한다.

위의 예를 쉽게 설명하기 위해서 총 1,000개의 메일에 대한 수치 데이터를 표 10.1과 같이 가정해 보자.

표 10.1 쿠폰이 있고 없고에 따른 스팸 메일과 정상 메일의 표

	쿠폰		
	있음	없음	합
스팸	8	92	100
정상	2	898	900
합	10	990	1000

표 10.1에 따르면 분석 대상인 1,000개의 메일 중에 스팸의 총 수가 100개이고, 따라서 스팸 메일이 발생할 확률은 P(스팸)=0.1이다. 또한 모든 메일 중에 "쿠폰" 단어가 들어간 메일은 총 10개이므로 P(쿠폰)=0.01이다. 스팸 메일 100개만을 놓고 볼 때 쿠폰 단어가 들어간 것은 8개이고 92개에는 쿠폰 단어가 없었다. 즉, 8%의 스팸 메일에 구

폰이 들어 있었다. 정상 메일 900개 중에는 단 2개의 메일에만 쿠폰 단어가 있었다.

이와 같은 기본적인 데이터를 가지고 있는 상황에서 새로운 메일을 보니 쿠폰이라는 단어가 들어 있었다. 이 메일이 스팸일 확률은 10개 중에 8개에 해당하므로 다음과 같이 계산된다.

```
P(스팸|쿠폰) = (8) / (8 + 2) = 0.8
```

일반적으로 발생하는 스팸 메일의 평균 확률이 0.1인 것과 비교해보면, "쿠폰"이라는 단어가 들어간 이메일이 스팸일 확률은 0.8로서 매우 높게 나타난 편이다. 따라서 이 메일은 스팸 처리기가 걸러주어야 할 것이다. 실제로 스팸처리기는 이러한 원리로 동작한다. 단 고려하는 단어를 "쿠폰"과 같이 한 개만 고려하는 것이 아니라 여러 단어를 고려함으로써 스팸을 찾아낼 확률을 높인다.

나이브 베이어스 알고리즘

스팸 메일인지를 판단하기 위해서 쿠폰 이외에 급매, 할인, 상담 등의 단어를 추가로 고려할 수 있을 것이다. 이렇게 네 개의 단어를 고려하면 쿠폰 단어 하나만 고려하는 것보다 더 정교하게 스팸 메일을 찾아낼 수 있을 것이다. 이렇게 여러 개의 특징 변수를 사용하여 새로운 사건을 예측하기 위해서 앞에서 소개한 베이어스 이론을 확장한 방식인 **나이브 베이어스**(Niave Bayes, NB) **알고리즘**을 사용한다.

NB 알고리즘에서 naive라는 단어를 사용한 이유는, 분류에 고려한 여러 특성 변수들의 서로 독립적이라는 "순진한" 가정을 하기 때문이다. 즉, 위의 예에서 쿠폰, 급매, 할인, 상담 등의 단어가 서로 독립적으로 발생한다고 가정하는 것이다. 결과에 영향을 주는 여러 원인이 서로 독립이라고 가정하면 모델을 간단히 만들 수 있다. 예를 들어 어제 동네 슈퍼마켓의 매출이 떨어진 데에는 월요일이었고, 비가 왔으며, 축구 중계가 있었던 것, 그리고 학생 시험기간인 것 등이 원인이라고 하자. 이들이 각각 독립적으로 결과에 영향을 준다고 가정하면 모델을 만들기가 쉽다. 앞에서 소개한 베이어스 알고리즘을 독립적으로 연결하여 NB 알고리즘을 적용할 수 있어 편리하게 분석할 수 있다.

그러나 실제 상황에서는 여러 원인들이 독립적이지 않을 경우가 많다. 앞에서 소개한 쿠폰, 급매, 할인, 상담 등의 등장은 서로 독립적이지 않다. 그러나 모든 단어의 등장이 서로 독립적이라고 단순하게 가정하면 NB 알고리즘을 사용할 수 있는데 NB 알고리즘은 동작이 매우 단순하고 처리속도도 빠르며, 또한 모델을 만들기 위한 훈련 데이터 수가 적어도 된다는 장점이 있기 때문이다. NB 알고리즘은 특정 단어가 들어 있는지를 파악해야 하는 블로그 분석이나 트위터 분석 등 텍스트 분석에서 널리 사용된다. 실제로 각 단어들의 등장이 독립적이지 않고 단어 사이에 관련성이 높은 경우에도 NB 알고리즘은 좋은 결과를 낸다.

NB 알고리즘의 결과는 "확률"로 나타난다. 그러나 이 결과값은 실제로 이 사건이 발생할 확률을 나타낼 필요는 없고 점수로 해석된다. 예를 들어 스팸일 확률이 0.99인 메일은 확률이 0.95인 메일보다 스팸일 가능성이 높다라고만 해석할 수 있어도 스팸을 걸러내는데 많은 도움이 되는 것이다. 실제로 그 메일이 스팸일 수학적인 확률이 0.99인지는 중요하지 않다. 상대적인 중요도 또는 스팸일 가능성의 상대값만 알아낼 수 있어도 유용하기 때문이다.

우리는 정확한 확률값을 계산하는 것이 목적이 아니라 상대적인 점수, 즉 어떤 메일이 더 스팸일지만 알아내도 되기 때문에 특징 변수들이 서로 독립이라고 가정하고 만든 NB 알고리즘이 실제로 잘 동작한다.

수치 데이터의 변환

앞에서 설명한 베이어스 알고리즘을 활용하려면 특징 변수가 발생할 확률을 알아야 한다. 예를 들어 쿠폰이라는 단어가 있거나 없거나의 빈도를 구해야 한다. 따라서 특징 변수는 범주형이어야 한다. 그런데 특징 변수가 수치형인 경우도 있다. 예를 들어 베이어스 알고리즘에 수치형 값인 시험 점수를 직접 반영하려면 어렵다. 이때는 점수를 60점 이하, 60~80점, 80~100점 등 구간으로 나누고 각 구간에 속할 때의 빈도와 확률을 고려하는 것이 가능하다. 이때 위와 같은 구간으로 나누는 것이 실제로 의미 있게 그루핑이 잘 되어야 한다. 실제로 실력이 낮은 사람, 보통인 사람, 고수인 사람을 구분하는 점수여야 알고리즘이 제대로 동작할 것이다.

스팸 문자 필터링

여기서는 전화 단문 문자(SMS) 중에 스팸 문자를 찾아내는 R 코드를 소개하겠다. 단문 문자 샘플 데이터는 sms_spam.csv 파일에 들어 있으며 이를 read.csv() 함수를 사용하여 데이터 프레임으로 읽는 것을 다음에 나타내었다. 데이터 프레임의 구조를 str() 함수로 보았다. 원본 데이터셋은 http://www.dt.fee.unicamp.br/~tiago/smsspamcollection/ 다음의 사이트에서 구할 수 있으며, sms_spam.csv 파일은 http://www.packtpub.com/support/13251에서 chap4에 제공한다. 다른 방법으로는 원본 데이터를 엑셀파일로 열어서 저장하는 방법이 있는데 이 데이터에는 총 5,559개의 문자 샘플이 들어 있다.

```
> sms_raw <- read.csv("sms_spam.csv", stringsAsFactors = FALSE)

> str(sms_raw)
'data.frame': 5559 obs. of 2 variables:
$ type: chr "ham" "ham" "ham" "spam" ...
$ text: chr "Hope you are having a good week. Just checking in" "K..
give back my thanks." "Am also doing in cbe only. But have to pay."
"complimentary 4 STAR Ibiza Holiday or £10,000 cash needs your
  URGENT
collection. 09066364349 NOW from Landline not to lose out"| __
  truncated__
...
```

문자 메시지의 속성은 type 변수에 들어 있고 이는 ham과 spam 두 가지 값을 가지는데, ham은 실제로 정상적인 메시지인 것을, spam은 스팸 메시지라는 사실을 나타낸다. type 변수를 다음과 같이 팩터로 변환하였다.

```
> sms_raw$type <- factor(sms_raw$type)
```

전체 문자 데이터 중에 ham과 spam이 각각 몇 개인지 확인하기 위해 table() 함수를 사용해 보면 총 4,812개의 정상 메시지와 747개의 스팸 메시지가 들어있는 것을 알 수 있다.

```
> table(sms_raw$type)
ham spam
4812 747
```

R이 제공하는 텍스트 마이닝 패키지인 tm(text miner)을 사용하기 위해서 install.packages("tm")을 수행하고 library(tm)을 호출했다. 전체 문자 메시지를 포함하는 코퍼스(corpus)를 구축하기 위해서 tm 패키지의 Corpus() 함수를 사용했다. 여기서 코퍼스란 텍스트 문서 전체를 모아 놓은 데이터를 말한다.

```
> sms_corpus <- Corpus(VectorSource(sms_raw$text))
> print(sms_corpus)
A corpus with 5559 text documents
```

다음은 코퍼스의 일부 내용을 보기 위해 inspect() 함수를 사용했다.

```
> inspect(sms_corpus[1:2])
[[1]]
Hope you are having a good week. Just checking in
[[2]]
K..give back my thanks.
```

코퍼스에서 불필요한 문장부호 등을 없애고 단어만 남겨놓는 작업을 하겠다. 먼저 단어로 분리하기 전에 문자 메시지를 모두 소문자로 바꾸고 숫자, 문장부호, 공백을 다음과 같이 제거했다.

```
> corpus_clean <- tm_map(sms_corpus, tolower)
> corpus_clean <- tm_map(corpus_clean, removeNumbers)
>corpus_clean <- tm_map(corpus_clean, removeWords, stopwords())
> corpus_clean <- tm_map(corpus_clean, removePunctuation)
> corpus_clean <- tm_map(corpus_clean, stripWhitespace)
```

각 메시지에 들어 있는 단어의 분포를 구하기 위해서 DocumentTermMatrix() 함수를 사용하여 문서-단어 행렬을 만들었다. **문서-단어 행렬**을 각 문서별로 어떤 단어들이 들어 있는지를 매트릭스(행렬) 형태로 표현한 것이다.

```
> sms_dtm <- DocumentTermMatrix(corpus_clean)
```

이제 텍스트 분석 준비가 되었으며 훈련 데이터로 75%, 테스트 데이터로 25%를 지정했다.

```
> sms_raw_train <- sms_raw[1:4169, ]
> sms_raw_test  <- sms_raw[4170:5559, ]
> sms_dtm_train <- sms_dtm[1:4169, ]
> sms_dtm_test  <- sms_dtm[4170:5559, ]
> sms_corpus_train <- corpus_clean[1:4169]
> sms_corpus_test  <- corpus_clean[4170:5559]
```

이 훈련 및 테스트 데이터가 데이터 집합을 제대로 대표하고 있는지 확인하기 위해 다음과 같은 코드를 입력하여 확인해 볼 수 있다.

```
> prop.table(table(sms_raw_train$type))
ham spam
0.8647158 0.1352842
> prop.table(table(sms_raw_test$type))
ham spam
0.8683453 0.1316547
```

SMS에 등장하는 단어의 종류는 매우 많으므로 이들을 모두 분석할 필요는 없고 중요하지 않은 단어를 제외하고 분석하는 것이 편리하다. 분석할 대상 단어수를 줄이기 위해서 5번 이하로 등장하는 단어를 삭제하였다. 자주 나타나는 단어를 찾는 것은 **findFreqTerms()** 함수를 사용하면 된다. 자주 나타나는 단어의 목록을 구하고 이를 대상으로 문서-단어 행렬을 다음과 같이 만들었다.

```
> sms_dict<-findFreqTerms(sms_dtm_train, 5)
```

```
> sms_train <- DocumentTermMatrix(sms_corpus_train,
+ list(dictionary = sms_dict))
> sms_test  <- DocumentTermMatrix(sms_corpus_test,
+ list(dictionary = sms_dict))
```

이것을 그대로 수행하면 소수점의 수가 나오기 때문에 다음과 같이 1과 0으로 구분해 주는 함수를 하나 만들고 이를 훈련 데이터와 테스트 데이터에 모두 적용한다.

```
> convert_counts <- function(x) {
  x <- ifelse(x > 0, 1, 0)
  x <- factor(x, levels = c(0, 1), labels = c("No", "Yes"))
}
> sms_train <- apply(sms_train, MARGIN = 2, convert_counts)
> sms_test  <- apply(sms_test, MARGIN = 2, convert_counts)
```

이제 모델을 사용하여 모델을 훈련하고 테스트하면 된다. e1071 패키지에 있는 naiveBayes() 함수를 사용한다.

```
> library(e1071)
> sms_classifier <- naiveBayes(sms_train, sms_raw_train$type)
> sms_classifier
```

테스트 데이터로 테스트하기 위해서 다음과 같은 코드를 사용한다.

```
> sms_test_pred <- predict(sms_classifier, sms_test)
```

이제 성능 검증하기 위해서 CrossTable() 함수를 사용해야 하는데 CrossTable() 함수는 gmodels 패키지에 있다.

```
> library(gmodels)
> CrossTable(sms_test_pred, sms_raw_test$type,
        prop.chisq = FALSE, prop.t = FALSE, prop.r = FALSE,
        dnn = c('predicted', 'actual'))
```

앞의 과정을 수행한 결과가 그림 10.1에 나타나 있다.

```
Total Observations in Table:  1390

             | actual
   predicted |       ham |      spam | Row Total |
-------------|-----------|-----------|-----------|
         ham |      1203 |        32 |      1235 |
             |     0.997 |     0.175 |           |
-------------|-----------|-----------|-----------|
        spam |         4 |       151 |       155 |
             |     0.003 |     0.825 |           |
-------------|-----------|-----------|-----------|
Column Total |      1207 |       183 |      1390 |
             |     0.868 |     0.132 |           |
-------------|-----------|-----------|-----------|
```

그림 10.1 스팸 메시지를 NB 알고리즘으로 분류한 결과

그림 10.1을 살펴보면 총 183개의 spam 메시지 중 32개의 메시지가 ham으로 잘못 분류된 것을 확인할 수 있다. 반대로 실제로는 ham 메시지인데 spam으로 분류된 것이 4개인 것을 확인할 수 있다.

NB 알고리즘을 개선하는 방법으로 모델을 학습하기 전에 라플라스 추정(Laplace Estimator)을 설정해 보겠다. 라플라스 추정을 하는 이유는 훈련 데이터 중에 특정 단어가 한 번도 발생하지 않는 경우가 있을 수 있는데, 이로 인한 계산상의 오류를 보정하기 위해서 중요 단어의 최소 발생 빈도를 0이 아니라 1로 보정하는 것이다.

```
> sms_classifier2 <- naiveBayes(sms_train, sms_raw_train$type,
laplace = 1)
> sms_test_pred2 <- predict(sms_classifier2, sms_test)
> CrossTable(sms_test_pred2, sms_raw_test$type,
prop.chisq = FALSE, prop.t = FALSE, prop.r = FALSE,
dnn = c('predicted', 'actual'))
```

위 코드의 결과가 그림 10.2에 나타나 있다. 잘못 분류한 오류의 수가 4에서 3으로 32에서 31로 감소한 것을 알 수 있다.

```
      Total Observations in Table:  1390

                   | actual
         predicted |       ham |      spam | Row Total |
      -------------|-----------|-----------|-----------|
               ham |      1204 |        31 |      1235 |
                   |     0.998 |     0.169 |           |
      -------------|-----------|-----------|-----------|
              spam |         3 |       152 |       155 |
                   |     0.002 |     0.831 |           |
      -------------|-----------|-----------|-----------|
      Column Total |      1207 |       183 |      1390 |
                   |     0.868 |     0.132 |           |
      -------------|-----------|-----------|-----------|
```

그림 10.2 라플라스 추정을 사용한 스팸 메시지 분류 결과

10.3 문서 분석

블로그, 트위터, 페이스북의 내용을 분석하려면 텍스트 문서를 분석해야 한다. 최근 디지털화되는 책이 늘어나면서 책의 내용을 분석하는 사례도 늘고 있다. 문서 분석에서는 글의 주요 내용을 파악하거나, 문서의 특징을 추출하거나, 유사한 글이나 저자를 찾는 작업 등을 수행한다. 또한 참고문헌이나 본문 인용의 관계를 통해서 문서간의 연계성, 전문가들의 인적 네트워크 등을 파악하는데도 사용한다. 여기서는 문서 분석의 기본 개념을 소개하겠다.

문서-단어 행렬

텍스트 분석을 위해서 R은 tm, sna, lda(latent Dirichlet allocation) 등의 패키지를 제공한다. tm 패키지를 사용하면 of, as, to 등의 전치사, 스페이스, the, a 등을 제거할 수 있다. 또한 인용 문구 등을 삭제하여 문서를 간단하게 변환할 수 있다. 분석할 문서 전체 집합을 코퍼스(corpus)라고 하는데, 코퍼스에서 의미 있는 단어만 남기거나 단어를 분류하는 작업을 파싱(parsing)이라고 한다.

여기서는 문서 분석의 예를 소개하기 위해서 과학 분야의 논문들을 사용했다. 코넬 대

학이 1991년부터 운영하는 ArXiv.org 사이트에서는 수학, 물리, 컴퓨터, 통계, 경제학, 생물학 등 분야 논문을 제공하는데 현재 약 1백만 건의 논문이 수록되어 있다. 주제별로, 연도별로 논문들을 다운로드할 수 있다.

문서 분석의 첫 단계는 **문서-단어**(document-term) **행렬**을 만드는 것인데, 이는 문서(document)와 단어(term) 간의 관계를 나타내는 매트릭스를 말한다. 즉, 각 문서에 어떤 단어가 몇 번이나 등장하는지를 정리한 표이다. 문서-단어 행렬은 TermDocumentMatrix() 함수로 다음과 같이 만들 수 있는데 문서-단어 행렬에서 행은 문서를 나타내고 열은 각 단어를 나타낸다.

```
> dtm<-TermDocumentMatrix(Corpus, control= list(minWordLength=
+ 1))
```

위 코드에서 두 번째 인자인 control을 사용하여 minWordLength, 즉 최소 단어의 길이를 1로 설정해 주었다. 위에서 만든 문서-단어 행렬 dtm의 주요 통계는 다음과 같이 볼 수 있다.

```
> dtm
A term-document matrix (1870 documents, 20176 terms)
Non-/sparse entries    : 80702/37648418
Sparsity               : 100%
Maximal term length    : 327
Weighting              : term frequncy(tf)
               Docs
Terms                31    32    33    34    35    36    37
r                     0     0     1     1     1     0     1
ramachandran          0     0     0     0     0     0     1
ranked                0     0     2     0     1     0     0
rapidminer            0     0     1     0     0     0     0
```

위의 결과를 보면 총 1,870개의 문서를 분석해서 20,176개의 단어를 찾은 것을 알 수 있고 따라서 문서-단어 행렬은 1,870개의 행과 20,176개의 열로 구성된다. 그런데 문서마다 포함하고 있는 단어가 다르므로 행렬 대부분의 값은 0이 될 것이다. 위의 결과에서 행렬의 전체 크기 37,729,120(1870x80702)개 중에서 37,648,418개 항목은 0이고, 80,702개 항목은 0이 아닌 값, 즉 단어가 등장한 횟수를 가진다. 위에서 non-sparse와 sparse가 이 숫자를 나타낸다. Sparsity는 전체 항목 중 값이 0인 항목의 비율인데 이는 위에서 Sparsity는 100%로 나타난 것은 거의 모든 항목의 값이 0이라는 것을 알 수 있다. 실제로 서로 연관성이 별로 없는 문서들을 모아서 분석하면 이와 같이 공통으로 단어가 등장하는 횟수는 매우 적다.

Maximal term length는 현재 분석한 문서들 중에 가장 많은 단어를 포함한 문서의 단어 수를 나타낸다. 위에서는 327개이다.

문서-단어 행렬은 **단어의 발생 빈도수**(term-frequency)를 나타낸다. 그런데 모든 문서에서 골고루 등장하는 단어는 별로 중요하지 않다고 볼 수 있다. 예를 들어 1,870개 문서 중에서 1,500개 문서에서 "오늘"이라는 단어가 등장했다면 이 단어는 평범한 단어라고 보는 것이다. 만일 1,870개 문서 중 20개 문서에서만 집중적으로 등장하는 단어가 있었다면 이 단어는 뭔가 의미 있는 단어라고 하겠다.

이와 같이 단어의 발생 빈도수만을 고려하지 않고, 이 단어가 전체 분석 대상 문서 중에서 얼마나 작은 수의 문서에서만 등장하는지도 같이 고려함으로써 단어의 중요도를 산출하는 것이 타당하다.

이를 반영한 빈도수를 term frequency-inverse document frequency(tf-idf)라고 한다. 이 빈도수는 이름에서도 알 수 있듯이, 이 단어가 발생한 빈도수뿐만 아니라 관련된 문서의 수에 반비례하게 정의한 값이다.

```
> dtm_tfidf<- weightTfIdf(dtm)
 A document-term matrix (1870 documents, 20176 terms)
Non-/sparse entries: 80702/37648418
Sparsity : 100%
Maximal term length: 327
Weighting : term frequency - inverse document frequency
   (normalized)]
            mln dlrs     reuter       pct    compani    bank
billion       ...
```

```
780.2629 544.7084 103.8984 455.8033 347.4688 355.8040
388.7671    ...
```

문서-단어 행렬에서 가장 많이 등장하는 단어는 다음과 같이 조회할 수 있다. 예를 들어 dtm 행렬에서 문서 전체를 대상으로 400회 이상의 등장한 단어는 다음과 같이 찾아볼 수 있다.

```
> findFreqTerms(dtm, lowfreq=400)
[1] "finite" "paper" "prove" "result" "space" "theory"
```

문서의 주제(topic)을 찾아내거나 유사한 주제를 다룬 문서들을 찾는 작업을 하려면 R의 lda 패키지를 사용하면 된다.

한글 문서 분석

앞에서는 영어 문장을 분석하는 예를 들었는데, 한글 문장에서 단어를 분석하는 방법을 소개하겠다. 한글 샘플 문장이 포함된 데이터가 wordcount.csv에 저장되어 있으며 파일 내용은 표 10.1과 같다. 문서마다 고유번호가 정해져 있다.

표 10.1 wordcount.csv 파일 내용

문서	text
1	이러한 문제를 개선하기 위해서 모델학습 전에 라플라스 추정(Laplace ...
2	코퍼스에서 문서-단어 매트릭스를 구할 수 있는데 이를 위해서 tm 패......
3	문서 분석의 첫 단계는 문서-단어(document-term) 매트릭스를 만드는..
	...

```
> library(tm)
> library(KoNLP)
```

한글 분석을 위해서는 **KoNLP 패키지**가 추가로 필요하다. 다음은 gsub() 함수를 사용하여 개행문자(\n)를 제거하였다.

```
> word.dt<- wordcount$text
> word.dt <- gsub("\n","",word.dt)
```

gsub()를 사용하여 필요 없는 문자들을 제거할 수 있다. KoNLP 패키지의 **extract-Noun() 함수**를 사용하면 다음과 같이 명사를 분리할 수 있다.

```
> result_nouns <- Map(extractNoun,word.dt)
> result_nouns
$...
 [1] "문제"        "개선"        "하기"
 [4] "모델"        "학습"        "전"
 [7] "라플라스"    "추정(Laplace" "Estimator"
...
```

이제 tm 패키지를 이용하여 상세한 단어 분석을 할 수 있다. 우선 문서 자료를 다음과 같이 코퍼스로 바꿔준다.

```
> myCorpus_ <- Corpus(VectorSource(result_nouns))
```

tm_map() 함수를 사용해서 코퍼스에서 불필요한 내용을 없앨 수 있는데, **remove-Punctuation() 함수**로는 구두점(불용어 괄호, 마침표 등)을 제거하고, **remove-Numbers()**로는 숫자를 제거하고, **tolower()**로는 영어 중 대문자를 소문자로 변환해준다.

```
> myCorpus_ <- tm_map(myCorpus_, removePunctuation)
> myCorpus_ <- tm_map(myCorpus_, removeNumbers)
> myCorpus_ <- tm_map(myCorpus_, tolower)
```

2글자 이상으로 된 단어만 얻기 위해서는 다음과 같이 TermDocumentMatrix() 함수에서 wordLengths에 2를 부여하면 된다.

```
> myTdm <- TermDocumentMatrix(myCorpus_, control =
+ list(wordLengths = c(2, Inf)))
```

생성된 행렬의 각 문서별 count의 수를 합하려면 rowSums()을 호출하면 된다.

```
> termFrequency <- rowSums(as.matrix(myTdm))
> termFrequency
      allocation              arxiv             corpus
               1                  1                  3
       dirichlet           document          estimator
               1                  2                  1
   findfreqterms            install             latent
               1                  1                  1
             lda          library™               miner
               1                  1                  1
             org           packages            parsing
               1                  1                  1
             sna               term  termdocumentmatrix
               1                  2                  1
            text                 tm               간단
               1                  6                  1
            ...
```

만약에 count가 2 이상인 것만 의미가 있다고 판단한다면 다음과 같이 termFrequncy가 2이상인 것만 subset()을 사용하여 저장하면 된다.

```
> termFrequency <- subset(termFrequency, termFrequency >= 2)
```

완성된 단어 카운트 결과를 정리해서 데이터 프레임에 담기 위해서는 다음과 같이 data.frame()을 사용하여 데이터 프레임으로 변환한 후에 write.csv() 함수를 이용하여 파일에 저장할 수 있다.

```
> freq2 <- data.frame(freq = termFrequency)
> freq2
> write.csv(freq2,"C:/data/freq.csv")
```

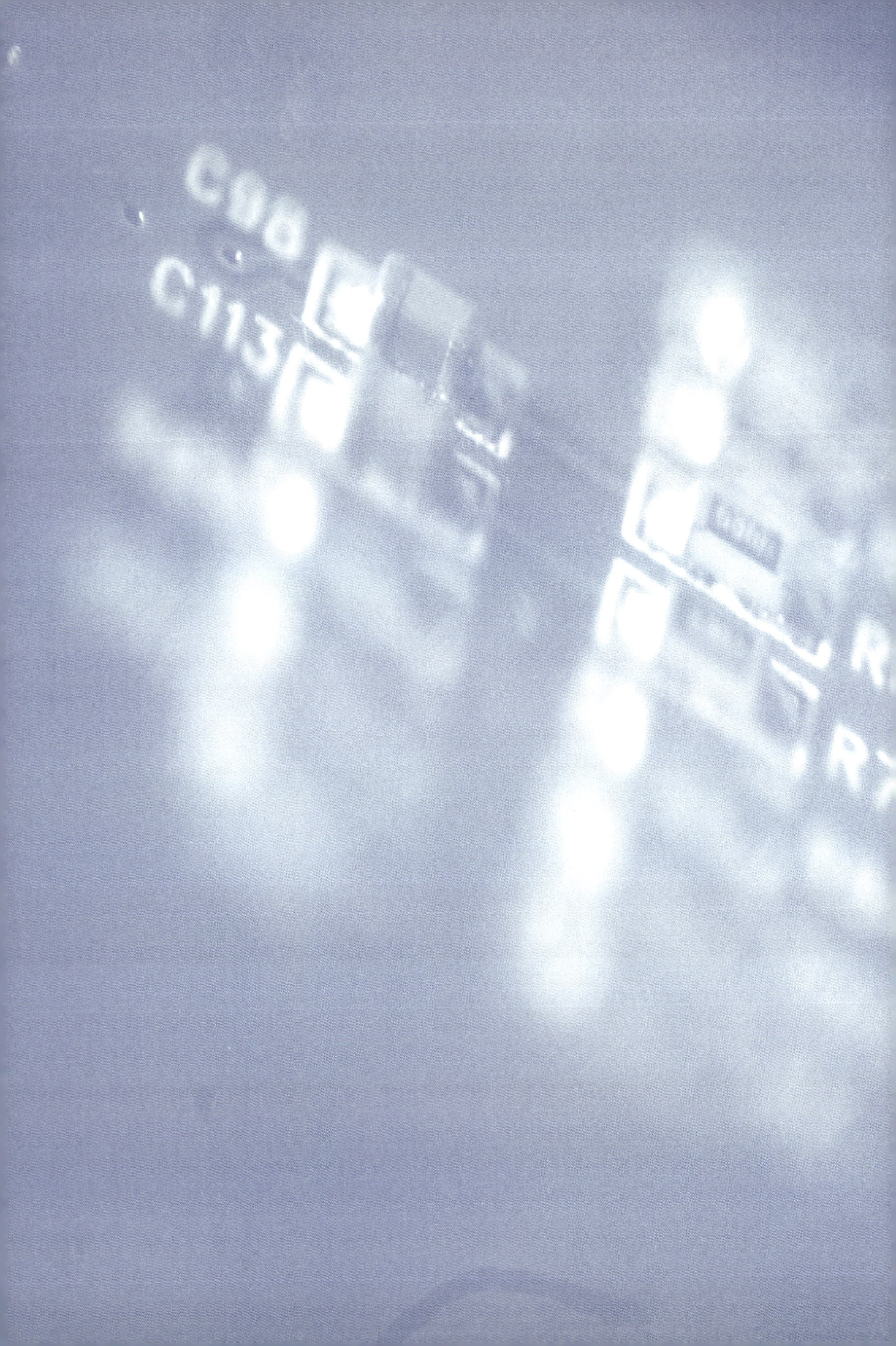
C98
C113

CHAPTER 11

예측

11 예측

CHAPTER

예측이란 미래에 발생할 어떤 사건의 수치를 예상하는 것을 말한다. 어떤 값을 예측하기 위해서는 자신의 과거 데이터를 사용하거나 관련 데이터를 이용한다. 예측은 다음과 같은 문제들을 해결하는데 사용한다. 이동통신사에서는 고객이 2년간의 약정 기간이 종료되면 우리 회사와의 계약을 끊고 다른 회사로 옮길지의 확률을 예측하여(이를 churn 분석이라고 한다) 이들에게 상품권을 보내주거나 할인을 제시한다. 보험회사는 환자의 의료비용을 예측하여 어떤 환자를 치료하는데 얼마나 비용이 많이 드는지를 예측하여 보험료를 산정하는데 사용한다.

앞 장에서 소개한 분류는 샘플 항목들을 미리 정한 범주로 나누는 작업이었다. 분류도 예측의 일종이며 수치를 예측하는 것이 아니라 범주를 예측하는 것을 분류라고 한다. 반면에 수치를 예측하는 것은 일반적으로 예측이라고 한다.

11.1 회귀분석

예측에서 가장 많이 사용되는 방법이 **회귀분석**(regression)이다. 회귀분석을 하려면 상관관계가 있는 관련 데이터가 필요하다. 회귀분석은 경제지표 예측, 사회학 연구, 마케팅에서 널리 사용된다. 의학에서도 치료의 효과를 분석하는데 사용되며, 재난시 피해액 산정, 선거 결과 예측, 범죄 발생 예측 등 광범위하게 사용된다.

기본 개념

회귀분석은 하나의 수치형 값을 예측하기 위해서 하나 또는 다수의 변수를 활용한다. 예측하려는 변수를 **종속 변수**(dependent variable)라고 하며 예측에 사용할 변수를 **독립 변수**(independent variable)라고 한다. 종속이라는 이름이 붙은 이유는 다른 변수의 변화에 따라서 종속적으로 변화하는 값이기 때문이고 독립 변수의 의미는 이 값이 독립적으로 변하는 입력 변수이기 때문이다. 회귀분석을 하려면 상관관계가 있는 변수 데이터가 필요하다.

상관관계

두 변수가 변하는 패턴이 얼마나 비슷한지를 나타내기 위해서 **상관관계**(correlation)를 사용한다. 예를 들어 학생들의 과학 성적의 변화가 수학 성적과 거의 비슷한 패턴으로 나타난다면 과학과 수학 성적의 상관관계가 높다고 한다. 과학과 수학 성적의 상관관계가 높으면 과학 성적을 보고 다음번에 치룰 수학 성적을 미리 예측할 수 있을 것이다. 그러나 사회 성적은 수학 성적과 아무런 상관관계가 없다면 수학 성적을 예측하는데 사회 성적은 도움이 되지 않는다.

두 변수 간에 상관관계가 얼마나 높은지를 나타내기 위해 **상관계수**(correlation coefficient)를 사용한다. 상관계수는 −1 ~ 1 사이의 값을 가지는데, 어떤 두 변수가 양의 상관계수를 가지면, 이 두 변수의 변화가 비슷한 특성을 가지고 상관계수가 1에 가까울수록 상관관계가 큰 것을 나타낸다. 상관계수가 0이면 두 변수 사이에 아무런 관련이 없는 것이고 상관계수가 음이면 서로 반대의 성향을 갖는 것을 나타낸다. 한 변수가 증가하면 다른 변수는 감소하는 관계일 때 음의 상관관계를 가진다. 같은 변수 사이 즉, 자기 자신과의 상관관계는 1이 된다.

그림 11.1~그림 11.8은 여러 가지 상관계수 값을 갖는 데이터의 패턴 예를 나타내었다. x축과 y축이 각각 두 가지 변수의 값을 나타내며 이들이 공간상에서 얼마나 유사한 관계를 가지는지를 나타낸 것이다.

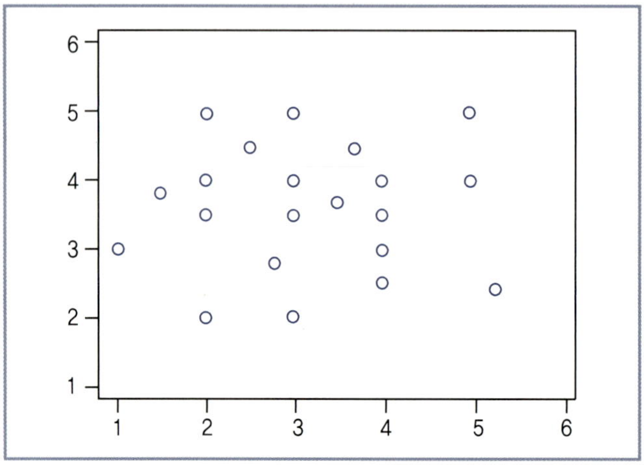

그림 11.1 0의 상관계수를 갖는 데이터 분포

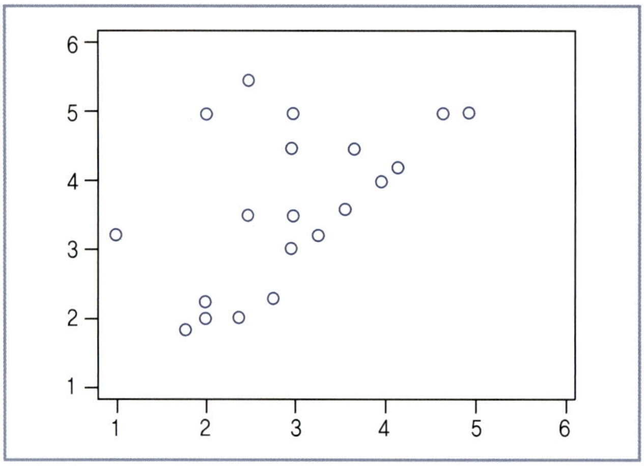

그림 11.2 0.5의 상관계수를 갖는 데이터 분포

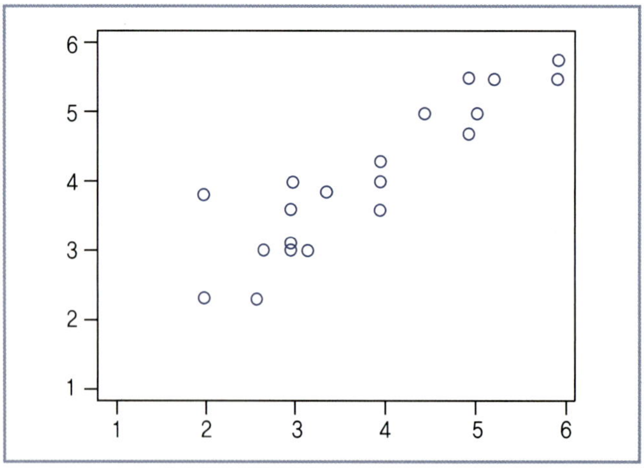

그림 11.3 0.9의 상관계수를 갖는 데이터 분포

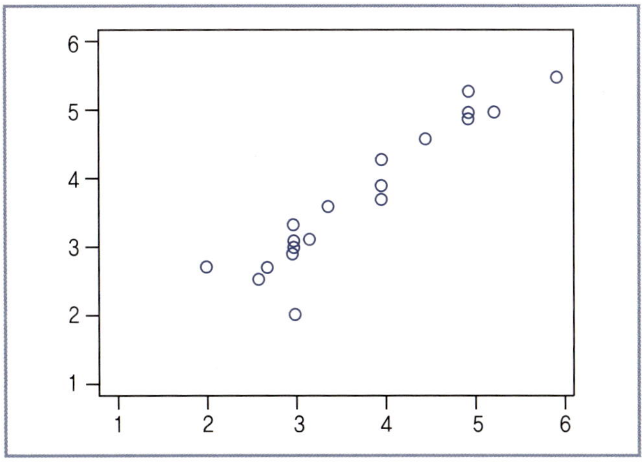

그림 11.4 0.95의 상관계수를 갖는 데이터 분포

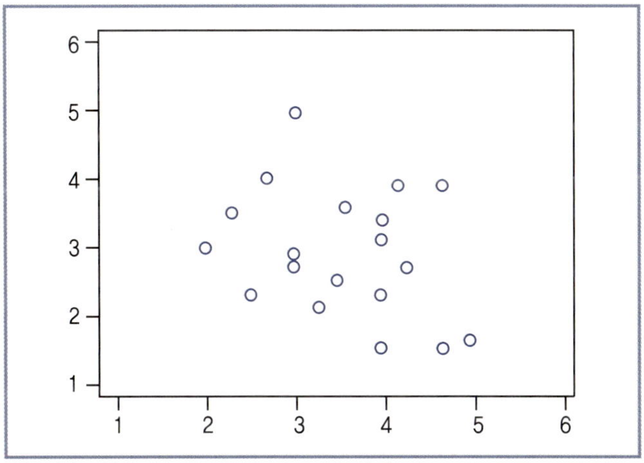

그림 11.5 −0.3의 상관계수를 갖는 데이터 분포

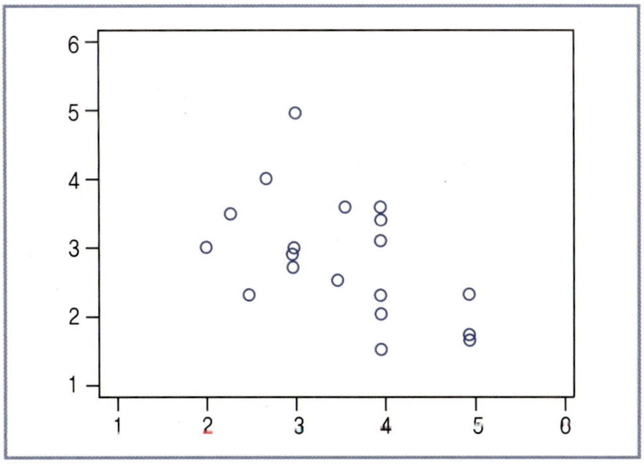

그림 11.6 −0.5의 상관계수를 갖는 데이터 분포

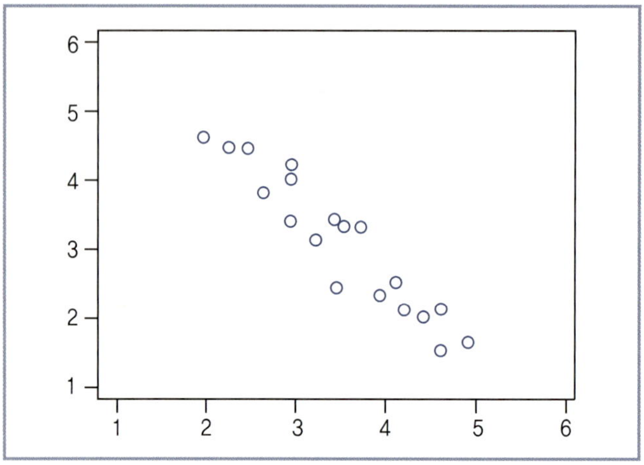

그림 11.7 −0.95의 상관계수를 갖는 데이터 분포

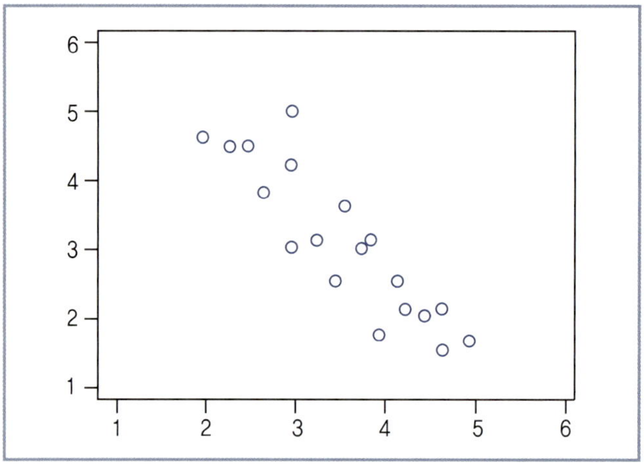

그림 11.8 −0.9의 상관계수를 갖는 데이터 분포

상관계수(correlations) 값이 얼마 이상이면 두 변수의 관계가 밀접하다고 할지는 분야에 따라 다르지만 보통 0.5 이상이면 상관계수가 크다는 것을 나타낸다.

상관관계 구하기

어느 학급 학생들의 국어, 영어, 수학, 과학 네 개 과목 성적이 파일 student.csv에 들어 있으며 파일 내용은 다음과 같다고 하자.

표 11.1 국어, 영어, 수학, 과학 성적 데이터

	korean	english	math	science
1	55	91	33	51
2	60	85	52	43
3	45	89	21	18
4	75	30	95	98
5	60	88	40	31
6	60	83	51	47
7	63	63	62	65
8	54	49	58	60
9	53	93	31	42
10	28	37	89	97
11	62	88	40	37
12	73	28	89	98
13	56	48	58	60
14	64	61	62	61
15	62	95	34	47
16	54	97	28	34
17	60	88	43	34
18	44	51	75	78
19	76	28	100	100
20	75	87	36	24

위의 student.csv 파일이 Documents 디렉터리에 들어 있다고 할 때 이를 데이터 프레임 student에 저장하는 코드는 다음과 같다.

```
> student <- read.csv("C:\\Users\\Administrator\\Documents
\\student.csv")
```

만약에 csv 형식이 아니라 엑셀 파일에 데이터가 들어 있으면(예를 들어, student.xlsx에 있다고 가정하자) 다음과 같이 데이터를 가져올 수 있다.

```
> library(xlsx)
> student <- read.xlsx("C:\\Users\\Administrator\\Documents
\\student.xlsx",1)
```

student 데이터 프레임을 만든 후에 상위 몇 개의 데이터를 보는 함수 head()를 사용하여 국어, 영어, 수학, 과학 성적 몇 개를 다음에 나타내었다.

```
> head(student)
 korean english math science
1       55       91   33       51
2       60       85   52       43
3       45       89   21       18
4       75       30   95       98
5       60       88   40       31
6       60       83   51       47
```

데이터 프레임의 구조를 str()로 보면 다음과 같다.

```
> str(student)
'data.frame':   20 obs. of  4 variables:
 $ korean : int  86 79 98 35 91 76 61 55 94 28 ...
 $ english : int  91 85 89 30 88 83 63 49 93 37 ...
 $ math    : int  33 52 21 95 40 51 62 58 31 89 ...
 $ science : int  51 43 18 98 31 47 65 60 42 97 ...
```

변수들 간의 상관계수는 cor()로 구할 수 있다. student 데이터 프레임에 들어있는 국어, 영어, 수학, 과학 네 과목 각 점수간의 상관계수를 구하면 다음과 같다.

```
> z <- cor(student)
> z
             korean      english       math       science
korean   1.00000000 -0.1258327  0.1832116  0.09069825
english -0.12583275  1.0000000 -0.9457805 -0.91982377
math     0.18321159 -0.9457805  1.0000000  0.95168911
science  0.09069825 -0.9198238  0.9516891  1.00000000
```

대각선에 들어 있는 값을 보면 같은 과목간의 상관계수는 1인 것을 알 수 있다. 수학과 과학 성적은 0.95의 상관계수를 가지며, 이는 1에 가까운 매우 높은 값으로서 수학 성적이 좋은 학생은 항상 과학 성적도 좋고, 수학 성적이 나쁜 학생은 항상 과학 성적도 나쁘다는 것을 나타낸다. 수학과 영어는 −0.94의 상관계수를 가지는데 이는 수학 성적이 좋은 학생은 영어 성적이 반대로 나쁘게 나온다는 것을 말한다. 수학과 국어의 상관계수는 0.18인데 이는 두 과목간의 상관관계가 거의 없다는 것을 나타낸다.

네 과목 점수들 간의 관계를 그래프로 그려보면 상관관계를 보다 명확히 알 수 있다. 다음은 네 과목간의 각각의 상관관계를 나타낸 코드와 결과이다. attach() 함수를 호출해 두면 데이터를 참조할 때 student$math와 같이 "$"를 붙일 필요 없이 math라고만 해도 student$math를 지칭한다.

```
> attach(student)
> plot(math, science,xlab="math", ylab="science",
ylim=c(20,100))
> plot(math, english,xlab="math", ylab="english",
 ylim=c(20,100))
> plot(math, korean,xlab="math", ylab="korean",
  ylim=c(20,100))
```

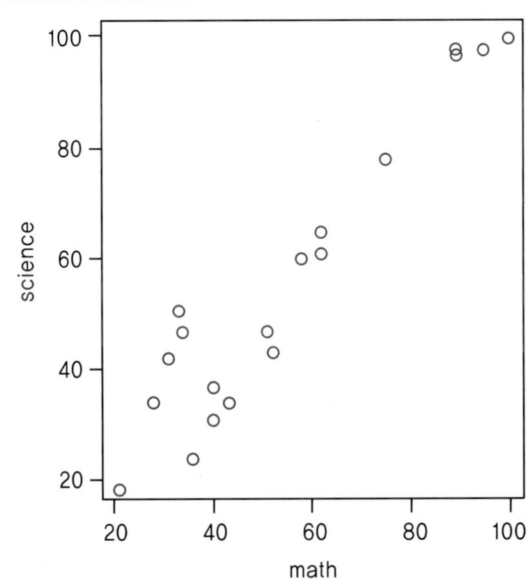

그림 11.9 과학과 수학 성적의 상관관계

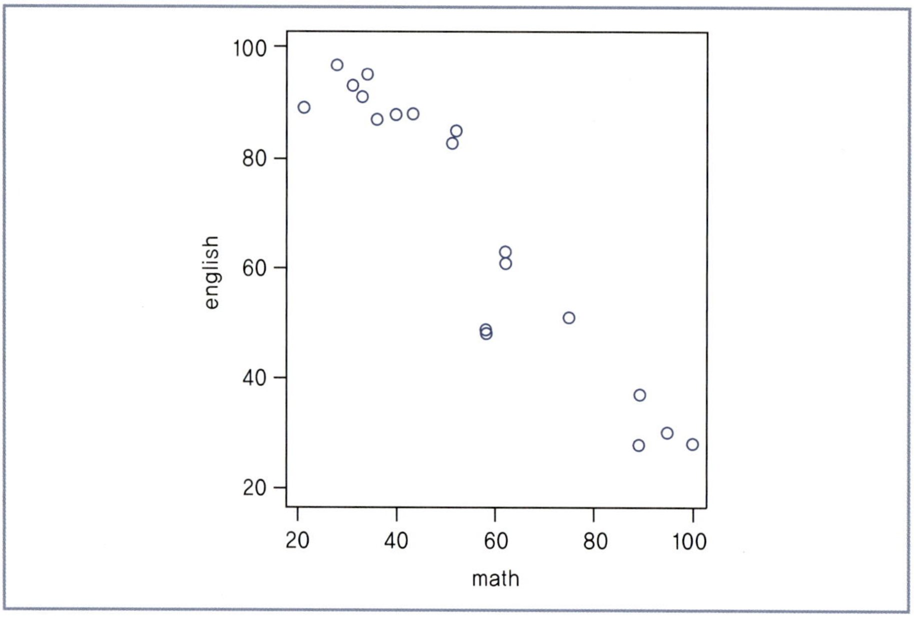

그림 11.10 영어와 수학 성적의 상관관계

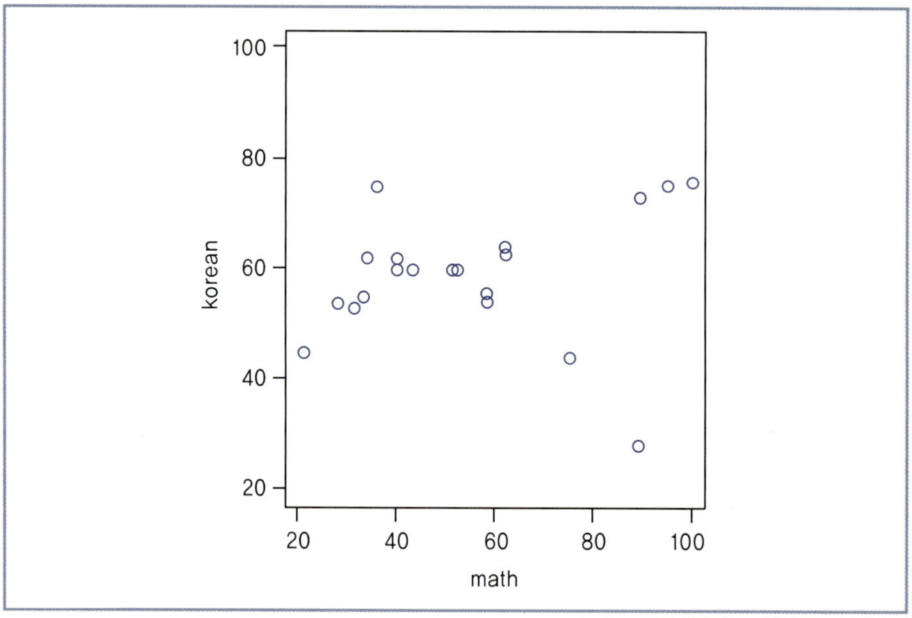

그림 11.11 국어와 수학 성적의 상관관계

상관관계를 구하는 수식은 여러 가지가 있는데 그 중 **피어슨**(Pearson) **상관계수**가 가장 널리 사용된다. 벡터 변수 x와 y의 피어슨 상관계수 r은 다음과 같이 구한다. 다음에서 벡터 x, y 각 항목과 각 벡터 평균의 차이의 곱을 구하고 이를 x와 y의 표준 편차의 곱으로 나눈 것이다.

$$r = \frac{\sum_{i=1}^{n}(x_i - \overline{x})(y_i - \overline{y})}{\sqrt{\sum_{i=1}^{n}(x_i - \overline{x})^2}\sqrt{\sum_{i=1}^{n}(y_i - \overline{y})^2}}.$$

피어슨 상관관계 외에 **스피어만**(Spearman) **상관계수**를 사용할 수도 있는데, 이때는 cor() 함수의 method 값을 spearman으로 설정해주면 된다.

```
> cor(student,method="spearman")
```

선형 회귀분석

회귀분석(regression analysis)은 두 변수 사이의 연관성을 이용한 데이터 분석 방법이다. 위에서 수학과 과학 성적의 관계 그래프를 보면 두 성적 사이에는 상당히 높은 선형적인 상관관계가 있는 것을 알 수 있고 상관계수가 0.95로 거의 1에 가깝다.

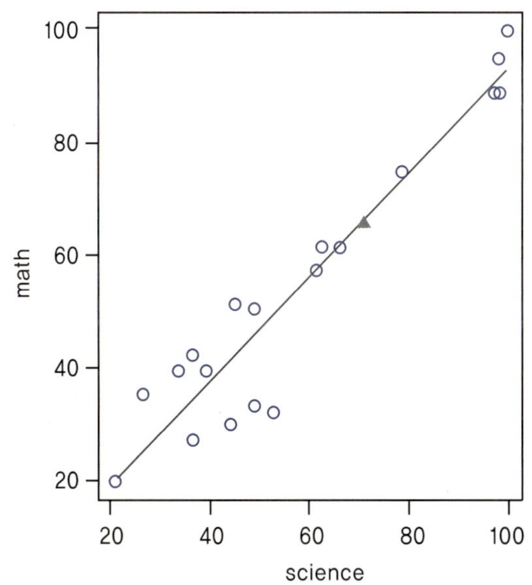

그림 11.12 수학과 과학 성적의 선형적 관계와 회귀직선

그림 11.12는 수학-과학 성적 그래프를 다시 그렸고 이 성적들을 대표하는 직선을 그렸다. 이와 같은 높은 상관관계를 이용해서 만일 어떤 학생의 과학 성적이 70점이라면 그 학생의 수학 성적은 65점이라는 예측이 가능하다.

그림 11.12에서 두 변수간의 관계를 대표하는 직선으로 회귀직선을 그릴 수 있는데 회귀직선은 다음과 같이 1차함수로 표현할 수 있다.

$$y = ax + b$$

회귀직선 관계를 나타내는 a와 b값을 알고 있으면 특정한 x값으로부터 y값을 예측할 수 있다.

위의 예와 같이 두 변수의 관계(즉, 과학과 수학의 관계)를 분석하는 것을 **단순 선형 회귀**(simple linear regression)라고 하며, 여러 변수를 이용하여 특정 변수를 모델링하는 것을 **다중 선형 회귀**(multiple linear regression)라고 한다. 예를 들어 수학 성적을 예측하는데 과학뿐 아니라 국어와 영어 성적을 같이 고려하여 더 정확한 값을 예측할 수 있다. 위의 경우 영어와 수학은 강한 음의 상관관계를 가지므로($r = -0.94$) 영어 성적을 알면 수학 성적을 예측하는데 도움이 된다.

다중 선형 회귀식은 다음과 같다.

$$y = \beta_0 + \beta_1 x_1 + \beta_2 x_2 + \cdots . + \beta_p x_p$$

식에서 p는 회귀분석에 사용되는 변수의 총 개수이다(위의 예에서는 수학 성적을 예측하는데 국어, 영어, 과학 등 3개 과목을 사용하므로 p=3이 됨). 수학 성적은 종속 변수이고 국어, 영어, 과학 성적이 독립 변수가 된다.

종속 변수를 다른 표현으로 목적(target) 변수, outcome 변수, response 변수, 또는 label이라고도 하며, 독립 변수를 predictor, 설명 변수(explanatory variable) 또는 feature라고도 한다. 이렇게 이름이 다양하게 많은 이유는 동일한 회귀분석 개념이 통계, 경제, 사회학, 의학, 컴퓨터 과학 등 여러 학문 분야에서 각각 연구되었기 때문이다.

회귀분석에서 사용하는 분석 모델은 바로 회귀직선 수식이라고 할 수 있고 분석과정은 위에서 a, b, beta와 같은 파라미터를 찾아내는 과정이 된다. 최적의 파라미터는 예측한 값과 실제 값과의 차이, 즉 오차를 최소화하도록 구한다. 예를 들어 앞에 과학을 70점 맞은 학생이 수학은 64점일 것으로 예측했는데, 실제로는 68점을 맞았다면 오차가 4점인 셈이다. 다음번에는 이 오차를 최소화하도록 모델을 수정해 나가야 한다.

구간별 선형모델

회귀분석에서는 대부분 **선형**(linear) **모델**을 사용한다. 즉, 두 변수의 관계가 일차 방정식으로 표현되는 것을 선형 모델이라고 한다. 선형모델을 사용하는 이유는 선형 모델이 매우 간단하면서도 상당히 쓸 만하기 때문이다.

선형 모델이 잘 맞지 않는 경우를 살펴보자. 예를 들어 s, t 두 변수의 관계가 그림 11.13과 같은 경우에는 선형 모델이 두 변수의 관계를 제대로 나타낼 수 없다. 그림 11.13과 같은 회귀직선을 모델로 사용하면 오히려 혼란만 주는 결과를 얻을 것이다.

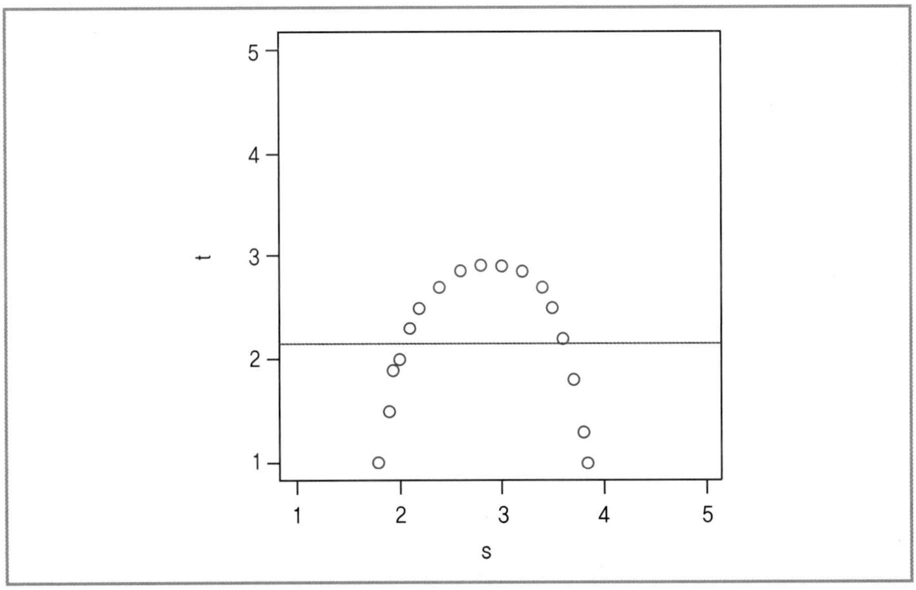

그림 11.13 선형 모델이 맞지 않는 경우

위와 같이 선형 모델이 맞지 않을 때는 **구간별 선형 모델**을 사용할 수 있다. s의 값이 1~3일 때에는 회귀직선 A를 사용하고 3 〈 s 〈 5 구간에서는 회귀직선 B를 사용하도록 모델을 구간별로 두 개로 나누어 사용하는 것이다.

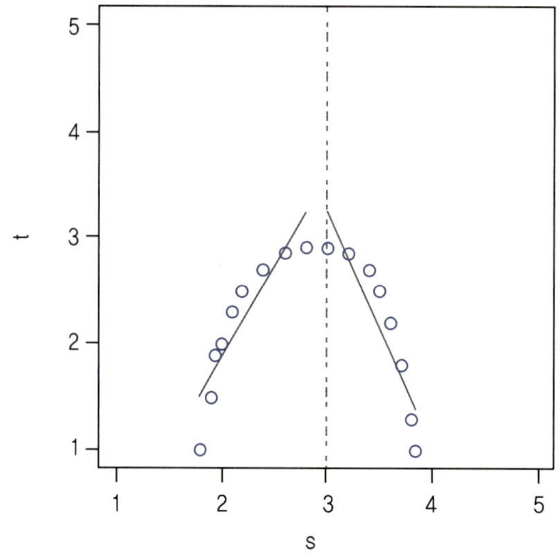

그림 11.14 구간별 선형모델 사용

구간별 선형 모델은 구간을 여러 개로 나눌 수도 있다. 예를 들어 그림 11.15와 같은 분포를 가진 데이터를 하나의 선형모델로 예측하면 회귀분석 오차가 커진다. 이를 4개의 구간으로 나누어 구간별 선형 모델을 적용하면 복잡한 관계의 비선형 모델도 상당히 정확하게 선형 회귀분석 모델로 분석할 수 있다.

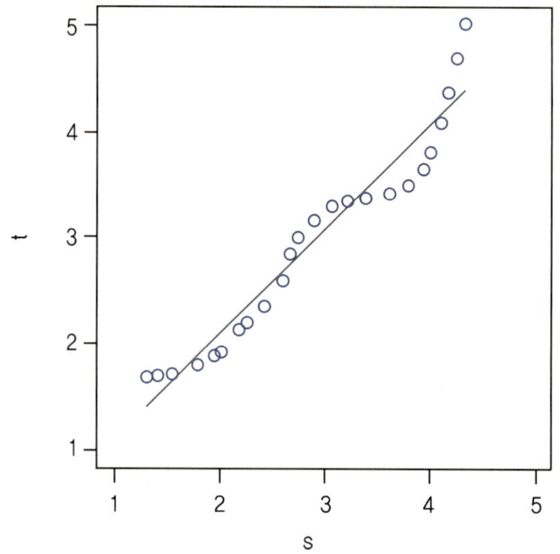

그림 11.15 비선형 데이터의 선형 모델 적용

그림 11.16은 s값의 범위에 따라 4개의 구간(A, B, C, D)으로 나누고 구간별 선형 회귀직선을 적용한 예이다. 그래프를 보면 회귀직선과 데이터들과의 오차가 매우 작아진 것을 알 수 있다.

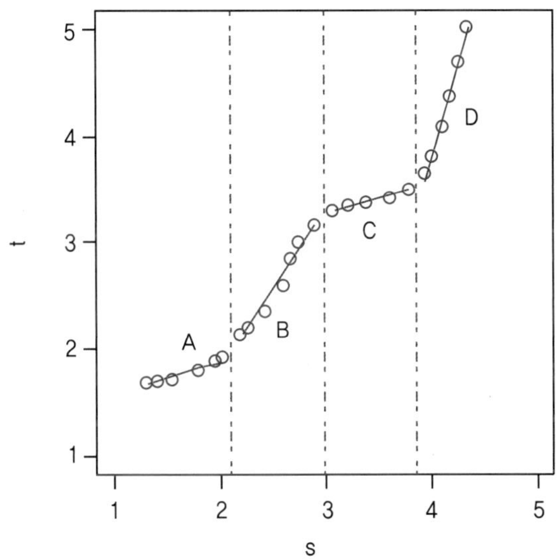

그림 11.16 구간별 선형 모델

시계열 예측

앞에서 설명한 회귀분석은 독립 변수와 종속 변수가 서로 다른 경우를 설명했다. 즉, 과학과 영어 성적으로 수학 성적을 예측하는 예를 들었다. 그런데 같은 변수의 과거 데이터들로부터 자신의 미래의 값을 예측할 때도 회귀분석 개념을 사용할 수 있다. 예를 들어 어떤 학생의 수학 성적을 예측하는데 다른 과목의 성적을 사용하는 대신 자신의 과거 수학 성적을 사용할 수 있다. 이렇게 데이터의 시간의 변화를 예측하는 것을 **시계열**(time-series) **분석**이라고 한다.

그러면 이 학생의 수학 성적을 예측할 때 다른 과목 점수를 토대로 예측하는 것과 자신의 과거 수학 성적을 가지고 예측하는 것 중 어떤 방법이 더 좋은 것일까? 이것은 주어진 상황에 따라 다르다. 수학 성적의 난이도가 매 시험마다 달라서 어떤 때는 반 평균이 80점이고, 어떤 때는 반 평균이 20점이 되는 등 점수의 변화가 심하다면 과거의 수학 점수의 변화를 보고 다음 시험 성적을 예측하는 것은 맞지 않을 것이다. 이때는 다른 과목의 성적으로 수학 성적을 예측하는 것이 더 정확할 것이다.

상관관계와 인과관계

두 사건의 **상관관계**(corelation)가 높다고 해서 두 사건의 **인과관계**(causality)도 높다고 주장할 수는 없다. 예를 들어 학생의 옷과 시험 성적의 상관관계를 보니 시험을 잘 본 학생들은 대부분 청바지를 입는다고 하자. 이들의 상관관계가 매년 높게 나온다고 하더라도 청바지를 입으면 시험을 잘 본다는 인과관계도 성립하는지는 보장할 수 없다는 것이다. 사건들 간의 인과관계를 밝히려면 상관관계만 봐서는 안 되고 별도로 분석해야 한다.

수학성적 예측 예시

단순 선형 회귀 분석을 사용하여 어느 학생의 과학 성적으로부터 수학 성적을 예측하는 코드를 작성해 보겠다. 표 11.2는 이 학생이 치른 총 16회의 수학과 과학 성적을 나타내었다.

표 11.2 어떤 학생의 수학과 과학 성적

	학기	math	science
1	1.1	86	91
2	1.2	79	85
3	1.3	98	89
4	1.4	77	80
5	2.1	91	88
6	2.2	76	83
7	2.3	61	63
8	2.4	88	90
9	3.1	94	93
10	3.2	83	89
11	3.3	80	88
12	3.4	93	94
13	4.1	70	75
14	4.2	83	84
15	4.3	97	95
16	4.4	100	97

수학과 과학 성적의 상관계수를 구하는 코드는 다음과 같으며 상관계수가 0.916으로 두 변수간의 상관관계가 매우 높은 것을 알 수 있다.

```
> cor(student3$math, student3$science)
[1] 0.9162871
```

이 학생이 이번 시험에 사정이 있어 수학 시험을 치루지 못했다고 하자. 혹시 과학 시험은 치뤘다면 과거에 과학과 수학 성적이 서로 상관관계가 높다는 점을 이용하여 과학 점수로부터 수학 점수를 잘 예측할 수 있을 것이다.

ax+b 형태의 선형 모델을 만들고 과학 시험의 점수, 즉 x값으로 y값(즉, 수학 점수)을 예측할 수 있다. 그림 11.17에 세모 점 과학 점수에 따라 예측한 값이다. 먼저 치룬 과학 시험의 점수가 85점이었다면 회귀분석을 통해서 이번 수학 성적은 83점이라는 예측을 할 수 있다.

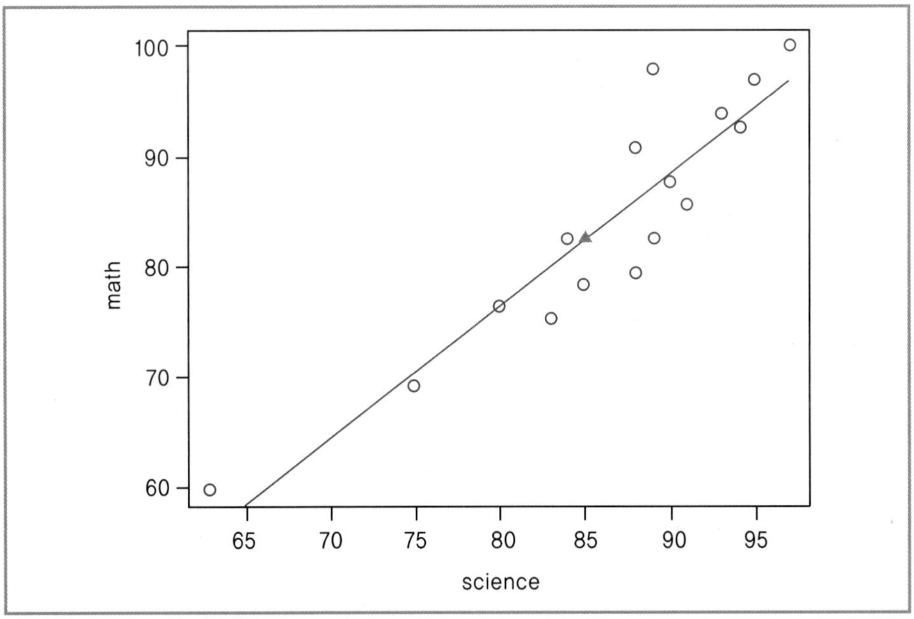

그림 11.17 수학 성적의 선형 모델 예측

과학 성적으로부터 수학 성적을 예측하는 과정을 살펴보자. 프로그램에 사용할 데이터 셋은 student.csv이고 이 데이터 내용 앞부분은 다음과 같다.

```
> head(student)
korean english math science
1       55      91  33      51
2       60      85  52      43
3       45      89  21      18
4       75      30  95      98
5       60      88  40      31
6       60      83  51      47
```

다음에 선형 예측 모델 코드를 보였다. 먼저 과학과 수학 성적을 포함한 두 변수 science와 math와의 관계 그래프를 plot() 함수로 그렸다. 선형 예측을 하기 위해서는 먼저 회귀분석 모델 파라미터를 구해야 한다. 이를 위해서 lm() 함수를 사용한다. lm() 함수는 **linear model**을 의미한다. lm() 함수 수행 결과를 m이라는 변수에 저장했다. 이제 이 모델을 이용하여 수학 성적을 예측하려면 predict() 함수를 사용하는데, 이때 인자로 예측 모델 m, 그리고 이번에 이 학생이 받은 과학 성적 값(예: 89점)을 입력하면 된다. 다음은 lm() 함수 내에서 "math~science"의 의미는 수학 성적을 예측하는데 과학 성적을 이용하라는 뜻이다.

```
> attach(student)
> plot(science, math)
> m <- lm(math~science)
> preds <- data.frame(science=89)
> predict(m, newdata=preds, interval="prediction")
```

predict() 실행결과는 다음과 같다.

```
       fit      lwr      upr
1 83.57172 66.72835 100.4151
```

앞에서 fit은 예측한 수학성적을 나타내고, lwr와 upr은 각각 수학 성적이 가질 수 있는 최소값과 최대값을 나타낸다.

앞에서는 과학 성적 하나만 사용해서 수학 성적을 예측한 예를 보였는데 영어나 국어 성적도 같이 활용해서 수학 성적을 예측할 수 있다. 즉, 다중 회귀분석을 할 수 있다. 이때에는 예측에 사용할 독립 변수들을 다음과 같이 +로 연결주어야 한다.

```
> m <- lm(math~science+korean+english)
> preds <- data.frame(science=89, korean=50, english=40)
> predict(m, newdata=preds, interval="prediction")
       fit      lwr      upr
1 81.80442 67.66126 95.94757
```

위의 결과를 살펴보면 과학 성적이 89, 국어는 50, 영어는 40점인 경우 이 성적을 모두 고려하면 수학 점수가 81.8점으로 예측된 것을 알 수 있다.

매장 매출 예측 예

앞에서 매장에 들어오는 손님의 걷는 속도와 둘러보는 횟수를 보고 중국인인지, 일본인인지를 분류하는 예를 소개했다. 이번에는 이 고객이 우리 가게에서 얼마나 많이 구매를 할지를 예측하는 프로그램을 작성해 보겠다.

표 11.3은 고객별로 이 매장에서 구매한 기록 예를 나타내었다. 첫 번째 고객의 경우 걸어 들어오는데 걸린 시간은 15초, 둘러본 횟수는 5회이고 남성이다. 이 고객은 중국인이었고 구매한 액수는 176,000원이었다(단위는 천원임). 이러한 고객별 구매 데이터를 가지고 새로운 고객이 매장에 들어올 때 과연 이 고객이 얼마나 상품을 구매할 것인지를 예측해보려는 것이다.

표 11.3 매장 고객 데이터 및 구매액 예

id	walk	view	sex	payment	country
1	15	5	M	176	C
2	15	5	M	194	C
3	27	12	F	384	C
4	24	9	F	329	C
5	21	8	F	290	C
...	...	...	...	...	...
325	46	17	F	401	J
326	34	9	M	230	J
327	39	15	F	347	J
328	33	6	M	161	J

고객 매출 기록 데이터에서 각 행(row)을 케이스(case), 인스턴스(instance), 또는 특성 벡터(feature vector)라고도 한다. 우리가 예측하고자 하는 목표 변수는 예상 매출액(payment)이다. 먼저 둘러보기 횟수인 view와 payment의 관계를 파악하고 view에 따른 payment 값을 예측해 보기로 한다. 예를 들어 둘러보는 횟수가 30번인 사람은 매출을 얼마나 올릴지를 예측해 보려는 것이다.

이 데이터가 들어 있는 파일 mydata2를 attach() 함수로 불러온 후, 두 변수의 관계를 plot() 함수로 그려보고 선형모델 함수인 lm() 함수로 예측 모델을 만들었다. 다음에는 predict() 함수의 인자로 view=30을 입력하여 payment를 예측해보면 예상 구매액이 654,000원인 것을 알 수 있다.

```
> attach(mydata2)
> plot(view, payment)
> smp_size <- floor(0.75 * nrow(mydata2))
> train_ind <- sample(seq_len(nrow(mydata2)), size = smp_size)
> train <- mydata2[train_ind, ]
> test <- mydata2[-train_ind, ]
> m <- lm(payment ~ view, data=train)
> preds <- data.frame(view=30)
> predict(m, newdata=preds, interval= "prediction")
       fit      lwr      upr
1 654.2202 560.2942 748.1463
```

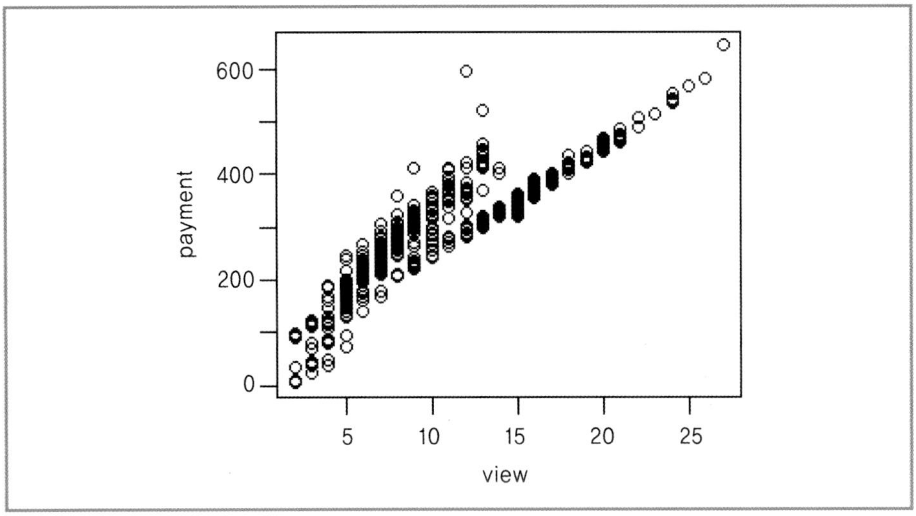

그림 11.18 고객 매출 데이터에서 둘러보기(view)와 매출액(payment)의 관계

선형 예측 모델을 만드는 lm() 함수는 lm(formula, data)의 형식을 가지는데, formula에는 "예측하고자 하는 목적 변수명~예측할 때 사용한 독립 변수"을 적으며 독립 변수가 여러 개일 경우 " + "를 사용하여 변수들을 여러 개 나열할 수 있다. 주어진 모든 변수를 독립 변수로 사용하려면 독립 변수 자리에 " . "을 입력하면 된다. 두 번째 인자 data에는 데이터가 들어간다.

다음에는 걷는 시간인 walk와 매출액에 대한 선형 모델을 만들고 이를 이용하여 walk =40일 때의 payment값을 예측해보겠다. 다음 결과를 보면 예상 매출액이 382.142원인 것을 알 수 있다.

```
> plot(walk, payment)
> m <- lm(payment~walk)
> preds <- data.frame(walk=40)
> predict(m, newdata=preds, interval = "prediction")
      fit      lwr     upr
1 382.1421 253.3151 510.969
```

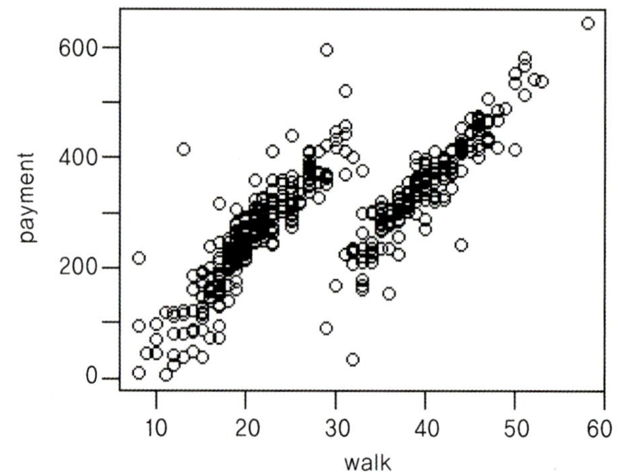

그림 11.19 고객 매출 데이터에서 걷는 시간(walk)과 매출액(payment)의 관계

걷는 시간인 walk와 보는 횟수 view, 그리고 성별 sex를 모두 고려하여 매출액을 예측하는 코드를 다음에 나타내었다. 독립 변수들을 데이터 프레임(data.frame)으로 구성하고 이를 predict() 함수의 인자로 사용했다.

```
> m<- lm(payment~view+walk+sex)
> preds <- data.frame(view=30, walk=20, sex="F")
> predict(m, newdata=preds, interval= "prediction")
       fit     lwr    upr
1 831.4855 732.661 930.31
```

위 결과의 의미는 view가 30이고, walk가 20이며 sex가 F(여자)의 경우는 예상 매출액이 831,000라는 의미이다.

predict()의 사용법은 predict(model, newdata, interval=c("none", "confidence", "prediction"))인데 첫 번째 인자에는 모델을 입력하고, 두 번째 인자에는 예측하기 위해서 만든 데이터 프레임을 넣어주면 된다. 세 번째 interval은 어떤 종류의 값을 예측할지 나타내는 것이다. 대부분 prediction(예측)을 사용한다.

단계별 리그레션

앞에서 소개한 매장의 예상 매출액을 예측하는 예는 걷는 속도, 둘러보기 횟수 등 고려할 변수가 많지 않았다. 그런데 고려할 변수가 더 많이 있었다고 하자. 예를 들어 고객의 옷 색깔, 나이, 날씨, 요일 등. 이렇게 많은 변수가 주어졌을 때 어떤 변수를 사용하여 예측하는 것이 좋을지를 먼저 판단해야 한다. 모든 주어진 변수를 다 사용하지 않고 일부 변수만 사용해도 예측을 잘 할 수 있다면 불필요하게 여러 변수를 사용할 필요가 없을 것이다. 즉, 목적 변수에 영향이 큰 변수들을 골라서 이들만 잘 사용하는 것이 계산량도 줄이고 필요한 데이터도 줄일 것이다.

여러 변수 중에서 중요한 변수를 찾아내는 방법에는 크게 두 가지가 있다. 먼저 가장 중요한 변수를 찾고, 즉 상관관계가 가장 큰 변수를 찾고, 두 번째 영향력 있는 변수를 다음에 찾는 등 중요 변수를 하나씩 추가해 나가는 방식이 있다. 이를 **전진선택법**(forward selection)이라고 한다. 변수를 추가해도 더 이상 성능의 변화가 크지 않은 때에 변수 선택을 멈추면 된다.

위와는 반대로 모든 변수를 고려하여 예측을 해보고 가장 불필요한 변수를 하나씩 제거해 나가는 방법이 있다. 즉, 도움이 안 되는 변수부터 제거해 나가는 방법이다. 이를 **후진제거법**(backward elimination)이라고 한다.

대부분의 데이터 분석 소프트웨어 도구는 이러한 단계별 리그레션을 처리하는 기능을 제공하고 있으므로 분석가가 이를 일일이 프로그램하지 않아도 된다.

예측을 통한 분류

예측이라고 하면 매출 액수, 예상 관람객수 등 보통 숫자를 예상하는 것을 말한다. 그러나 예측 결과가 점수(score)나 확률로 표현되는 경우도 있다. 예를 들어 어떤 메일이 스팸일 확률이 0.9라고 예측하는 식이다. 또는 매장에 들어오는 사람이 중국인일 확률이 0.7이라고 할 수도 있다. 이러한 예측 결과는 실제로는 정확한 확률이 아니라 상대적인 점수(score)로 해석하는 경우가 많다. 예를 들어 스팸일 확률이 0.95인 것은 0.8인 메일보다 스팸일 확률이 상대적으로 높다는 것을 알려주는 것이며, 실제로 이메일이 스팸일 확률이 정확하게 0.95라는 의미는 아니다.

어느 점수 이상을 받은 메일을 스팸으로 분류할지는 메일 서버 운영자의 정책에 따라 결정될 것이다. 스팸으로 분류하는 기준점을 너무 높게 잡으면 스팸이 걸러지지 않고 통과되는 일이 늘어날 것이고, 반대로 기준점을 너무 낮게 잡으면 정상적인 메일도 스팸으로 분류되어 사용자가 매우 불편해질 것이다.

예측 결과로서 점수를 발표하는 것이 아니라 순위(ranking)만 발표하는 방법도 있다. 예를 들어 중국인에게만 효과가 있을 어떤 상품권을 주려고 한다면, 분류 대상자 중에 가장 중국인일 것 같은 순서만 알면 된다. 혹시 상품권 수가 제한되어 있다면 앞에서부터 차례로 나누어 주면 되며 굳이 중국인일 확률이나 점수는 알 필요가 없기 때문이다.

11.2 로지스틱 회귀분석

로지스틱 회귀분석(logistic regression)은 임의의 범위를 갖는 입력값으로부터 0과 1 사이의 값을 예측하는 분석 방법이다. 예를 들어 어떤 사람의 평균 월급 액수를 기준으로 신용도를 평가한다고 하자. 월급 액수의 범위는 넓지만 얻고자 하는 신용도는 0~1 사이로 표현할 수 있다. 이 신용도를 보고, 예를 들어 0.8 이상이면 신용이 좋다고 판정할 수 있을 것이다.

기본 개념

로지스틱 회귀분석 결과로 얻는 목표 변수가 0~1사이의 값을 가지며, 이를 예측이나 분류에 적용할 수 있다. 신용도를 단순히 높다와 낮다의 두 등급으로 분류할 수도 있고 세분화하여 다섯 개의 등급으로 나눌 수도 있다. 로지스틱 회귀분석은 보통 그림 11.20과 같이 독립 변수와 종속 변수의 관계를 S형 커브로 매핑한다고 볼 수 있다.

그림 11.20과 같이 독립 변수와 종속 변수의 입출력 관계가 비선형이고 독립 변수가 갖는 값의 범위가 넓은 경우에는 앞에서 설명한 선형 회귀분석을 사용할 수 없다. 선형 회귀분석 모델에서는 선형직선을 정의하는 파라미터 a, b값을 예측하듯이 로지스틱 회귀분석 모델에서도 파라미터 값에 따라 위와 같은 S 커브의 형태가 달라진다. 예를 들어 두 나라의 월급여 수준이 크게 차이가 난다면 두 나라에서 신용도를 평가하기 위한

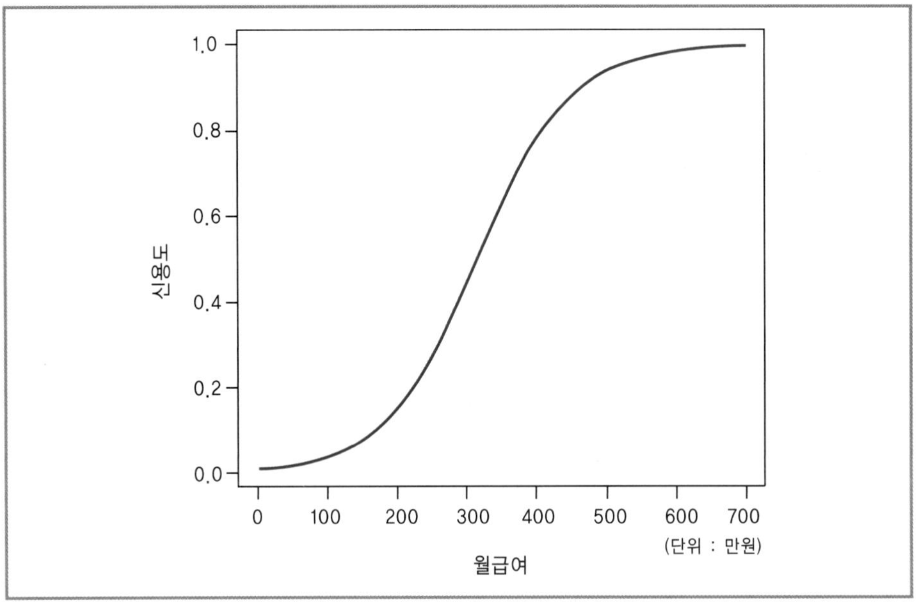

그림 11.20 월급여에 따른 신용도 예측 예(로지스틱 회귀분석)

월급 액수 기준이 달라져야 할 것이다. 즉, 두 나라에서는 같은 급여액에 대해서도 서로 다른 신용 등급으로 분류되어야 하며 이를 그림 11.21에 나타내었다.

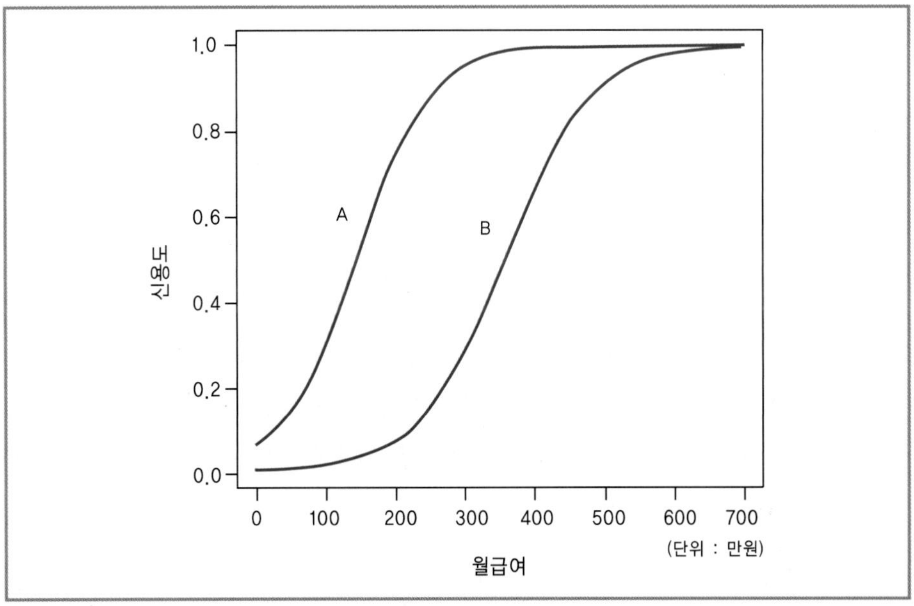

그림 11.21 급여 수준이 다른 두 나라의 신용도 평가 예측 곡선

그림 11.21에서 곡선 A는 소득 수준이 낮은 나라의 경우이고, 곡선 B는 소득 수준이 높은 나라를 나타낸다. 소득 수준이 낮은 나라 곡선 A의 경우 월급여가 B에 비해 상대적으로 적어도 신용도가 높고, 소득 수준이 높은 곡선 B의 경우는 월급여가 높아도 신용도가 상대적으로 낮은 편이다. 그래프에서 월급여가 400만원인 경우 A에서는 신용도가 1에 가깝고 B의 경우 0.6의 신용도를 가진다. 같은 신용도를 평가받는데 소득 수준이 전반적으로 높은 나라에서는 더 많은 소득이 있어야 한다.

로지스틱 회귀분석은 신용도를 판단하는데, 연간 구매량을 보고 우수고객인지를 판단하는데, 여러 평가지표를 보고 합격인지 불합격인지 판단하는데, 여러 지표를 보고 건강한지 아닌지를 예상하는데, 이 팀이 승리할지 아닐지를 예측하는데 등 여러 경우에 사용된다.

로짓 변환

로지스틱 회귀분석에서는 입출력 변수의 관계가 비선형인 관계를 처리하기 위해서 **로짓(logit) 변환**을 사용한다. 어떤 사건이 발생할 확률을 p라고 하면 이 사건이 발생하지 않을 확률은 (1-p)가 된다. 이 두 값의 비를 오즈 비율(odds ratio)이라고 한다.

```
odds ratio: p/(1-p)
```

예를 들어 p=0.99이면 오즈 비율은 99이고, p=0.5이면 오즈비율은 1, p=0.1이면 1/9이 된다. 오즈 비율을 사용하는 이유는 어떤 사건이 발생할 확률값 p는 0~1 사이의 값만 가지므로 변수의 변화 폭이 좁다는 특징이 있다. p와 관련되면서 값의 변화의 범위가 0~무한대인 새로운 변수를 정의한 것이다.

로지스틱 회귀분석은 위에 정의한 오즈 비율에 로그를 취한 값을 선형 회귀모델로 예측하는 것이다. 이렇게 하는 이유는 종속 변수가 확률일 때 이를 그대로 사용하면 값의 변화 범위가 0~1로 너무 좁아서 선형 예측 모델을 사용할 수 없으므로 이를 오즈 비율과 로그를 도입해 새로운 중간 변수로 사용한 것이다. 변수 변환 과정에서 로그를 취하는 변환을 했다고 하여 이를 로짓 변환(logit transformation)이라고 하며, 다음과 같은 관계를 가진다.

$$\log(p/(1-p)) = a + bx$$

위의 식을 보면 좌측항은 0~무한대의 범위를 갖는 오즈 비율에 로그를 취한 것이고, 우측은 앞에서 배운 선형 회귀분석 모델인 회귀직선을 나타낸다. 예를 들어 어떤 고객이 아파트를 구입할 확률을 p라고 할 때, p와 여기에 영향을 주는 변수로 연봉과 자녀 수 두 개를 고려한다면 다음과 같은 관계로 모델링하는 것이다.

$$\log(p/(1-p)) = a + b(\text{연봉}) + c(\text{자녀수})$$

위의 모델에서 독립 변수인 연봉과 자녀수로부터 이 고객이 아파트를 구입할 확률 p를 예측하는 것이며, 이 예측 모델을 나타내는 파라미터 a, b, c를 구하는 것이 모델을 만드는 과정이 된다. 위 식을 p에 관해 정리하면 다음과 같다.

$$p = \frac{e^{(a+bx)}}{1+e^{(a+bx)}}$$

이 식을 이용하여 모델을 나타내는 파라미터, a, b로부터 어떤 사건이 발생할 확률 p를 추정하는 것이 로지스틱 회귀분석의 개념이다. 즉, 어떤 사건이 발생할지 아닐지를 독립 변수 x로부터 추정할 수 있다. 예를 들어 연봉이 얼마인 사람은 신용대출을 해주어도 부도가 나지 않을 것이라는 판단을 하는데 사용할 수 있다. 소득이 같아도 나라마다 신용도 등급이 달라질 수 있다는 것을 앞에서 설명했는데, 이때는 모델 파라미터 a, b가 나라마다 다르게 나타날 것이다.

백인이 사형선고 받을 확률

흑인과 백인이라는 인종 정보가 혹시 사형선고를 받는데 영향을 주었는지가 문제가 된 적이 있다. 과연 인종에 따라 사형선고를 많이 받았는지를 알아보는 데이터 분석을 수행했던 예를 소개하겠다. 이 예에서는 DeathPenalty.csv라는 데이터를 사용하는데 여기에는 범죄의 심각도, 피의자의 인종, 사형선고 여부 등의 데이터를 포함하고 있다. 각 변수의 내용은 다음과 같다.

Agg : 범죄의 심각도 지수(1~6의 값이며 클수록 심각한 범죄)
Vrace : 피의자의 인종(백인이면 1, 흑인이면 0)
DEATH : 사형신고 여부

DeathPenalty.csv 데이터의 내용을 str()로 살펴보면 다음과 같다.

```
> str(DeathPenalty)
'data.frame':   362 obs. of  3 variables:
 $ Agg  : int  1 1 1 1 1 1 1 1 1 1 ...
 $ VRace: int  1 1 1 1 1 1 1 1 1 1 ...
 $ Death: int  1 1 0 0 0 0 0 0 0 0 ...
```

다음은 glm() 함수를 사용하여 회귀분석을 수행하는 부분이다. 분석 결과를 summary()로 보면 다음과 같다. 아래에 옵션 binomial의 의미는 이 항의 의미를 나타낸다. 이는 결과를 나타내는 변수인 Death를 예측하기 위해서 사용되는 값이 두 개(VRace, Agg)이기 때문에 이항 로지스틱 변수를 사용하는 것을 말한다.

```
> m1=glm(Death~VRace+Agg, binomial, data=DeathPenalty)
> summary(m1)
Call:
glm(formula = Death ~ VRace + Agg, family = binomial, data =
    DeathPenalty)

Deviance Residuals:
    Min       1Q    Median      3Q        Max
-1.7526  -0.2658  -0.1083  -0.1083   3.2069

Coefficients:
            Estimate Std. Error z value Pr(>|z|)
(Intercept)  -6.6760     0.7574  -8.814   < 2e-16 ***
VRace         1.8106     0.5361   3.377   0.000732 ***
Agg           1.5397     0.1867   8.246   < 2e-16 ***
```

분석 결과로 얻은 선형 계수 VRace=1.81 값의 의미는 오즈 비율이 1.81이라는 뜻인데, 이는 exp(1.81)=6.11이 되어 백인이 흑인보다 사형선고를 받을 확률이 6.11배나 높다는 뜻이다(분석을 하기 전에는 흑인이 사형선고를 많이 받는 불이익이 있을 것이라고 생각했었음).

```
> exp(m1$coef[2])
 VRace
6.1144
```

C113

CHAPTER

12

분석 모델 성능

12 분석 모델 성능

CHAPTER

지금까지 데이터 분석을 통한 클러스터링, 분류, 예측에 대해서 설명했다. 여기서는 분석 모델이 얼마나 잘 동작하는지 성능을 평가할 수 있는 기준에 대해 알아보겠다. 분류나 예측의 정확도가 얼마나 높은지, 동작속도는 만족할 만큼 빠른지 등을 파악하는 것이 필요하다. 모델 평가에서 중요한 것은 그 모델을 실제 문제에 적용했을 때 잘 동작하는가이다. 예를 들어 학점만 보고 우수한 학생이라고 추천했는데 직장에서 일을 잘 못한다면 성적이 우수한 학생이 우수한 학생이라고 볼 수 없을 것이다.

데이터 분석을 할 때 최종적으로 만족할 기준을 미리 정하는 것이 필요하다. 적어도 어느 기준 이상의 성능을 내는 모델이면 만족스러운지 기준을 정해두지 않으면 데이터 분석은 끝나지 않고 계속 진행될 수 있다. 프로젝트의 종료 조건을 미리 정하는 것이 필요하다.

12.1 분류의 성능

데이터 분석의 성능을 정하는 기준은 여러 가지가 있다. 예측의 경우는 실제 값과의 오차를 계산해보면 성능을 비교할 수 있다. 매출액을 예측했다면 이 예측치와 실제 매출액과의 차이가 오차이며 이 오차를 줄이는 방향으로 모델을 개선하면 된다. 분류의 경우도 어떤 항목이 어떤 그룹에 속한다고 분류한 후 실제 분류가 맞았는지를 비교하면 분류의 성능을 평가할 수 있다.

분석 모델의 성능을 측정하기 위해서 먼저 컨퓨전 매트릭스(confusion matrix) 개념을 이해해야 한다.

컨퓨전 매트릭스

컨퓨전 매트릭스란 분류의 결과가 잘 맞았는지를 평가하는 채점표와 같다. 의사가 암 진단을 하는 경우를 예로 들어 보겠다. 암 진단 예측과 정밀 검사 후에 실제 그 환자가 암에 걸린 것이 맞는지를 따져보면 총 네 가지 경우의 수가 존재한다.

암이라고 예측했는데 실제로 암에 걸린 경우
암이라고 예측했는데 실제는 암에 걸리지 않은 경우
암이 아니라고 예측했는데 실제는 암인 경우
암이 아니라고 예측했는데 실제로도 암이 아닌 경우

이해를 돕기 위해서 이 의사가 총 200명의 환자를 진단했는데, 암이라고 진단(즉, 예측)한 환자가 8명이고, 암이 아니라고 진단한 환자가 192명이라고 하자. 암이라고 진단한 8명 중에 실제로 6명이 암이었고 나머지 2명은 암이 아니었다고 하자. 한편 암이 아니라고 진단한 192명 중에 실제로 188명은 암이 아니었고 나머지 4명은 암에 걸렸다고 하자. 이러한 네 가지 경우를 표로 그린 것이 컨퓨전 매트릭스이며 표 12.1과 같다.

표 12.1 암환자 예측에 대한 컨퓨전 매트릭스

예측 / 실제	암이라고 예측	암이 아니라고 예측
실제 암환자	6	4
실제로는 암 없음	2	188

위 컨퓨전 매트릭스는 예측한 내용과 그 결과가 실제 값을 맞추었는지 또는 못 맞추었는지를 행렬로 나타낸 것이다. 첫 번째 열(column)은 암일 것이라고 예측한 숫자를 나타내며(총 8명), 두 번째 열은 암이 아닐 것이라고 예측한 것(총 192명)을 나타낸다. 컨퓨전 매트릭스에서 행(column)은 실제 값을 나타낸다. 첫 번째 행의 의미는, 실제로 암환자는 총 10명이었는데 정확히 암을 찾아낸 것은 6건이고, 실제로 암인데 못 찾은 경우는 4건이다. 두 번째 행의 의미는 실제로 암이 없는 사람은 190명인데 그중 아닌

것을 제대로 예측한 것은 188건이고 두 건은 암이 있다고 잘못 예측한 것을 나타낸다.

컨퓨전 매트릭스의 일반적인 용어는 표 12.2와 같다. 이는 결과값이 p(positive)나 n(negative) 둘 중 하나만 가질 수 있는 binary 예측의 경우를 설명하는 일반적인 용어이다.

표 12.2 컨퓨전 매트릭스 테이블

	Y로 예측	N로 예측
실제로 p	True positive (TP)	False negative (FN)
실제로 n	False positive (FP)	True negative (TN)

Y와 N으로 예측한다는 의미는 각각 positive나 negative로 예측한다는 것을 말한다. 여기서 positive란 Y로 예측한 것이 실제로 맞았다는 것을 의미하고 negative란 예측이 틀린 것을 말한다.

위 2x2 컨퓨전 매트릭스를 구성하는 각 항목의 의미를 다음과 같이 정의할 수 있다.

> 암이라고 예측했는데 실제로 암에 걸린 경우의 수 – True positive (TP)
> 암이라고 예측했는데 실제는 암에 걸리지 않은 경우의 수 – False positive (FP)
> 암이 아니라고 예측했는데 실제는 암인 경우의 수 – False negative (FN)
> 암이 아니라고 예측했는데 실제로도 암이 아닌 경우의 수 – True negative (TN)

이 용어들을 보면 처음에는 좀 혼란스럽다. 용어를 쉽게 이해하는 방법을 소개하겠다. 첫 단어는 결과를 나타낸다. 즉, 앞의 단어가 True인 것은 결과를 "맞춘것"이고, 앞에 False 붙은 것은 예측이 틀린 것으로 기억하면 된다.

뒤의 단어는 무엇일 것이라고 예측한 것을 구분한다. "positive"이면 예측을 positive일 것이라고 추정한 것이고, "negative"이면 예측을 negative일 것이라고 추정한 것을 말한다. 정리하면, 뒤의 단어는 추정, 앞의 단어는 결과를 구분한다. 예를 들어 False positive는 암에 양성반응이라고 판정했는데(positive) 결과는 틀린 것(fasle)이므로 실제는 암에 걸리지 않은 경우의 수를 나타낸다.

positive라는 용어는 찾고자 하는 현상이 나타난 것인지를 구분하는 것이지 긍정적인 결과를 찾았다는 뜻은 아니다(암에 걸린 사실이 긍정적이지는 않지만 맞추면 positive 라고 부를 뿐이다).

컨퓨전 매트릭스에서 **정확도**(accuracy)는 True에 해당하는 부분, 즉 정확하게 예측한 비율을 말한다. 정확도의 정의는 다음과 같다.

```
accuracy = (TP+TF) / 전체 경우의 수(N)
```

암 진단의 경우에 정확도를 구해보면, TP와 TF가 각각 암일 것이라고 또는 암이 아닐 것이라고 예측했는데 맞은 경우이므로 이들 비율의 합이 정확도이다.

```
정확도 = (TP+TF) / (N)
      = (6 + 188)/200
      = 194/200 = 97%
```

위 값을 보면 이 의사는 97%의 확률로 암 진단을 정확하게 하고 있다. 이 의사는 총 200명을 진단하여 그 중 194명을 정확히 예측했고(대각선 방향의 합계 diagonal), 6명은 오진을 했다(anti diagonal 합계). 이 의사의 진단의 정확도(accuracy)는 200명 중 194명을 맞추었으므로 97%이고, 오진율은 3%이다. 매우 좋은 실적이다.

그런데 실제 암환자 중 이를 제대로 찾아낸 확률을 보자. 실제 암환자 10명 중 6명을 찾아냈으므로 암환자를 제대로 찾아내는 확률은 60%이다.

```
실제 암환자 발견율 = TP / (TP+FN) = 6 / (6+4) = 60%
```

즉, 이 의사는 암환자를 제대로 찾아낼 확률이 60%이라는 것을 알 수 있다. 진단 전체에 대한 정확도(97%)만 보면 위의 의사는 훌륭한 것 같지만, 암환자를 찾아내는 능력은 60%로 높은 편은 아니다. 우리는 의사의 능력을 판단하기 위해서 정확도 외에 다른 기준이 필요하다. 이와 같이 전체 암환자 중에 암환자를 찾아내는 확률을 **리콜**(recall)이라고 한다. 리콜은 관심 있는 대상을 얼마나 찾아내는지를 나타낸다. 즉, 결과가 얼마나 전체를 커버하고 있는지를 나타내며, 앞의 예에서 실제 전체 암환자 중 찾아낸

환자수가 얼마나 되는지 비율을 나타낸다.

```
recall = TP/(TP+FN)
```

한편 암환자로 진단한 중에 실제 암환자가 맞는 경우의 확률은 6/(6+2)=0.75%가 되는데 이를 **정밀도**(precision)라고 한다. precision의 정의는 다음과 같다.

```
precision = TP/(TP+FP)
```

precision의 의미는 positive라고 주장한(암이라고 주장한) 경우 중에 실제로 암인 경우의 비율을 말한다.

정확도 하나만 봐서는 분류의 성능을 제대로 평가할 수 없다. 단순히 전체적인 정확도만 볼 것이 아니라, 리콜이나 정확도도 같이 봐야 하는데 하나의 성능을 높이면 다른 성능은 떨어지는 경향이 있다. 어떤 성능 지표가 중요한지는 응용분야에 따라 그리고 분류 결과를 적용하였을 때의 이득과 비용에 따라 달라진다.

이득과 비용

분류나 예측을 제대로 수행했는지 평가하는데 정확도만 따져보면 될 것인가? 분류의 결과가 어떤 이득(benefit)과 비용(cost)이 발생하는지를 따져보고 의사결정을 돕는 것이 데이터 분석의 목적이다. 즉, 분류 확률을 높이는 것 자체가 중요한 것이 아니라 분류 결과의 기대치를 구해봐야 한다. 암 진단의 경우 분류 결과에 따라 발생할 수 있는 이득 또는 비용은 다음과 같이 생각해볼 수 있다.

1) 암이라고 예측했는데 실제로 암에 걸린 경우 – 환자는 치료를 계속 받고 병원은 수익을 낸다.
2) 암이라고 예측했는데 실제는 암에 걸리지 않은 경우 – 환자는 정밀검사를 받겠지만 암이 아닌 것에 안도한다.
3) 암이 아니라고 예측했는데 실제는 암인 경우 – 환자가 항의를 할 것이고 손해배상을 청구할 수도 있다.

4) 암이 아니라고 예측했는데 실제로도 암이 아닌 경우 – 환자는 진료가 정확하다고 믿고 다음에도 이 병원을 찾는다.

앞 1)의 경우 수익이 발생하며 이를 편의상 200만원이라고 하자(E1), 2)의 경우 병원은 약간의 손실이 생기며 이를 -3만원이라고 하자(E2), 3)의 경우는 병원에 큰 손실이 생기며 이를 -500만원이라고 하자(E3), 4)의 경우 환자를 더 유치하므로 평균 이득이 2만원이라고 하자(E4)(이 내용은 임의로 정한 것이며 병원 정책에 따라 달라지는 값이다).

이제 각 경우의 발생 확률과 각 이득 또는 비용을 곱하여 더하면 총 기대치를 구할 수 있으며 이를 계산하면 다음과 같다.

먼저 컨퓨전 매트릭스에서 각 경우가 발생할 확률은 각 항목을 총 샘플수 200으로 나누면 표 12.3과 같이 얻을 있다.

표 12.3 컨퓨전 매트릭스 확률 테이블

실제 \ 예측	암이라고 예측	암이 아니라고 예측
실제 암환자	p1 = 6/200=0.03	p3 = 4/200=0.02
실제로는 암 없음	p2 = 2/200=0.01	p4 = 188/200=0.94

각 경우에 발생하는 이득 또는 비용은 표 12.4와 같다.

표 12.4 이득 또는 비용 테이블

실제 \ 예측	암이라고 예측	암이 아니라고 예측
실제 암환자	E1 = 200만원	E3 = -500만원
실제로는 암 없음	E2 = -3만원	E4 = 2만원

총 기대치는 위 두 테이블을 항목별로 곱한 후 더하면 된다.

$$\text{총 기대치} = p1E1 + p2E2 + p3E3 + p4E4$$
$$= 0.03*200 + 0.01*(-3) + 0.02*(-500) + 0.94*(2) = -7.55\text{만원}$$

위의 의사는 암환자 진단 결과로 추가 수익을 내는 것이 아니라 오히려 병원에 손실을

12장 분석 모델 성능

발생시키고 있다. 물론 200명의 환자가 최초에 암 검사를 했으므로 병원 전체로 보면 손실은 아니겠지만, 의사의 암 진단 예측으로 인한 추가 이득은 마이너스가 된다.

이렇게 손실이 발생한 이유는 무엇일까? 실제는 암인데 암이 아니라고 잘못 판정한 경우(즉, FN)의 대가가 평균 −500만원으로 크기 때문이다. 이로 인한 비용을 줄이려면 p3 확률을 줄이도록 노력해야 한다. 그런데 FN을 줄이는 쉬운 방법이 있다. 조금만 의심이 들어도 모두 "암 같은데요"라고 판정해 주면 FN을 줄일 수 있다. −500만원 비용보다 −3만원 손실이 훨씬 적기 때문이다.

보수적인 의사

의사가 조금이라도 의심이 드는 환자를 모두 암일 것이라고 예측하는 상황을 생각해 보자. 아래는 환자의 반인 100명을 암이라고 판정하여 실제 암환자 10명을 모두 찾아낸 경우이다. 이로 인해 p3는 0으로 줄일 수 있게 되었다.

표 12.5 검사 대상자의 반(100명)을 암이라고 보수적으로 분류한 경우

실제 \ 예측	암이라고 예측	암이 아니라고 예측
실제 암환자	10	0
실제로는 암 없음	90	100

위와 같이 매우 보수적으로 암 진단을 한 경우 각 확률값들과 총 기대치는 다음과 같다.

표 12.6 컨퓨전 매트릭스 확률 테이블(보수적인 진단)

실제 \ 예측	암이라고 예측	암이 아니라고 예측
실제 암환자	p1 = 10/200=0.05	p3 = 0/200=0
실제로는 암 없음	p2 = 90/200=0.45	p4 = 100/200=0.5

$$\begin{aligned} \text{총 기대치} &= p1E1 + p2E2 + p3E3 + p4E4 \\ &= 0.05*200 + 0.45*(-3) + 0 + 0.5*(2) = 9.65\text{만원} \end{aligned}$$

이 의사는 병원의 손실을 줄이고 이익을 나게 해주었다. 그러나 암 진단을 남발해서

실제로는 암이 없는 환자 90명이 재검사를 받는 불편을 겪게 되었다.

데이터 분석의 최종 목적은 정확한 분류를 하는 것이 아니라 이를 실제 상황에 적용할 때 이득과 비용을 반드시 고려해서 최적화해야 한다. 어떤 오류에 얼마나 큰 비용(페널티)을 부과해야 하는지를 같이 고려해야 한다.

이 의사의 진단 능력을 종합해 보면, 정확도(accuracy)는 200명 중 110명(10+100)을 맞추었으므로 55%로 나쁜 편이다. 그러나 10명의 암환자를 모두 찾아냈으므로 리콜은 10/10=100%가 된다. 앞의 의사의 경우 리콜이 60%였으므로 암환자를 찾아내는 비율이 매우 높아졌고 오진으로 인해 병원이 지출할 비용도 줄여주었다. 그러나 정밀도는 10 / (10+90)=5%이며 이는 앞의 의사의 75%에서 크게 감소했다. 즉, 암이라고 진단해도 그중에 5%만 암이고 나머지는 과잉 진단이다. 이러한 과잉 진단은 장기적으로 병원과 의사의 신뢰도를 떨어뜨리게 된다.

분류가 종합적으로 얼마나 믿을 만한지를 보려면 정확도, 리콜, 정밀도를 같이 보아야 한다. 실제 숨어 있는 암을 얼마나 잘 찾아내는지(recall), 그리고 동시에 진단 결과가 얼마나 신빙성이 있는지, 즉 정밀도가 높은지를 같이 봐야 한다. 이는 병원의 정책에 따라 다르게 설정될 것이다.

F1 지표

리콜과 정밀도 두 성능평가 지표를 동시에 높이는 것은 어렵다. 하나를 높이면 다른 값이 떨어지는 경향이 있다. 이 두 요소를 동시에 반영한 새로운 지표로서 F1을 사용한다.

$$F1 = 2 * precision * recall / (precision + recall)$$

위에서 구한 F1은 리콜과 정밀도의 기하평균을 구한 것이다. 두 평가 지표를 동시에 고려하는데 왜 기하평균을 사용했는지 이유를 살펴보자.

어떤 두 숫자 a, b의 산술 평균 c는 다음과 같이 구한다.

$$\text{산술 평균 : } c = (a + b)/2$$

예를 들어, 영어과 국어가 각각 50점 70점이면 산술 평균은 60점이다.

두 숫자의 기하 평균은 각각의 역수의 산술 평균을 구하고 이의 역수를 구하는 것을 말한다. 즉, a와 b의 기하 평균 c는 다음과 같이 구한다.

$$\text{기하 평균 : } \frac{1}{c} = \frac{\left(\frac{1}{a} + \frac{1}{b}\right)}{2}$$

$$c = \frac{2ab}{a+b}$$

예를 들어 성능을 나타내는 두 지표의 값이 각각 0.5와 0.7일 때 이의 산술 평균은 0.6이고 기하 평균은 0.58로 큰 차이가 없다. 두 지표가 만일 0.9와 0.3이라고 하자. 이때도 산술 평균은 여전히 0.6이나 기하 평균은 0.45점으로 낮아진다. 기하 평균은 두 평가 지표를 동시에 고려하되 낮은 점수의 영향을 더 많이 받는 새로운 지표로 자주 사용된다.

12.2 분류 순서 평가

앞에서 설명한 컨퓨전 매트릭스를 통해서 분류의 정확도(accuracy), 리콜, 정밀도(precision) 등을 구할 수 있었는데 이들은 모두 분류를 수행한 후에 최종 컨퓨전 매트릭스를 보고 계산할 수 있는 값이었다. 즉, 모든 분류 작업이 끝난 후 "암일 것 같음"과 "암이 아닐 것 같음" 두 개의 분류가 이루어진 이후의 평가이다. 알고리즘을 좀 더 세밀하게 평가하기 위해서 분류 결과만 보는 것이 아니라 분류한 순서를 평가하는 방법을 소개하겠다.

점수에 의한 순서

앞의 암 진단 예에서 의사가 총 200명을 진단하고 나서 암이 걸렸을 가능성에 대해 종합 점수(score)를 배정했다고 하자. 즉, 이 점수가 높을수록 암에 걸렸다고 판정한다고 하자. 표 12.7은 200명의 환자에 대해 점수가 높은 순으로 정렬한 것이다. 환자번호는 환자를 구분하는 고유번호이고, 순위는 점수순으로 정렬한 순서, 즉 암일 가능성이 높다고 판단한 순서를 말한다. 표 12.7에서 의사는 상위 8명에 대해 암일 것이라고 최종 진단을 했다고 하자. 표의 가장 우측의 "실제 값"은 이 환자가 정말 암이었으면 C(cancer), 암이 아니었으면 N(normal)을 나타낸 것이다. 표의 윗부분에 C가 많이 배열될수록 암 진단을 잘 한 것이라고 하겠다.

표 12.7 암 진단 분류 점수 순서와 실제 값

환자번호	성별	점수	순위	실제 값
7	F	0.98	1	N
125	M	0.96	2	C
4	F	0.95	3	N
199	M	0.86	4	C
2	F	0.84	5	N
200	M	0.82	6	C
176	M	0.81	7	C
73	M	0.80	8	N
82	M	0.79	9	C
3	F	0.77	10	N
123	F	0.76	11	N
		...		C
43	F	0.48	198	N
93	M	0.42	199	N
120	F	0.40	200	N

표 12.7을 보면 의사가 암이라고 진단한 상위 8명 중에 실제 암환자는 4명뿐이고 나머지 4명은 실제로는 암이 아닌 것을 나타내고 있다. 상위 점수 몇 점까지를 암환자라고 판정할지는 병원 정책의 변화에 따라 달라질 수 있다. 위에서는 점수가 0.8 이상인 환자를 암환자라고 진단했지만, 만일 보수적으로 조금이라도 암이 의심스러운 환자를 모두 암이라고 진단하려면 기준 점수를 0.75 등으로 낮추면 된다.

이와 같이 분류의 최종 결과만 제시하는 것이 아니라 분류 점수 순서를 제시하면 분류 모델의 성능을 보다 정밀하게 평가할 수 있다. 앞에서부터 한명씩 점검하여 얼마나 암환자를 잘 찾아내는지를 알 수 있다.

ROC

예측 결과를 순서로 제시한 것이 실제 값과 얼마나 순서에 따라 잘 맞는지는 검증하기 위해서 2차원 그래프로 그린 것이 **ROC**(Receiver Operating Characteristic) **커브**이다. ROC 커브는 점수 순으로 한 행씩 내려오면서 정답과 오류를 차례대로 확인하는 방식으로 그린다. ROC 커브는 (0, 0)점에서 시작하는데, 한 행씩 체크하여 정답을 맞추었으면 y축 위로 한 칸 이동하고, 정답을 맞추지 못했으면 x축 방향으로 한 칸 이동한다. 즉, 그래프의 x축으로는 예측이 틀릴 때마다 이동하고, y축으로는 정답을 맞출 때마다 이동한다. x축은 암이라고 예측했지만 틀린 것을 나타내므로 false positive rate를 나타내며, y축은 암이라고 진단했는데 맞춘 것을 나타내므로 true positive rate를 나타낸다.

이와 같은 방식으로 총 200개의 항목을 차례대로 점검하면 그림 12.1과 같이 계단형 그래프가 만들어지는데 이는 (0, 0)점에서 시작하여 최종적으로 (1, 1)점에 도달한다. 200개 항목을 순서대로 모두 점검하고 나면 맞추었든 틀렸든 모든 항목이 반영되어 (1,

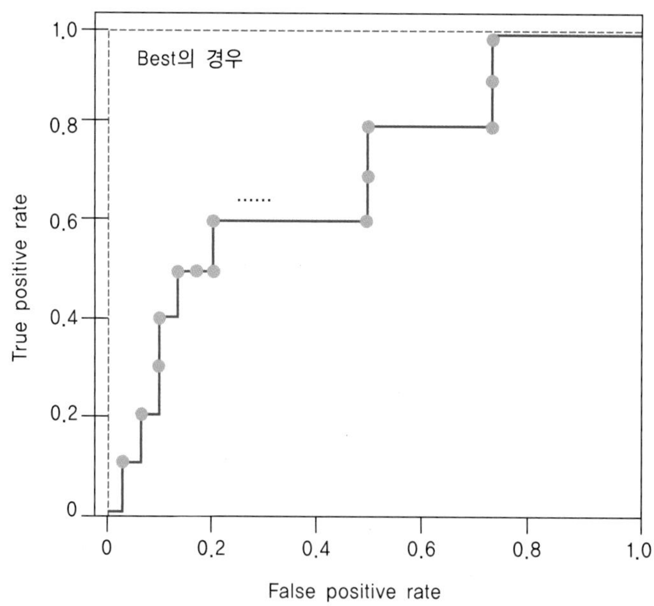

그림 12.1 ROC 커브를 그리는 순서

1) 지점에 도착하는 것이다. ROC 커브는 위의 예에서 x축으로는 총 190번 움직여야 하고(암이 아닌 사람이 총 190명임), y축으로는 총 10번 움직여야 목적지인 (1, 1) 지점에 도착할 것이다(암환자는 총 10명임). 따라서 x축으로 한 칸의 크기는 1/190이고, y축으로 한 칸은 1/10만큼씩 움직인다.

위의 예에서 의사는 200명이 모두 암환자라고 진단했다고 보는 것이며, 단지 암일 가능성이 높은 사람을 순서의 앞쪽에 배치한 것이다.

만일 의사가 암 진단을 잘 예측했다면 그래프가 초반에 위로 바로 올라갈 것이다. 매우 훌륭한 의사가 이상적으로 초반에 암환자 10명을 연속하여 맞추었다면 그래프는 위에서 BEST 경우처럼 움직일 것이다. 즉, ROC 그래프는 10번 만에 바로 y축 상단 (0, 1) 지점으로 이동하고 이후 190번에 걸쳐 (1, 1) 지점으로 이동할 것이다.

AUC

ROC 커브를 그려보면 암환자 예측을 얼마나 잘 했는지를 알 수 있다. 분류 전체의 성능을 한 눈에 알 수 있다. 그래프가 초기에 위 방향으로 올라갈수록 분류를 잘 한 것이다. 그러나 ROC를 이용하여 알고리즘을 평가하려면 항상 2차원 그래프를 그려 봐야 하므로 평가를 수치화하기에는 불편한 점이 있다. 예측 알고리즘의 성능을 간단히 수치로 나타내기 위해서 ROC 그래프의 면적을 계산하는 방법을 사용한다. 이 면적의 크기를 **AUC**(Area Under Curve)라고 한다.

우수한 알고리즘일수록 초반에 y축 위 방향으로 이동하므로 ROC 커브의 면적이 넓어질 것이다. 이상적으로 분류를 잘 예측한 경우(그림 12.1에서 BEST의 경우) AUC는 최대값으로서 1이 된다(정사각형 그래프의 면적은 1이므로). 그 이외의 경우 AUC는 0과 1 사이의 값을 가지게 되며, 큰 값일수록 예측을 잘 한 알고리즘이라고 할 수 있다. 그림 12.2에서 알고리즘 1, 2, 3순으로 좋은 알고리즘이라고 하겠다. 그림 12.2에서 대각선 방향의 점선은 기본적인 예측 모델을 나타내는데 이는 분류 모델이 아무런 알고리즘도 적용하지 않고 랜덤하게 예측한 경우를 나타낸다. 이때 AUC는 0.5를 가진다.

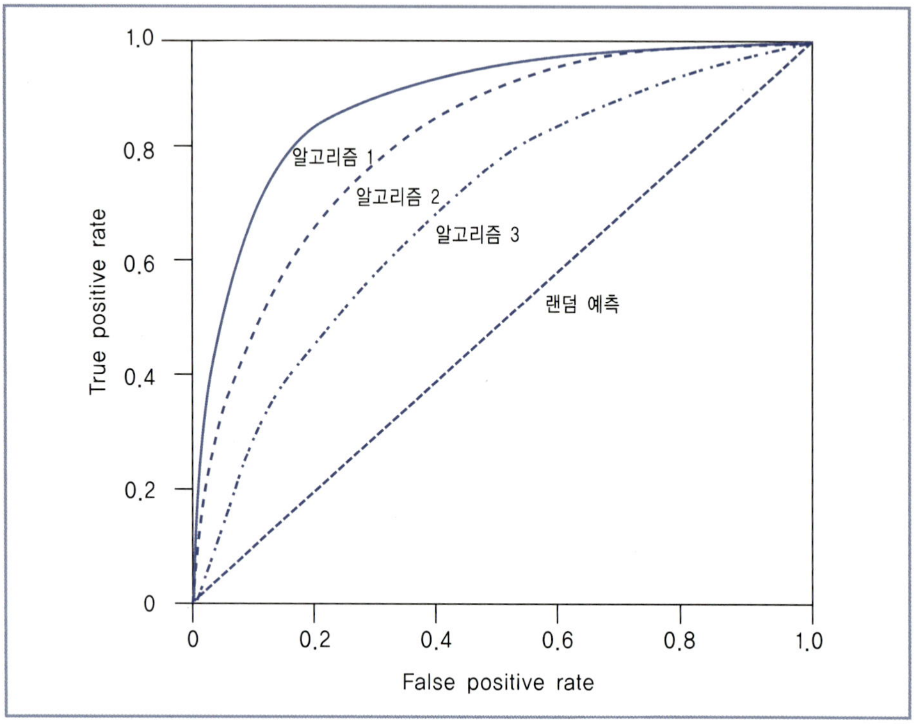

그림 12.2 알고리즘 성능에 따라 AUC의 값이 달라지는 예

ROC 그래프 그리기

매장 데이터를 가지고 국적을 예측하는 경우 ROC 그래프를 그리는 코드를 다음에 나타냈다. ROC를 그리려면 ROCR 패키지를 사용해야 한다. 이 패키지는 ROC 그래프를 그리거나, Recall, Precision 등을 구할 때 사용한다.

```
> require(ROCR)
> smp_size <- floor(0.75 * nrow(mydata))
> set.seed(123)
> train_ind <- sample(seq_len(nrow(mydata)), size = smp_size)
> train <- mydata[train_ind, ]
> test <- mydata[-train_ind, ]
```

랜덤하게 인덱스를 만들어 500개 중 75%인 375개를 훈련 데이터로, 나머지 25%인 125개를 테스트 데이터로 사용했다. 다음은 선형 회귀분석 모델을 사용하여 매장 방문객의 국적이 제대로 분류되는지를 확인한다. 국적을 걷는 속도(walk)와 둘러보기(view) 변수로 예측하였으며 glm() 함수를 이용하였다.

```
> m <- glm(country~walk+view, data=train, family=binomial())
```

다음에는 predict() 함수를 사용하여 테스트 데이터에 대한 모델의 예측값을 prediction 변수에 저장한다. 여기서 prediction 값을 소수점 셋째자리에서 round()로 반올림하였다.

```
> test$pred <- predict(m, newdata=test, type="response")
> test$pred <-round(test$pred,3)
> test$pred
  [1] 0.318 0.169 0.000 0.005 0.081 0.036 0.000 0.024 0.827
 [10] 0.292 0.988 0.002 0.054 0.163 0.301 0.054 0.239 0.005
 [19] 0.225 0.003 0.052 0.604 0.024 0.506 0.001 0.002 0.007
...
```

이제 컨퓨전 매트릭스를 table()을 이용하여 다음과 같이 만들었다.

```
> df <- data.frame(truth=test$country,prediction=
+ test$pred>0.5)
> #TN FP
> #FN TP
> t <- table(df)
> t
    prediction
truth FALSE TRUE
    C    59   11
    J     4   51
```

다음에 정확도, 리콜, 정밀도를 구했다.

```
> #정확도
> sum(diag(t))/sum(t)
```

```
[1] 0.88
> #리콜
> sum(t[2,2])/sum(t[2,])
[1] 0.9272727
> #정밀도
> sum(t[2,2])/sum(t[,2])
[1] 0.8225806
```

다음은 prediction() 함수를 사용하여 ROC 그래프를 그리기 위한 정보를 생성하고 performance() 함수와 plot() 함수를 사용하여 ROC 그래프를 그린다.

```
> lastpred <- prediction(test$pred,test$country)
> perf <- performance(lastpred ,"tpr","fpr")
> plot(perf, main="ROC curve", colorize=T)
```

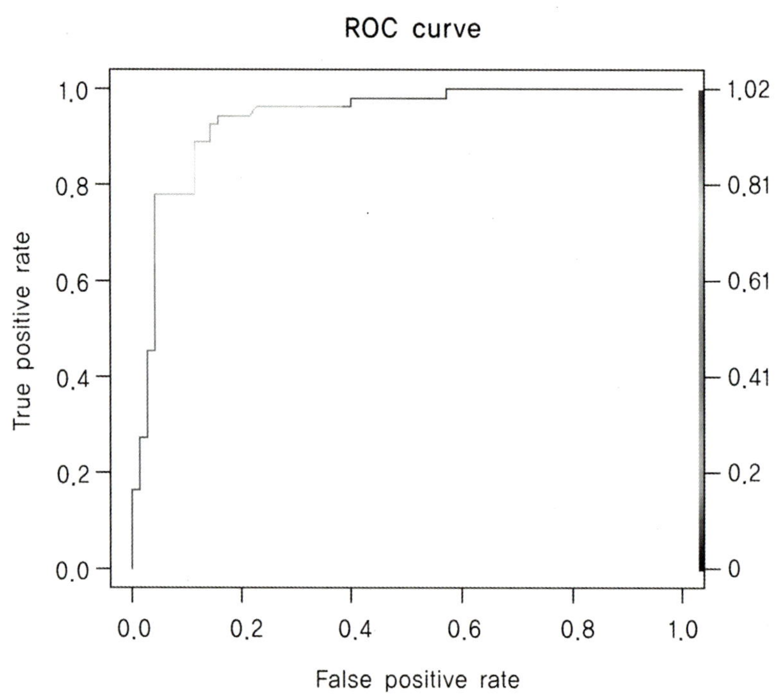

그림 12.3 매장 데이터에 대한 국적 분류 ROC 그래프

AUC를 구하려면 performance() 함수에 "auc" 인자를 지정하고 attributes() 함수를 호출하면 된다.

```
> print(attributes(performance(last pred,"auc"))$y.values[[1]])
[1] 0.937013
```

다음 코드는 걷는 속도와 둘러보기 변수로부터 고객의 성별을 예측하는 경우에 ROC 그래프와 AUC를 구하는 예이다. ROC 그래프를 그리기 위해 Deucer 패키지에 있는 rocplot() 함수를 사용하면 리니어 모델을 사용하여 나온 ROC 그래프의 결과를 나타내주는데 간단하게 이 함수만 사용하여 편리하게 그래프를 그릴 수 있다.

```
> str(mydata)
'data.frame':   500 obs. of  4 variables:
 $ walk   : int  17 12 32 25 23 24 22 32 30 13 ...
 $ view   : int  5 5 12 9 8 8 6 11 10 2 ...
 $ sex    : Factor w/ 2 levels "F","M": 2 2 1 1 1 2 1 1 1 2 ...
 $ payment: int  176 194 384 329 290 246 235 353 324 93 ...

> library(Deducer)
> m <- glm(sex~walk+view,family=binomial(), data=mydata,
  na.action=na.omit)
> rocplot(m)
```

그림 12.4는 위 코드 실행결과로 얻는 ROC 그래프이며, AUC 값이 0.765인 것을 알 수 있다.

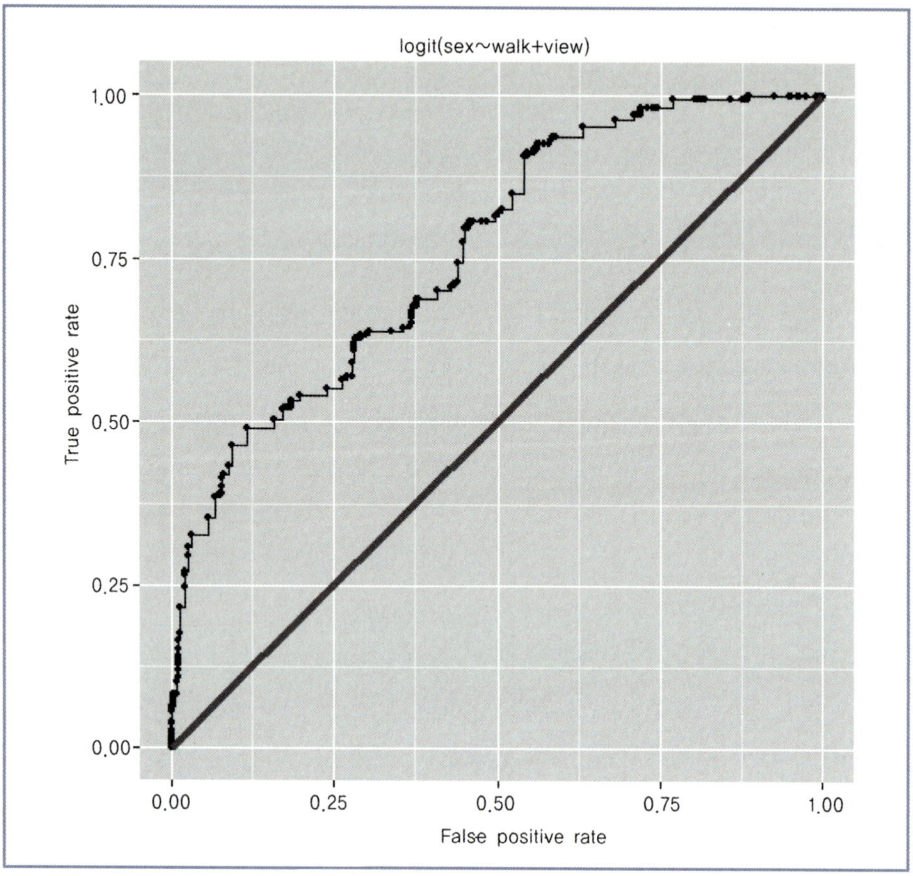

그림 12.4 알고리즘을 적용하고 하지 않았을 경우의 ROC 그래프

C113

CHAPTER

13

데이터 시각화

13 데이터 시각화

CHAPTER

그래프를 이용하여 데이터의 특징을 파악하게 하는 것을 **시각화**(visualization)라고 한다. 탐색적 데이터 분석에서 데이터 시각화를 이용하여 데이터의 속성을 파악하는 것을 5장에서 설명했다. 데이터 시각화는 데이터 탐색뿐만 아니라 분석 결과를 고객에게 설명하는 데에도 사용된다. 사람들은 숫자나 글자보다 그림을 통해서 정보를 파악하기 쉽다. 빅데이터 시대가 되면서 보여줄 데이터도 많고 전달하고자 하는 내용이 복잡해지면서 간략하고 정확한 정보의 전달을 위해서 데이터 시각화가 점차 중요하게 되었다. 여기서는 데이터 시각화의 기본 개념과 주요 기법을 설명하겠다.

13.1 시각화의 목적

데이터 시각화는 데이터의 속성이나 분석 결과를 빠르게 이해하도록 해 주는 것외에도 데이터에 숨어 있는 새로운 의미를 찾아내는 것을 도와준다. 시각화하지 않았으면 찾지 못했을 특성을 찾아주는 일이 많다. 데이터의 전체적인 경향을 한 눈에 봄으로써 데이터가 포함하고 있는 새로운 측면을 파악하게 해준다. 데이터 시각화는 평범한 데이터 분석 결과 전달을 넘어서 새로운 것을 찾을 수 있도록 해야 한다.

데이터 시각화를 잘 하려면 데이터에 대한 통계적 이해와 함께 미적인 감각도 필요하다. 시각화를 통해 전달하려고 하는 목적을 정확히 표현해야 하며 동시에 사람들이 명확하게 이해하도록 하려면 시각디자인 기술을 필요로 한다.

데이터의 이해

모든 데이터에는 숨어 있는 내용이 있기 마련이다. 데이터 출처에 관한 정보, 즉 데이터를 만든 날짜, 사람, 기관이 있고 데이터를 통해 보여주고 싶은 목적이 있다. 데이터를 만든 배경을 이해하고 데이터의 핵심 속성을 이해해야 제대로 데이터를 표현할 수 있다.

데이터 분석에서 문제를 명확하게 정의하는 것이 가장 중요하듯이 데이터 시각화에서는 시각화의 목적과 배경을 명확히 이해하는 것이 필요하다. 잘못하면 중요하지 않는 포인트를 강조할 수 있다. 목적에 따라 효과적인 시각화 기법이 달라져야 한다. 데이터 시각화가 의도한대로 이용자에게 잘 전달될지를 끊임없이 생각해봐야 한다. 의도적이 아니더라도 이용자에게 의미가 잘못 전달될 가능성은 항상 존재한다.

데이터 이용 대상자가 이 분야의 전문가인 경우와 일반 대중인 경우는 이해도가 매우 다르다. 이 분야에 대한 배경 지식이 많은 사람과 이러한 데이터를 처음 보는 일반인을 나누어 시각화를 준비해야 한다. 일반인과 전문가를 동시에 만족시킬 수 있으면 가장 좋지만 이는 매우 어려운 작업이다.

데이터 시각화에서 데이터의 전체 내용을 모두 표현하기는 어렵다. 데이터의 일부를 추출하고 단순화하여 데이터량을 줄이는 노력이 필요하다. 어떤 면을 강조할 것인가에 따라 데이터 축소방법이 달라진다. 수치를 중심으로 보여줄 수도 있고, 감성 전달에 주력하기도 하고, 주석과 같은 부연설명 자료가 중요하기도 하다. 무엇보다 사람들은 재미있는 것을 좋아하므로 데이터 시각화는 흥미를 끌 수 있어야 한다.

데이터 시각화는 분석가가 임의로 작업을 해서는 안 되고 기본적으로 따라야 할 규칙이 있다. 사람의 시각적 이해에 관한 심리학적인, 인지적인 기본 규칙을 따르지 않으면 사람들은 혼란스러워 한다. 예를 들어 파란색은 보통 긍정을 뜻하고, 붉은색은 금지를 뜻하는데 이를 바꾸어 사용하면 혼돈된다.

시각화된 데이터를 보고 이용자가 즉시 이해되어야 하는 시각화도 있지만 한 참 보고 차근차근 정보를 얻어가는 시각화도 있다. 모든 시각화가 한눈에 파악되어야 한다고 생각하고 무조건 단순화시키면 안 된다. 단순화가 중요한 시각화도 있고, 상세한 정보를 체계적으로 담아야 하는 시각화도 있다.

13.2 기본 모형

데이터 시각화에 사용할 도구는 여러 가지가 있지만 여기서는 R이 제공하는 패키지를 중심으로 설명하겠다. 기본적으로 사용되는 R 시각화 패키지는 ggplot2이며, 노드 그래프를 그리려면 network, 지도상에 데이터를 표시하려면 ggmaps, 애니메이션 효과를 주려면 animation, 트리맵을 사용하려면 portfolio 패키지를 이용해야 한다.

기본적인 시각 모형

데이터 시각화에는 기본적으로 다음과 같은 특성을 사용하는데 이들의 특징을 살펴보겠다.

위치, 길이, 각도, 방향, 형태, 면적, 부피, 명암, 색상

위치

2차원 공간상의 위치에는 많은 정보가 포함된다. 두 변수를 x, y축으로 그리는 방법이 가장 널리 사용되는데 두 변수의 상관관계를 보여주는 것이 대표적인 예이다. 그림 13.1에서는 키와 몸무게의 관계를 한눈에 알려준다.

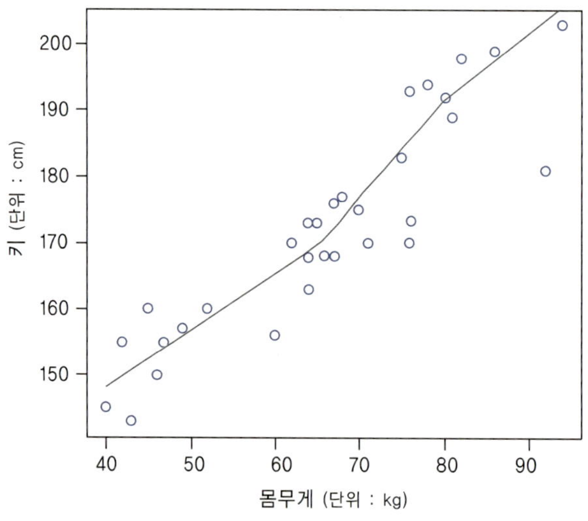

그림 13.1 공간상 위치로 두 변수의 관계를 파악하는 예

위치 정보를 활용하는 예는 산포도(scatter plot), 상승추세, 하향추세, 군집성 등을 파악하는데 사용된다. 또한 이상치나 특이점을 표현할 때에도 위치 정보를 이용하면 직관적으로 나타낼 수 있다.

그림 13.2는 **덴드로그램**을 나타내었는데, 이는 항목간의 상대적인 위치를 보고 서로 가깝고 먼 정도를 나타내는데 편리하다. 그림 13.2를 보면 한국인은 중국인과 가깝다는 것을 직관적으로 알 수 있다.

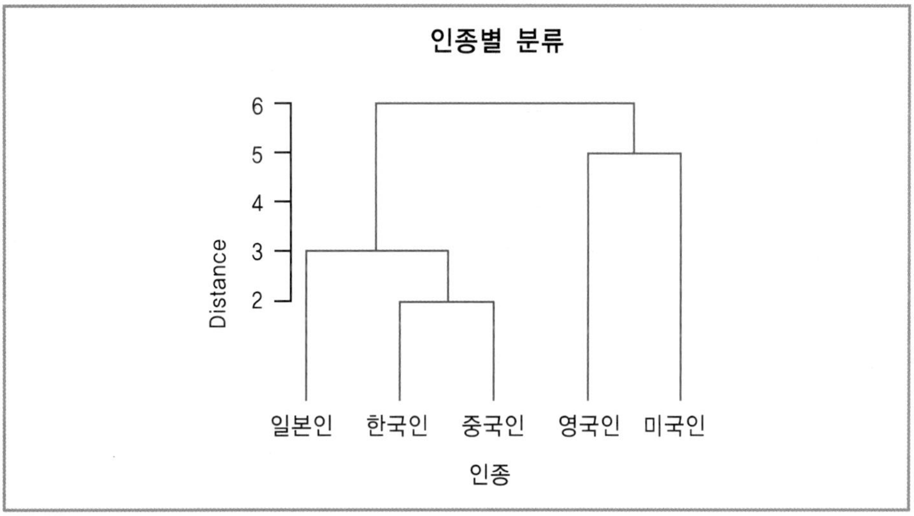

그림 13.2 상대적인 거리를 나타내는 분류를 할 수 있는 덴드로그램

길이

길이에 정보를 표시하는 대표적인 방법은 **막대그래프**이다. x축에는 변수를 표시하고 y축에는 빈도수를 그린 히스토그램, 또는 y축에 확률을 표시한 확률 분포도 길이 정보를 이용한 것이다. 막대그래프를 그릴 때 주의할 것은 값이 0에서부터 시작하는지 아니면 중간값에서 시작하는지 등을 잘 선택해야 한다. 여러 개의 데이터를 비교할 때는 동일한 조건의 그래프를 그려야 하며, 시작점과 끝점의 값 등을 같게 맞추어야 한다.

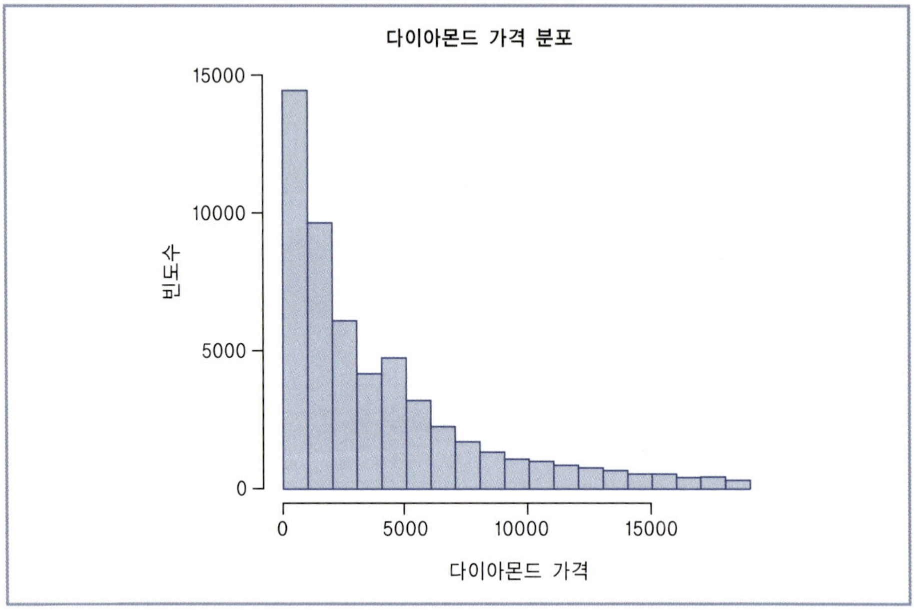

그림 13.3 히스토그램은 길이 정보를 이용한 예

시간에 따른 값의 변화를 막대그래프로 나타낼 때는 보통 x축을 시간으로 그린다. 그림 13.4는 연도별 한국인 인구 증가 예를 나타냈다.

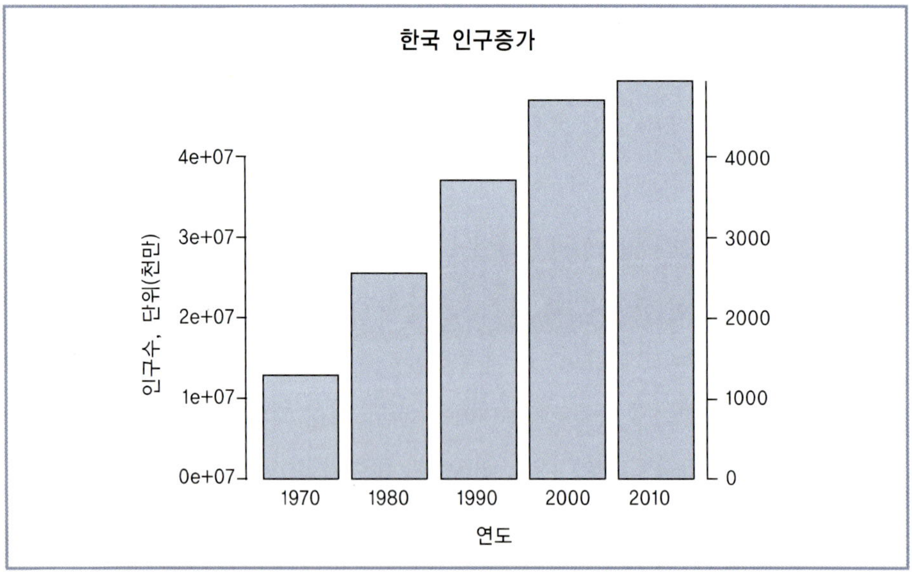

그림 13.4 시간의 변화에 따른 데이터 변화를 표현하는 예

시간에 따른 변화가 아니라 단순히 여러 항목을 비교할 때는 막대그래프를 수직방향이 아니라 수평방향으로 그리기도 한다.

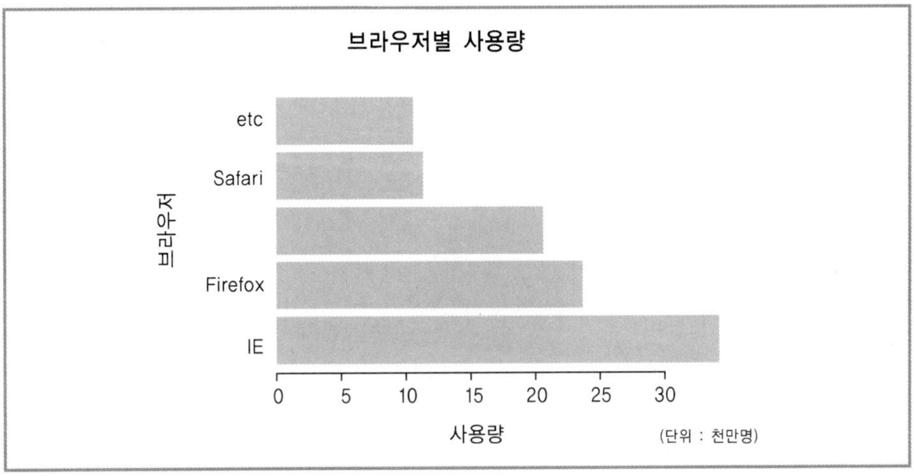

그림 13.5 여러 항목의 크기를 수평 방향으로 비교하는 예

그림 13.6은 박스 플롯을 나타내었는데, 길이에 한 가지 정보만 나타내지 않고 여러 정보, 예를 들면 평균값, 중간값, 4분위 값, 특이점 등을 한 번에 표시하기에 편리하다.

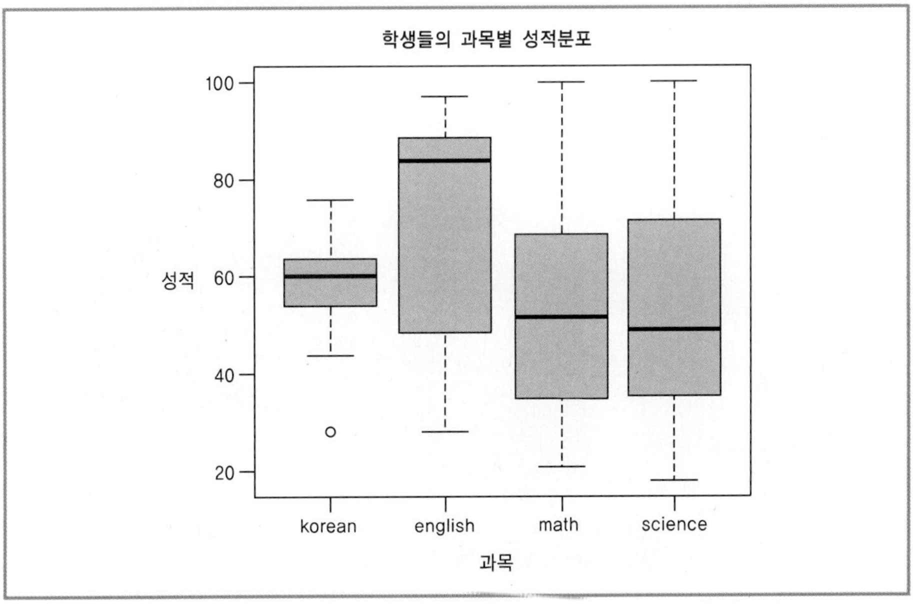

그림 13.6 박스 플롯에는 여러 가지 길이 정보가 포함되어 있다.

각도

각도에 정보를 표현하는 대표적인 방법은 **파이 그래프**이다. 각도의 크기가 양에 비례한다.

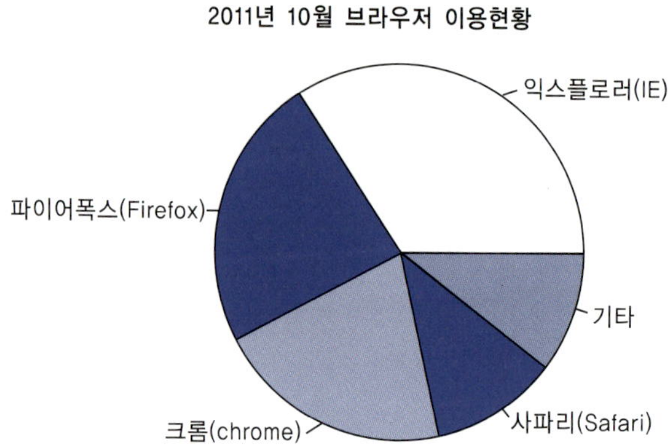

그림 13.7 각도의 크기에 데이터량이 비례하는 예

면적/부피

그림 13.8은 **트리맵**(tree map)을 보였는데 각 박스의 크기에 비례하여 정보량을 표시

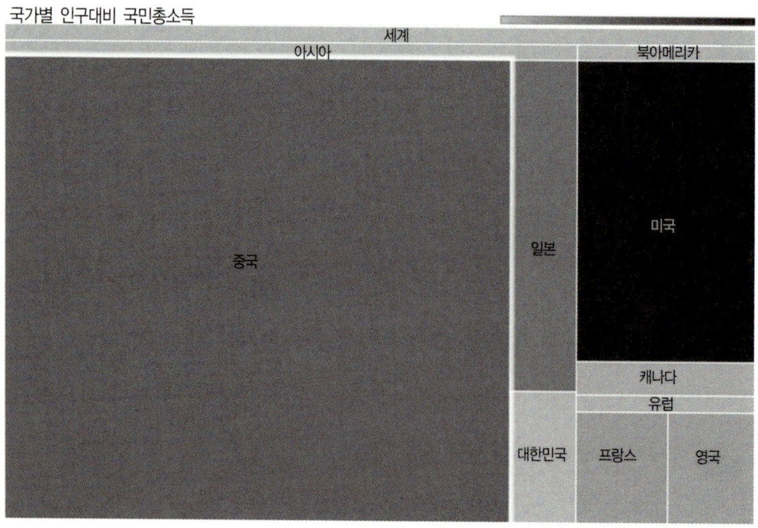

그림 13.8 treemap 함수를 이용한 인구밀도 대비 국민 총소득

하는데 편리하다. 그림 13.8의 트리맵에서는 각 박스 크기는 국가별 인구를 나타내며, 박스의 색의 진한 정도는 국민 총소득을 나타냈다.

명암/색상

명암의 밝기에 정보의 변화를 나타낸다. 인구밀도, 가격 차이, 실업률 등을 표시할 때 널리 사용된다. 색상은 매체가 컬러를 지원할 때만 주의해서 사용해야 하는데, 색맹인 사람도 보는데 지장이 없게 해야 하며, 문서를 흑백으로 출력해도 구분이 잘 되는 색을 선택해야 한다. **히트맵**(heatmap)을 자주 사용한다.

그림 13.9는 인구밀도를 색상의 진하기로 표현한 예이다.

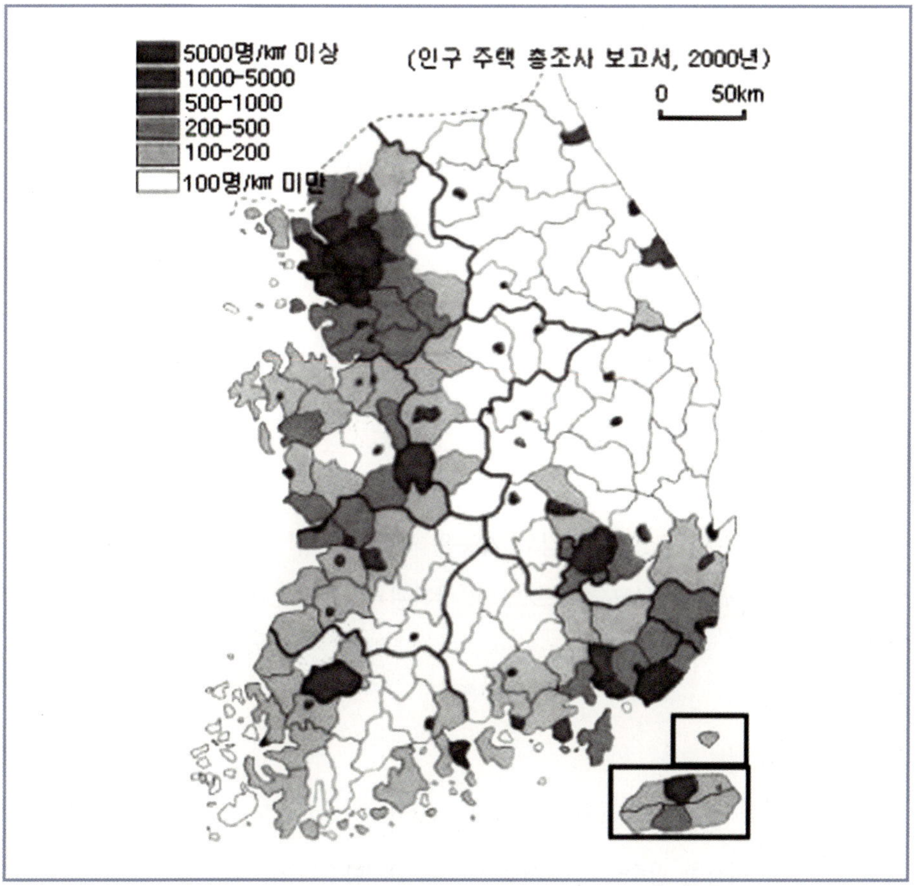

그림 13.9 우리나라 인구 밀도 히트맵(출처: http://brainage.egloos.com/5769171)

특수기능

앞에서 설명한 것 이외에도 데이터 시각화에는 많은 특수기능이 사용된다. 우선 그래프 중간에 설명문, 즉 주석을 넣는 것이 효과적일 때가 있다. 그래프 자체만으로는 이해하기 어려운 특별한 상황 또는 따로 설명해주지 않으면 이해하기 어려운 경우에 풍선 도움말이나 박스 설명문이 유용하다.

데이터 시각화를 웹 인터페이스로 제공하는 경우는 마우스를 특정 위치에 올려놓으면 더 상세한 데이터를 보여주는 경우가 있다. 또는 링크를 연결하여 다른 그래프를 보여주기도 한다. 이러한 기능이 구현되어 있을 때는 이러한 기능이 있다는 사실을 알려주어야 한다.

데이터가 어떤 흐름을 따라 변화할 때, 또는 일의 진행순서를 나타낼 때 플로차트를 사용하면 편리하다. 플로차트에서는 일의 진행순서 자체가 중요한 정보이다.

데이터에 로그를 취한 값을 사용하는 것이 편리할 때가 있다. 보통 사람이 감각으로 느끼는 양은 로그 스케일로 표현하는 것이 타당한 경우가 많다. 소리 크기, 압력, 금전적인 양 등은 로그 스케일로 많이 나타낸다. 또한 값의 차이가 너무 커서 적은 양의 데이터가 큰 데이터에 파묻혀 버릴 때 로그 스케일을 사용한다.

13.3 시각화 도구

대부분의 데이터 분석 도구는 시각화 기능을 제공한다. 간단히 막대그래프를 그리거나 파이차트를 그릴 수 있고, 히스토그램, 상관관계 산포도 등도 대부분의 툴에서 제공된다.

R

데이터를 다루는 전문 도구로서 R은 다양한 시각화 도구를 제공한다. 표 13.1에 R이 제공하는 주요 시각화 함수들을 소개했으며 stars() 함수와 persp() 함수 사용 예를 소개했다.

표 13.1 R의 대표적인 시각화 함수

함수	기능
plot()	기본적인 2차원 그래프를 그려준다
barplot()	벡터 데이터를 이용하여 막대그래프를 그려준다
boxplot()	데이터 분포를 상세히 기술하는 박스 플롯을 그려준다
hist()	데이터의 분포를 살펴볼 수 있는 히스토그램을 그려준다
pie()	원형 파이 그래프를 그려준다
mosaicplot()	분할된 데이터를 모자이크 형태로 그려준다
stars()	다변량 데이터를 방사형으로 그려준다
pairs()	다변량 데이터의 산포도를 그려준다
persp()	x, y, z축을 가지는 3차원의 데이터 입체도를 그려준다
contour()	3차원 데이터의 등고선 그래프를 그려준다

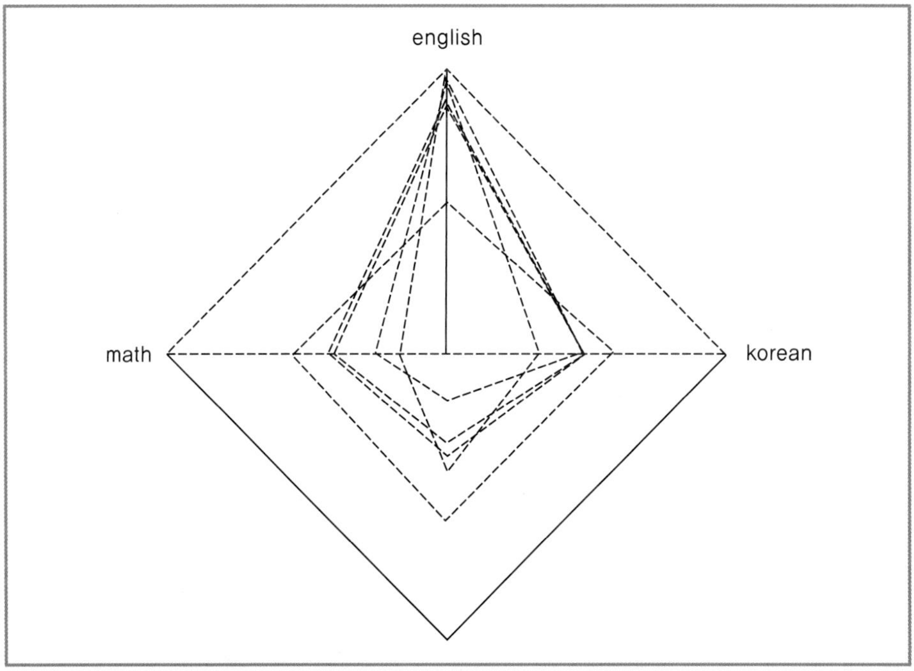

그림 13.10 stars() 함수를 이용 예

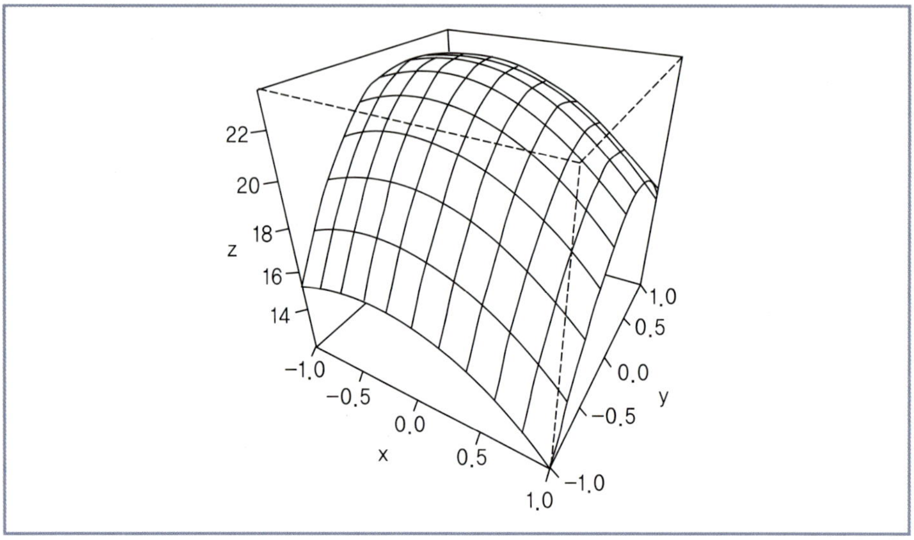

그림 13.11 persp() 함수 이용 예

엑셀

엑셀에서는 다양한 시각화 방법 특히 다양한 차트를 제공한다. 차트에는 세로 막대형, 꺾은선형, 원형, 가로 막대형, 영역형, 분산형, 주식형, 표면형, 거품형, 방사형이 존재한다. 다음에 몇 가지 예를 나타냈다.

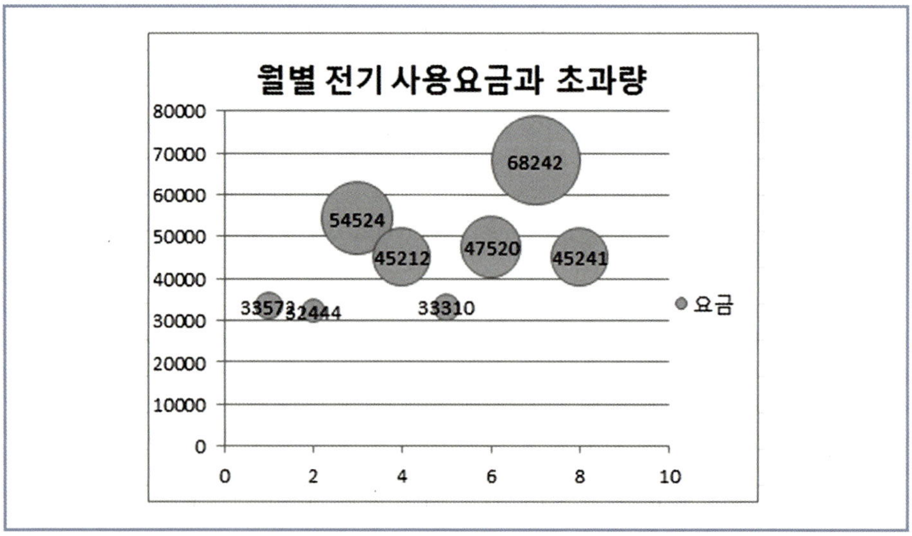

그림 13.12 거품형 차트

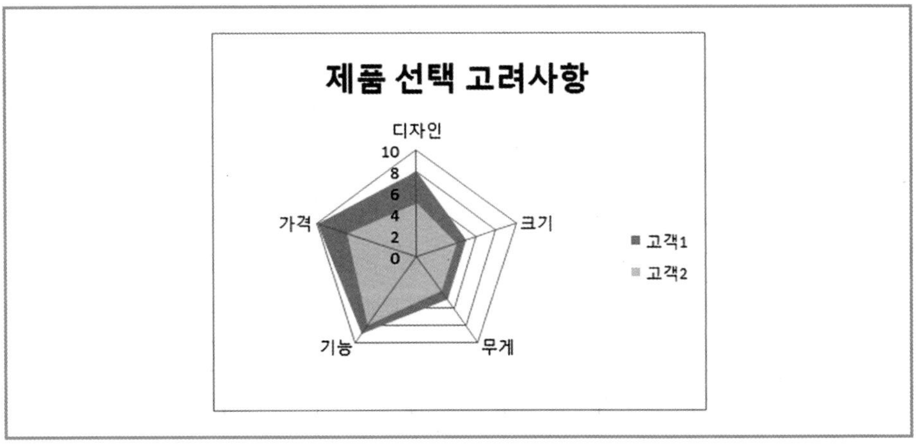

그림 13.13 방사형 차트

기타 도구

데이터 분석 전문 소프트웨어인 SAS, SPSS 등은 자체적으로 다양한 시각화 기능을 제공하다. 이외에 시각화 도구로 유명한 것이 타블로(Tableau)이다. 타블로 퍼블릭은 무료로 사용할 수 있지만 데이터를 타블로 서버에 업로드해야 한다. 자료를 공유하기는 편리하다. 다음에 타블로를 이용한 일본의 지진분석 사례와 칼럼비아 범죄 지도 사례를 나타내었다.

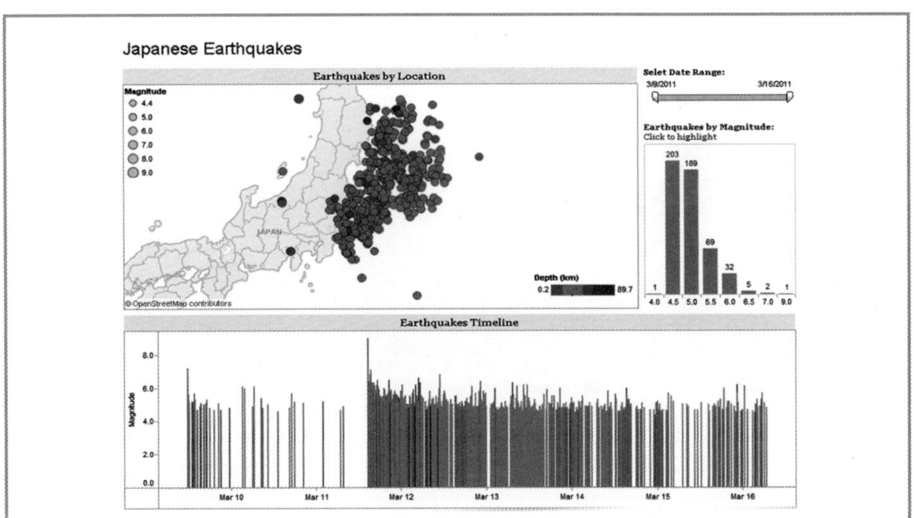

그림 13.14 일본 지진분석 사례

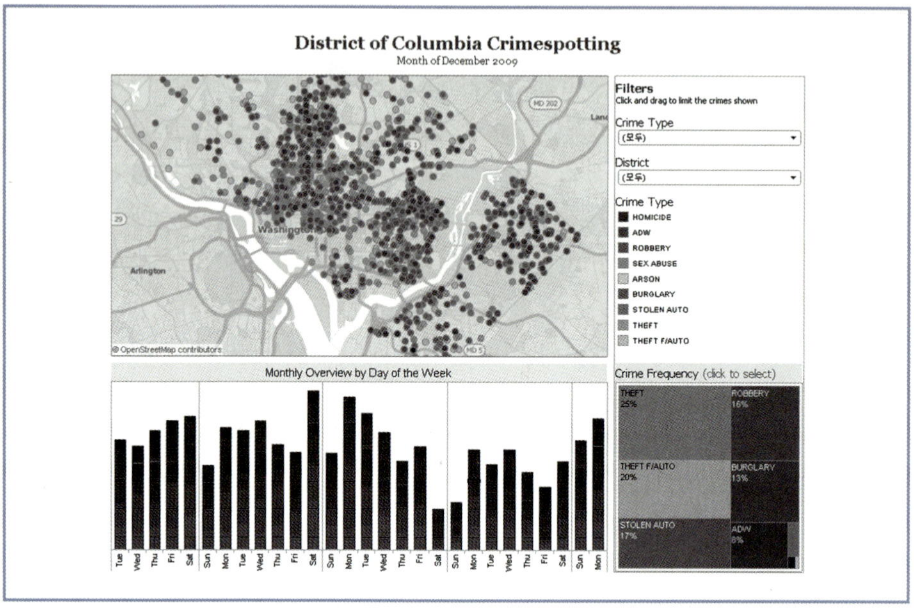

그림 13.15 콜롬비아 범죄 지도 사례

지도상에 데이터를 표현하는 도구로 타일밀(TileMill)이 널리 사용된다. 이외에 지도 제작 도구로 인디매퍼(indimapper), 지오커먼서(GeoCommons) 등이 있다. 그림 13.16은 타일밀 사용 예이다.

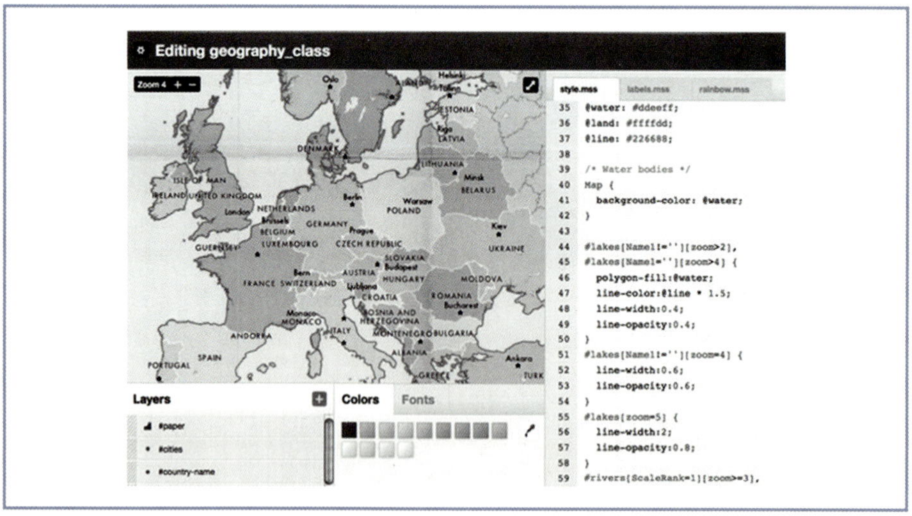

그림 13.16 타일밀로 실행한 작업한 맵 화면
(출처: http://tillnagel.com/2011/06/tilemill-for-processing/)

웹브라우저에서 사용할 수 있는 데이터 시각화 도구로 D3(Data-Driven Document)가 있는데 D3은 자바스크립트 기반 라이브러리로 특히 인터랙티브한 그래픽 작업에 다양한 기능을 제공한다. 그림 13.17은 D3로 작업한 트리맵 예시이다.

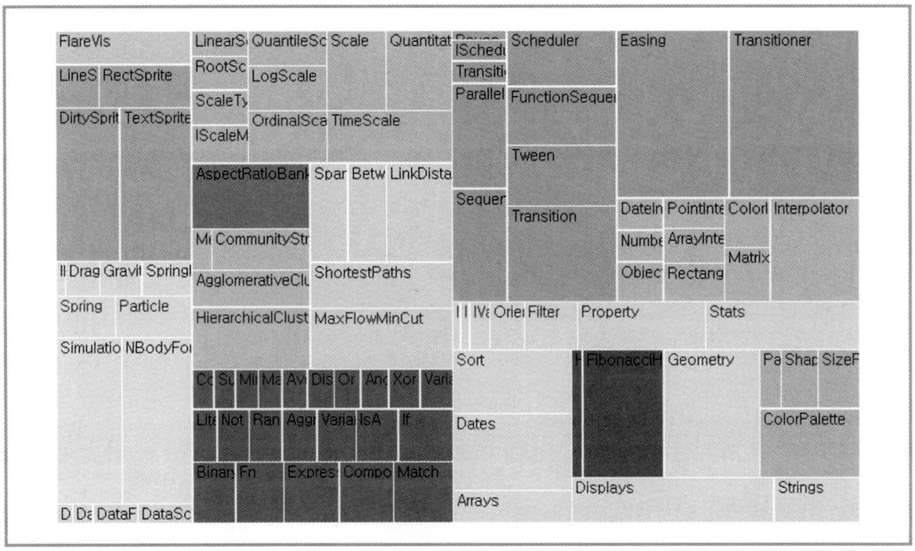

그림 13.17 D3로 작업한 트리맵 예시 화면(출처: http://bl.ocks.org/mbostock/4063582)

최종 보고용으로 그래프를 좀 더 멋있게 바꾸려면 전문적인 그래픽 작업을 거쳐야 한다. 예를 들어 R에서 그린 그림을 pdf 파일로 저장하고 이를 그래픽 제작 도구인 어도비 일러스트레이터나 공개 소프트웨어인 잉크스케이프(Inkscape) 등을 사용하여 다시 그리는 작업도 필요하다.

C113

CHAPTER

14

데이터 사이언스의 미래

14 데이터 사이언스의 미래

CHAPTER

앞으로 빅데이터 이용이 더 늘어나고 데이터 분석이 발달하면 소비자에 좋을 것인가? 지금까지는 포털사나, 마케팅 회사, 카드사, 보험사 등 소비자 정보를 많이 가진 기업이 주도적으로 데이터를 분석하고 이를 새로운 서비스 제공에 이용하였다. 특히 기업의 기본적인 목적이 수익증대에 있으므로 데이터 분석은 기업에게 유리하게 전개되어 왔다. 그러나 앞으로는 궁극적으로 소비자의 이익을 높이는 방향으로 기업의 활동이 변화할 것이다.

14.1 프라이버시 문제와 대응

미래에는 지금보다 데이터 이용이 더 늘어날 것이다. 지금은 사람들이 디지털 데이터를 무료로 이용하고 다른 형태로 대가를 치루는 공짜 경제(free economics) 시대에 깊숙이 들어와 있다. 앞으로는 이러한 현상이 더 가속화할 것이다. 웹과 인터넷의 발달로 접근할 수 있는 데이터가 늘어나면서 공짜 경제 현상은 더 가속화할 것이다.

미래 데이터 경제 시대에 가장 큰 이슈는 **프라이버시** 침해 문제이다. 프라이버시 정보가 왜 중요한지 그리고 이를 보호하기 위해서는 어떤 방법이 있는지를 알아보겠다.

프라이버시 문제

최근 빅데이터를 이용한 성공적인 서비스 혁신 사례들이 소개되면서 빅데이터가 개인

정보 유출이나 **프라이버시 침해**를 가속화 할 것이라는 우려도 커지고 있다. 예를 들어 두 기관에서 각각 수집한 개인활동 정보가 프라이버시를 침해하지 않았더라도 이 두 데이터를 조합하면 개인정보를 파악하거나 프라이버시를 침해하는 결과로 나타날 수 있기 때문이다.

스마트폰의 보급으로 개인의 프라이버시 정보가 쉽게 노출되고 있으며 사람들은 자신의 위치정보, 개인활동 그리고 자신의 생각을 SNS를 통해 인터넷에 남기고 있다. 이미 사람들은 큰 거부감 없이 자신이 개인정보 공유에 스스로 동참하고 있는 것이다.

사람들은 편리한 맞춤형 서비스를 받기 위해 프라이버시 정보를 스스로 노출시키고 있으며 친구가 올린 글과 사진을 통해서 나의 의지와 관계없이 나의 프라이버시 정보가 노출되고 있다.

데이터 분석에 의한 프라이버시 침해 현상은 이미 상당히 널리 퍼져 있어 수시로 걸려오는 마케팅 전화, 이메일 광고, 팝업 광고 등은 개인 정보가 조합되어 사용된 결과이다. 이와 같이 빅데이터에 의한 서비스 변화는 필연적으로 프라이버시 침해 문제를 일으키며 이것에 어떻게 대응하는지가 향후 빅데이터 산업의 발전을 성공과 실패를 결정하는 주요 관건이 될 것이다.

서비스 제공자들은 개인정보를 활용하여 서비스가 개선되고 있다고 주장하고 있다. 그러나 개인의 병원 방문 이력을 조사하여 질병이 있을 것을 예측하고 해당 고객의 보험료를 올린다면 이것이 타당한 조치일까 아니면 프라이버시 침해일까? 또는 취업 대상자의 유전자 정보를 분석하여 취업 시에 반영하는 것은 아무도 원치 않을 것이다. 그러나 지금과 같은 추세라면 이러한 프라이버시 침해는 나타날 가능성이 높다. 즉, 빅데이터는 프라이버시를 심각하게 훼손할 것이라는 우려가 많다.

데이터 분석 역량과 개인정보보호 및 프라이버시 문제는 반드시 같이 해결되어야 한다. 예를 들어 안전한 고속도로라야 자동차가 빨리 달릴 수 있는 것과 같이 프라이버시가 보호되는 조건이라야 빅데이터가 발전할 수 있다.

프라이버시 정의

개인정보(personal information)와 **프라이버시**(privacy)는 다르다. 개인정보란 특정

개인의 신원을 유추할 수 있는 정보를 말한다. 주민등록번호가 가장 명확한 개인정보이며 이름, 전화번호, 주소, 생년월일, 사진, 운전면허번호, 여권번호, 지문, 홍채, DNA 정보, 계좌번호, 이메일 주소 등이 개인정보에 해당한다. 개인정보는 "누구인지를 구분할 수 있는 정보"라고 하여 **개인식별정보**(PII: personally Identifiable Information)라고도 한다.

이에 비해 프라이버시란 개인의 취향, 최근의 웹사이트 방문 정보, 쇼핑 정보 등 자신과 관련된 행위 정보를 말한다. 내가 어제 무엇을 사먹었는지, 무슨 영화를 봤는지는 프라이버시 정보이다. 즉, 프라이버시는 개인식별이 목적이 아니라 개인의 활동 결과에 대한 정보라고 할 수 있다.

- 개인정보 : 이름, 나이, 주소, 주민등록번호, 직업 등 자신의 신원을 유추할 수 있는 정보
- 프라이버시 정보: 자신의 취향, 최근의 웹사이트 방문 정보, 쇼핑 정보 등 개인의 행위 결과 정보를 포함

현재 우리나라에는 개인정보는 법으로 보호해야 하는 엄격한 기준이 있으나 프라이버시를 보호하기 위한 범위는 명확하지 않다. 개인정보보호란 개인정보가 유출되거나 남용되지 않게 하는 것으로서 구체적으로는 개인정보를 암호화하거나 정보의 관리를 엄격히 하는 것 등으로 이루어진다. 우리나라는 강력한 개인정보보호법을 가지고 있다.

심각한 것은 현실적으로 이미 많은 프라이버시 정보가 노출되었다는데 있다. 또한 개인들은 프라이버시 정보 노출이 보다 나은 맞춤형 서비스를 받기 위해서 어쩔 수 없이 필요하다고 인식하는 것이다.

미국에서 프라이버시는 방해받지 않을 권리에서 출발하였다. 이는 주거 침입을 강력하게 보호하는 것 그리고 총기소지 허용과도 일맥상통한다. 그러나 이러한 프라이버시에 대한 인식은 다른 각도에서 보면, 본인이 방해받는 것이 아니라고 판단된다면 얼마든지 자신의 프라이버시 정보를 활용해도 무방하다는 결과에 도달한다. 미국식 사고에서 프라이버시 정보는 이를 대가로 어떤 편리한 서비스를 받을 수 있는 상품가치가 있는 정보로 생각한다.

이에 비하여 유럽에서의 프라이버시는 영예와 존엄에서 출발했다. 즉, 프라이버시는 존중받을 권리에서 출발하였으며 따라서 프라이버시는 반드시 지켜져야 하는 기본적인 인권이라고 생각했다. 즉, 프라이버시란 침해받으면 안 되는 것이며 거래 대상으로 보지 않는다.

프라이버시 침해와 관련하여 기업과 개인의 분쟁이 발생하면 미국의 경우 이를 상품거래의 개념으로 보고 판단하며, 따라서 기업에 유리한 판단을 한다. 반면에 유럽에서는 기본권 침해로 보고 개인에게 유리하게 해석한다.

우리나라는 개인정보(프라이버시)에 대해서 법적으로는 유럽적인 성향이 강한 것으로 생각된다. 그러나 디지털 경제가 이미 글로벌화 되었고 트위터, 페이스북은 모두 미국 회사가 운영하므로 우리는 이러한 프라이버시에 대한 대륙간 인식의 차이, 그리고 우리나라의 상황을 동시에 같이 고려해야 한다.

14.2 프라이버시 경제

프라이버시 정보는 보호되어야 할 중요한 정보이지만 이는 다른 각도에서 보면 개인이 소유한 중요한 자산이다. 미래 빅데이터 시대에는 개인정보가 활용될 수밖에 없다. 개인정보는 보호 대책만으로는 보호할 수 없으며 안정한 활용방법을 같이 제시해야 한다.

프라이버시의 가치

프라이버시 정보가 단순히 보호 대상이 아니라 적극적인 활용대상으로 변한 예를 미국의 "비디오 프라이버시 보호법"에서 찾아볼 수 있다. 1987년 미국 대법관으로 Robert Bork를 임용하려고 할 때 후보자의 과거 비디오 대여 기록이 유출되었고 이것이 큰 논란이 되었다. 이후 이러한 문제의 재발을 방지하기 위해서 1988년에 "비디오 프라이버시 보호법"이 제정되었다.

그러나 2011년 9월에, 미국의 비디오 대여업체인 넷플릭스에서는 고객들이 비디오를 대여해 본 내용을 각자의 페이스북을 통해서 친구들에게 공개할 수 있도록 법안 수정을 요구하게 했다. 즉, 개인의 프라이버시(어떤 비디오를 대여했는지의 정보)를 친구들에게 공개함으로써 자신에게 더 좋아할만한 비디오를 추천받을 수 있다면 자신의 프라이버시 공개는 무방하다는 것이다.

미래에 프라이버시 정보는 가장 민감한 자산이 되며 이를 안전하게 관리해 주는 것이 새로운 비즈니스가 될 것이다. 이를 위해서는 프라이버시 데이터의 정확성, 안전한 관리, 유용한 이용방법 등이 명확하게 제시되어야 한다. 이를 통해 개인은 더 나은 서비스를 제공하는 기업을 선택할 수 있어야 한다. 개인정보의 안전한 활용 서비스가 새로운 시장을 형성할 것이다.

약관의 문제

현재는 프라이버시 관련 약관의 내용이 이해하기 어렵게 되어 있다. 이를 이용자가 쉽게 이해할 수 있게 제공해야 한다. 심지어 소비자들은 **프라이버시 정책**(privacy policy)에 대한 동의가 자신의 프라이버시를 보호해주는 약관이라고 착각하고 있다. 약관은 명확하고 짧아야 하며 가능한 표준화된 형식을 따라야 한다. 예를 들어 선택에서 사용하는 아이콘 등을 표준화해야 한다.

복잡한 약관 속에 중요한 내용이 파묻히지 않게 해야 하며, 특히 스마트폰을 사용하는 경우에는 작은 화면에서는 많은 글을 보기 어렵다는 것을 고려해야 한다. 기본적으로 약관은 서비스가 일어나는 순간에 소비자가 선택할 수 있게 해야 하며 일괄적으로 동의를 받아서는 안 된다. 기본 방향은 just-in-time, 즉 필요한 순간에 필요한 만큼의 동의만 받도록 해야 한다.

개인정보 관련 가장 문제가 되는 약관 부분은 협력사에게 개인정보를 주어도 좋을지를 묻는 부분이다. 이 약관에 동의함으로써 개인정보는 수십~수천 개의 협력사로 빠져나가게 되고, 협력사는 일차적인 정보보호에 대한 부담 없이 개인정보를 마음껏 활용할 수 있게 된다. 이러한 개인정보 오남용은 가까운 시일 내에 바로 잡힐 것으로 보이지만, 그동안 축적해 둔 데이터의 처리문제, 데이터의 부정확성 문제는 여전히 남아 있다.

미국 상무성에서는 **Privacy by Design**에 기반한 프라이버시 보호대책을 제시하였는데, Privacy by Design이란 상품이나 서비스를 설계할 때부터 프라이버시 대책을 반영하도록 하는 것을 말한다. 서비스가 복잡하게 변화하므로 각 서비스 단계별로 프라이버시 대책을 강구해야 하며 데이터를 누가 수집하고, 왜 수집하며, 어떻게 사용할지를 쉽게 알려주어야 한다.

개인 중심 빅데이터 시대

현재 전 세계인의 라이프스타일을 누구보다 잘 알고 있는 회사는 구글이다. 그럼에도 구글은 개인의 라이프스타일을 더 정확히 분석하기 위해서 사용자의 이동 경로를 파악할 수 있는 잉그레스라는 '게임'을 만들어 보급했다.

지금까지 빅데이터 분석은 데이터를 보유한 기업이나 기관을 중심으로 이루어졌다. 그러나 앞으로는 개인화된 빅데이터 활용시대가 될 것이다. 기업의 데이터 분석 목적이 어떤 고객이 무엇을 원하는지를 파악하는 것이라면, 개인은 빅데이터 활용으로 어떤 회사, 기관, 병원이 나에게 좋은 서비스를 제공할지를 자신의 라이프스타일을 반영하여 파악하게 될 것이다.

자신의 데이터를 자신이 자유롭게 다룰 수 있는 개인 빅데이터 시대가 되면 지금과 같이 기업에 의해서 나의 사생활이 노출되지 않으면서 빅데이터 분석 효과를 얻게 될 것이다. 일기예보처럼 직장상사의 기분을 파악하는 서비스도 나올 것이며 언제 결재를 받는 것이 좋을지, 언제 메일이나 문자가 전달되면 좋을지도 알려줄 것이다.

데이터 사이언스 분야는 이제부터 발전하는 분야이다. 인터넷이나 웹이 처음 발명되었을 때 지금과 같이 널리 사용될 줄은 예측하기 어려웠을 것이다. 웹은 지금도 진화하고 있으며 끊임없이 데이터를 공급하고 유통하는 채널 역할을 할 것이다. 이와 함께 데이터 사이언스 분야도 다양한 새로운 서비스를 탄생시킬 것이다.

잊혀질 권리

프라이버시에 관한 이용자의 권리에 대해서 2014년에 **떠날 수 있는 권리**(freedom to leave)가 유럽연합에서 승소 판결을 받았다. 떠날 수 있는 권리란 개인정보를 이용하는 어떤 서비스에서 사용자는 자신의 서비스 제공자를 자유롭게 바꿀 수 있어야 하고 이때 자신과 관련된 정보를 모두 삭제할 수 있는 권리를 말한다. 이 사례를 통해 앞으로는 개인 데이터를 삭제하는 일을 개인이 알아서 처리하는 것이 아니라 서비스 제공 기업에서 삭제할 의무를 갖게 될 것이다. 그러나 이는 유럽의 상황이고 다른 국가에서 이를 받아들이는 데는 시간이 더 필요할 것이다.

이러한 권리 주장의 배경은 프라이버시 경제, 즉 프라이버시 정보를 상품으로 보는 관점을 반영한 것으로서, 어느 사업자가 프라이버시를 더 잘 보호하면서 스마트한 서비스를 제공하는지를 소비자가 판단하고 서비스를 변경할 수 있게 하려는 것이다.

이러한 떠날 수 있는 권리가 가능하려면 개인정보를 누가 어떤 목적으로, 어떻게 수집하고, 어떻게 이용하는지, 안전한지를 투명하게 알려줄 수 있는 환경이 조성되어야 한다.

14.3 데이터 공유

앞으로는 공공기관의 데이터 공개가 점차 확대될 것이다. 지금은 데이터 공개가 기업과 정부기관의 선택사항이지만, 사람들이 어떤 근거로 그런 서비스를 하는지, 왜 내 보험료가 친구보다 많은지를 알고자 하면 그 근거를 알려주어야 한다. 그리고 그 근거를 마련하는데 사용된 데이터를 공개하게 될 것이다. 이러한 현상은 점차 확대될 것이다.

정보공개 필요성

앞으로는 미리 데이터를 공개하는 기업이나 기관이 좀 더 앞서 나가고 경쟁에서 주도권을 갖게 될 것이다. 사람들은 이러한 서비스를 더 선호하게 되고 관심과 참여가 늘어날 것이다. 트위터, 구글, 유튜브, 플릭커, 뉴욕타임즈, 미국 공영 라디오방송 등은 모두 자신들이 보유한 콘텐츠를 무료로 편리하게 API를 통해 접근하게 함으로써 서비스를 성공적으로 활성화했다.

정부는 **정보공개** 자체가 기업과 국민에게 큰 도움이 될 것이다. 정부 사업이나 공공서비스 현황을 정확하게 알려줌으로써 좋은 방향을 찾아내도록 할 수 있다. 이미 선진국에서 새로운 정부 운영방식으로 정보 공개가 이루어지고 있다. 기업에서도 고객의 정확한 피드백을 필요로 한다. 데이터의 공개는 점차 공정한 경쟁을 유도하는 방향으로 진화할 것이다.

데이터 경제의 특징은 여러 소스로부터 얻은 데이터를 융합하여 더 높은 가치를 가진 결과를 도출한다는 것이다. 여러 소스로부터 나오는 데이터를 효과적으로 취합하려면 전에는 생각지 못한 영역에서 제공되는 데이터의 폭넓은 이해가 필요하다. 기관마다 모든 데이터를 직접 구축하고 분석하는 것은 좋은 전략이 아니다. 앞으로는 여러 소스로부터 얻을 수 있는 데이터를 활용하는 능력에 따라 경쟁력에서 차이가 날 것이다.

데이터 융합

데이터 융합은 매쉬업 서비스에서 시작되었다. 구글의 지도 서비스에 부동산 매물 정보를 매쉬업하여 구글 지도상에 부동산 상품 정보를 편리하게 제공한 것을 시작으로 이제 많은 서비스가 지도 데이터 서비스와 기존의 서비스를 융합하고 있다.

맛집 추천, 상품 추천 등도 개인의 취향, 상품평가 등 여러 데이터를 매개로 하여 새로운 서비스를 제공하는 것이다. 예를 들어 나에게 적합한 병원을 추천하는 서비스를 생각해 보자. 이를 위해서는 적합한 의사에 대한 정보, 병원의 데이터 그리고 나의 병원 이용 이력, 건강상태 등의 데이터가 적절히 조합되어야 최적의 추천이 가능해진다.

데이터 융합은 국가적으로 데이터 구축비용을 줄이고 신기술 개발시간을 단축하는 측면에서 매우 중요하다. 예를 들어 미국 정부에서는 2008년부터 시작된 Genomes Project에서 수천 명의 유전자 정보를 공유하였고, 클라우드 서비스인 아마존의 웹서비스 이용하고 있다. 이를 통해서 특정 기업의 유전자 정보 독점이나 특허 소유로 인해 발생할 수 있는 신약개발의 제한 문제를 해결하고 있다. 이러한 사업은 기업이 각자 더 창의적인 활동에 집중할 수 있게 해줄 수 있으며 국가 자원의 공동 활용 측면에서도 매우 중요한 일이다.

데이터는 다른 데이터와 결합하는 방법으로는 과거의 데이터와 현재의 데이터를 결합하거나, 기업 내부의 데이터와 외부의 데이터를 결합하거나, 기업(비즈니스)간 결합이 가능하다. 예를 들어 고객의 소비 패턴을 세밀하게 분석하려면 고객의 예전 구매 패턴 데이터와 함께 고객에 대한 기본 정보가 필요하다. 가정에서 사용하는 전력의 효율적인 분석을 위해서도 해당 고객의 과거 전력사용 이력, 전력요금 변화, 시기별 전력수요 공급 데이터를 같이 분석해야 한다. 더 정교한 분석을 하려면, 기후변화와 계절별 주요 행사에 대한 데이터를 같이 분석해야 할 것이다.

데이터 융합은 같은 기관이나 기업 내에서보다 다른 조직에서 확보한 데이터와의 융합도 필요하다. 지금까지는 기관간 결합이 적극적으로 이루어지지 못했지만 향후에는 기관간 및 기업간 데이터 결합에서 더 효과를 나타낼 것이다. 그러나 기관간의 데이터 융합이 원만하게 이루어지기 위해서는 데이터 형식, 데이터 소유권, 데이터 관리 주체 등에 대해 표준화와 가이드라인이 필요하다.

특히, 날씨, 교통, 건강, 자원, 기후변화, 재난과 같이 데이터 공유에 대한 요구가 많은 빅데이터에 대해서는 우선적인 표준화가 필요하다. 표준화된 데이터 공유를 통해서 중복적인 데이터 확보 비용을 줄이고, 분석시간을 줄이고, 더 창의적인 분석을 가능하게 하고, 새로운 서비스를 찾아낼 수 있으며, 데이터 관리의 투명성을 높일 수 있을 것이다.

데이터 경제 발전에는 정부의 투명한 정보 공개가 중요한 역할을 한다. 투명한 정부는 적극적인 정부 데이터 공개로부터 시작된다. 투명한 정부를 통해서 얻을 수 있는 장점은 행정처리가 투명하다는 것을 알리는 것뿐만 아니라 예산이 효율적으로 사용되고 있는지 감시의 역할도 한다. 예산이 효율적으로 사용되고 있지 않은 사업들을 찾아낼 수 있고 비효율적인 사업의 해결책도 시민으로부터 수렴할 수 있다. 새로운 사업이 어떻게 진행되는지를 알려주고 이에 대한 문제점을 미리 파악함으로써 정부의 예산절감이 가능해진다. 미국의 data.gov, 영국의 theodi.org 한국의 data.go.kr 등은 정부가 운영하는 데이터 공개 사이트이다.

14.4 데이터 사이언스의 역할

지금까지 **데이터 사이언스**란 무엇인지를 폭넓게 알아보았다. 데이터 사이언스를 처음 접하면 통계, 프로그래밍, 경영 등 알아야 할 분야가 너무 넓다는 우려를 하게 된다. 또한 배워야 할 데이터 분석도구나 프로그래밍 언어도 많고 어렵게 느껴진다. 아마 앞으로 누군가 더 쉽게 데이터 사이언스를 정의하고 소개할 것으로 기대하지만 현재로서는 아쉽게도 이러한 내용을 모두 언급할 수밖에 없다.

그렇다고 데이터 사이언스가 어렵기만 한 분야는 아니다. 복잡한 기계학습 알고리즘이 모든 데이터 분석에서 필요한 것도 아니며 우리는 간단히 엑셀만 사용해서도 원하는 결과를 얻을 수 있다. 데이터 사이언스에서 중요한 것은 우선 데이터를 들여다보고 일을 시작해 본다는 것이다. 많은 이론과 기술을 배우고 난 후에만 접근할 수 있는 분야가 아니다.

스마트폰 내부에는 엄청나게 복잡한 하드웨어와 소프트웨어가 들어 있다. 우리는 그것을 모르고도 스마트폰을 이용하여 많은 일을 할 수 있다. 데이터 사이언스도 곧 여러 분야에서 사용될 것이며 우리 일상의 일부가 될 것이다. 중요한 것은 데이터의 가치를 새롭게 보고, 데이터의 분석과 활용능력을 키우는 것이다.

나의 업무와 관련된, 또는 내가 관심이 많은 데이터를 관찰하는 것에서 데이터 사이언스는 시작된다.

참고문헌

데이터 사이언스

Practical Data Science with R, Nina Zumel and John Mount, Foreword by Jim Porzak, 2014

Data Just Right, Michael Manoochehri, Addison-Wesley, 2014

Doing Data Science Straight Talk from the Frontline, Rachel schutt & Catthy O'neil, O'Reilly, 2013

Data Science for Business, Foster Provost and Tom Fawcett, O'Reilly, 2013

빅데이터 및 통계

빅데이터 어떻게 활용할 것인가, 오라일리미디어(배장렬 옮김), 제이펍, 2013

big data@work, Thomas Davenport, Havard Business Review, 2014

통계학(3판), 류근관, 법문사, 2013

슈퍼크런처, 이언 에어즈(안진환 역), 북하우스, 2009

데이터 포인트, 네이선 야우(서경진 역), Wiley, 2014

데이터마이닝

Machine Learning with R, Brett Lantz, 2014

Data Mining Concepts and Techniques 3rd ed, Jiawei Han, Morga Kaufmann, 2011

Data Mining with R: Learning with Case Studies, Chapman & Hall/CRC, 2010

Data Mining and Business Analytics with R, Johannes Ledolter, Wieley, 2013

소셜 웹 마이닝 : 페이스 북 트위터 링크드인 등의 소셜 미디어 데이터 분석하기, 매튜 러셀, O'Reilly, 2012

Data Mining with Rattle and R, Graham Williams, Springer, 2011

데이터 분석 프로그래밍

Data Smart: Using Data Science to Transform Information into Insight, John W.Foreman, Williams, Graham, 2014

R IN ACTION Data analysis and graphics with R, Robert I.Kabacoff, Manning, 2011

R by Example, Jim Albert Maria Rizzo, Springer, 2012

R for Everyone: Advanced Analytics and Graphics, Jared P. Lander, Addison Wesley, 2013

Modeling Techniques in Predictive Analytics, Business Problems and Solutions with R, Thomas W. Miller, Pearson, 2013

찾아보기

ㅇ

ㅈ

정가 20,000원

데이터 사이언스 개론

2014년 8월 25일 초판 인쇄
2014년 8월 31일 초판 발행

저자와의 협의하에 인지생략

저 자 : 김 화 종
발행자 : 우 명 찬 · 송 준
발행처 : 홍릉과학출판사
주 소 : ㊗142-885 서울시 강북구 인수봉로 50길 10
등 록 : 1976년 10월 21일 제5-66호
전 화 : 999-2274~5, 903-7037
팩 스 : 905-6729
ISBN : 979-11-5600-319-9

hongpub@hongpub.co.kr
www.hongpub.co.kr

※ 낙장 및 파본은 본사나 구입처에서 교환하여 드립니다.
※ 판권 소유에 위배되는 사항(인쇄, 복제, 제본)은 법에 저촉됩니다.